다른 우주의 문법

다른 우주의 문법

그 우주에는 인어와 화성인과
주머니고양이가 산다

백승주
지음

김영사

다른 우주의 문법

1판 1쇄 인쇄 2025. 10. 10.
1판 1쇄 발행 2025. 10. 22.

지은이 백승주

발행인 박강휘
편집 박보람 디자인 상록 마케팅 이유리 홍보 이한솔 이아연
발행처 김영사
등록 1979년 5월 17일 (제406-2003-036호)
주소 경기도 파주시 문발로 197(문발동) 우편번호 10881
전화 마케팅부 031)955-3100, 편집부 031)955-3200 팩스 031)955-3111

저작권자 ⓒ 백승주, 2025
이 책은 저작권법에 의해 보호를 받는 저작물이므로
저자와 출판사의 허락 없이 내용의 일부를 인용하거나 발췌하는 것을 금합니다.

값은 뒤표지에 있습니다.
ISBN 979-11-7332-353-9 03700

홈페이지 www.gimmyoung.com   블로그 blog.naver.com/gybook
인스타그램 instagram.com/gimmyoung   이메일 bestbook@gimmyoung.com

좋은 독자가 좋은 책을 만듭니다.
김영사는 독자 여러분의 의견에 항상 귀 기울이고 있습니다.

차례

프롤로그 7

1장 아껴 부르는 이름 13
2장 수심 12미터 21
3장 당신의 삼각형: 조각들 37
4장 바람의 음운론 73
5장 꿈의 형태 123
6장 실험의 재구성 159
7장 테라 인코그니타 187
8장 다른 우주의 문법 235
9장 그녀. 가면. 풍경. 285

감사의 말 350
주 351
참고 자료 358

프롤로그

1.

고통보다 넓은 공간은 없고(No hay espacio más ancho que el dolor), 피흘리는 그 고통에 견줄 만한 우주는 없다(no hay universo como aquel que sangra).[1]

이 책에 대해 설명해야 하는데 자꾸 네루다의 〈점(點, Punto)〉이라는 시가 떠오른다. 내 안의 유령들은 왜 자꾸 나에게 이 시를 들려주는 것일까? 유령들은 이렇게 주장하려는 것일까? 이 책은 고통에 대한 책이라고.

과연 그럴까? 네루다의 시가 내 머릿속을 괴롭히는 이유를 궁리해본다. 〈점〉은 30여 년 전 처음 읽었을 때부터 지금까지 계속 나를 매혹시키는 시이다. 하지만, 이 책은 이 시와는 아무 관련이 없다. 이 책은 고통에 대한 책이 아니다. 이 책은 공책에 몰래 쓰던 짝사랑의 이름, 말하는 기계에 대해 몽상하며 바닷속으로 잠수하는 프리다이버, 눈에 보이지 않는 삼각형에 갇혀 사는 사람들, 피 흘리는 인어, 꿈의 신이 만들어낸 형태들, 이집트 파라오의 가학적 호기심, 미지의 땅이 그려진 지도, 빙빙 돌려 말하기의 달인인 화성인들, 우리가 쓰고 있는 줄도 몰랐던 가면에 대한 책이다.

그런데 도대체 이 시는 나에게 이 책에 대해 무엇을 말하라고 요구하나?

2.

나는 유령들과 함께 산다. 그 유령들의 이름은 언어다. 이 유령은 나의 외부에서 내 몸 안으로 주입되었다가 나의 몸이 삶을 통과하는 과정에서 분비한 것들이다. 언어를 분비한다는 것은 무슨 뜻인가? 우리는 살아가면서 수많은 행위를 한다. 그리고 이 행위들의 일부는 언어로 수행된다. 다시 말해 우리가 말을 하는 것(또는 글을 쓰는 것)은 곧 특정한 행위를 한다는 것이다. 이 둘은 분리되지 않는다. 행위를 수행할 때 언어를 분비하고, 언어를 분비할 때 동시에 행위를 수행한다.

예를 들어 힘이 센 아이가 아이스크림을 먹는 힘이 약한 아이한테 "야, 맛있겠다"라고 말했다고 치자. 이때 힘센 아이는 아이스크림에 대한 자신의 생각을 말한 것이 아니다. 힘센 아이는 "야, 맛있겠다"라는 말을 통해 힘이 약한 아이에게 아이스크림을 요구하는 행위를 한 것이다(야, 좋게 말할 때 그 아이스크림 내놔). 우리는 언어로 요구하는 행위를, 설득하는 행위를, 기만하는 행위를, 감탄하는 행위를, 설명하는 행위를, 선언하는 행위를 한다. 이때 분비되었던 언어는 우리 삶의 여러 곡절 속에 출현했다가 이내 사라지기도 하지만, 또 일부는 우리 안에 남는다. 이를테면 언어는 (삶을 살아갈 때 수행했던 수많은) 행위이자, 그 행위의 증거이자, 행위가 사라진 뒤 남는 부산물이다. 이 부산물들은 나의 의식/무의식 저편에 버려져 있다가 스르르 일어나 유령이 된다.

인간이 만들어낸 부산물이 유령이 된다니 무슨

말인가? 통상 우리는 우리가 언어를 만들어냈으니, 우리가 그 언어를 통제한다고 생각한다. 그러나 정작 우리를 통제하는 것은 언어이다. 따지고 보면 인간이 만들어낸 무생물인 존재가 인간을 통제하는 일은 흔하다. 우리는 길을 걷다 빨간 신호등의 요구에 따라 횡단보도 앞에서 멈춰 서고, 파란 신호등의 요구에 따라 다시 길을 건너지 않는가? 언어도 마찬가지다. 언어란 복잡한 인간 행위의 회로이다. 이 회로는 우리가 무의식적으로 그 회로를 따라서 그저 흘러가도록 만든다. 우리의 부산물인 언어는 유령이 되어 우리를 홀린 후, 우리가 저항 없이 특정 행동을 하도록 유도하는 것이다.

3.

이 책을 처음 시작할 때 나는 '언어의 몽상'이라는 제목을 먼저 생각했었다. 뭐가 될지는 모르겠지만 언어에 대한 나의 몽상을 풀어놓으려는 의도였다. 프리모 레비의 《주기율표》를 모델 삼아 언어학개론의 형식을 빌려오겠다는 계획도 있었다. 프리모 레비가 아르곤으로 이탈리아 피에몬테에 정착해 살았던 유대인 조상들의 공동체를 이야기하고, 철로 그와 우정을 나누었던 학창 시절의 친구를, 세륨으로 유대인 수용소에서의 처절했던 생존기를, 탄소로 인류와 자신의 작은 역사를 연결 지어 이야기했듯이 나 또한 언어학의 여러 개념을 핑계 삼아 세상과 삶을 들여다보고 싶었다. 그렇게 나는 언어를 부려 내 이야기를 하려고 했다. 물론 이 계획은 뜻대로 되지 않았다.

그런데 지금 와서 돌이켜보니, 이 책은 내가 언어에 대해 몽상한 것이 아니라, 내 안에 도사리고 있던 언어들, 그 유령들이 세상과 삶에 대해 몽상한 내용임을 깨닫게 된다. 언어를 부리려 했던 내 계획이 실패한 것은 당연하다. 내가 언어를 부린 것이 아니라, 언어가 나를 부렸기 때문이다.

4.
다시 네루다의 시로 돌아가보자. 나는 궁리를 계속하다가 내 안의 유령들이 이 시를 내게 계속 들이민 이유를 깨닫는다. 내가 이 시를 계속 떠올린 이유는 내가 이 시의 구성을 언어에 대한 알레고리로 읽고 있었기 때문이다. 기하학에서 정의하는 '점'은 위치는 있되 공간은 없는 0차원의 도형이다. 그런데 네루다는 공간이 없는 이 도형이 고통이라는 인간의 경험과 만날 때, 그 어떤 우주보다 넓은 공간이 되는 역설에 대해 이야기한다. 바로 이 부분이 내가 이 시를 언어에 대한 알레고리로 읽게 만든 지점이다.

마들렌이라는 단어를 생각해보자. 내가 처음 프루스트의《잃어버린 시간을 찾아서》를 읽었을 때, 나는 마들렌이라는 음식을 접한 경험이 없었다. 내게 마들렌이라는 단어는 그저 쿠키나 빵 종류로 여겨지는 음식 이름일 뿐 아무것도 아니었다. 그러나 마들렌이라는 '점'이《잃어버린 시간을 찾아서》의 작가 프루스트의 경험에 접속할 때, 이 점은 팽창하여 우주가 된다.

언어는 공간이 없는 점과도 같다. 그 점은 접속

지점에 불과하다. 하지만 우리의 경험이 그 접속 지점과 만나는 순간, 이 점은 우주가 되어 이 세계를 만든다.

이 책에 수록된 아홉 편의 글은 일종의 접속 지점이다. 여러분의 경험이 이 접속 지점에 닿았을 때 어떤 우주가 생겨날지 나로서는 예측하기 어렵다. 하지만, 이상한 나라의 앨리스처럼 우리에게 익숙하지 않는 풍경을 만나게 되리라고 조심스럽게 말할 수는 있다. 이렇게 떠들고 보니 내가 '아이고, 이를 어쩌나? 너무 늦겠는걸'이라고 중얼거리며 달려가는 분홍색 눈의 하얀 토끼가 된 기분이다.

자, 이제 그럼, 토끼굴로 속히 입장하시길.

1장 아껴 부르는 이름

소년은 방바닥에 누워 있다. 얼굴 위로 무심한 햇살과 함께 따분함이 밀려든다. 5월의 일요일. 집 안은 조용하다. 부모님은 외출 중이고 동생들도 아침을 먹자마자 집 밖으로 뛰쳐나갔다. 동네 공사판에서 적막을 토막 내려는 듯 전기톱 돌아가는 소리가 들려온다. 그러나 소음이 멈추면 적막은 다시 집 안 전체와 하나가 된다. 무료하지만 소년에게는 같이 놀 동네 친구 하나 없다. 그저 소년은 집 밖에서 들려오는 소리를 멍하니 들을 뿐이다. 오토바이 지나가는 소리. 누군가 지나가면서 내는 신발 끄는 소리. 소리가 멈추면 적막함과 지루함은 더욱 깊어진다. 소년은 벽지의 문양을 바라보며 머릿속으로 온갖 형상을 만들어낸다. 그러다 소년은 한 여자아이를 떠올린다.

　　　　　사실 그는 열한 살 인생 최대의 혼란을 마주하고 있다. 언제부턴가 소년의 눈에 자꾸 들어오던 같은 반 아이. 이제 소년은 그 아이 생각을 멈출 수 없다. 자꾸 지난겨울 합창대회 때 학교 합창단이 갔던 식당이 떠오른다. 제주시 칼호텔 앞에 있는 북경반점. "여기서 저녁 먹고 가자." 합창단 선생님이 말한다. '우아!' 하는 외침과 함께 아이들이 식당 안으로 몰려든다. 친한 애들끼리 앉으려는 걸 종업원이 막는다. "차례차례, 되는대로, 빨리빨리 앉으세요!" 소년은 다른 아이들에 떠밀려 식당 입구 오른쪽에 있는 첫 번째 방으로 들어간다. 주춤주춤 계속 밀리다 소년은 그 방의 제일 구석진 테이블에 앉는다.

　　　그리고 조금 후, 소년의 맞은편 자리에

여자아이가 앉는다. 소년은 믿을 수 없다. 여자아이가 소년을 보며 웃는다. 소년도 웃는다. 소년은 믿을 수 없다.

　　　　전기톱 돌아가는 소리가 소년의 백일몽을 깨운다. 5월의 일요일 오전은 여전히 지루함을 분비하고 있다. 이러다 오후가 되면 일요일은 지루함이 아닌 왠지 모를 쓸쓸함을 분비할 것이다. 방 안을 서성이던 소년의 눈에 공책이 들어온다. 공책을 보고 무엇인가를 결심하자, 소년의 심장이 뛰기 시작한다. 소년은 공책을 편다. 반듯하게 그어진 선들이 보인다. 소년의 가슴은 더 세차게 뛴다. 소년은 집 안에 누군가 없는지 다시 확인한다. 한참을 망설인다. 그러다 소년은 두 글자를 꾹꾹 눌러 쓴다.
　　　　여자아이의 이름이다. 곧게 뻗은 줄 위에 서 있는 못난이 두 글자가 낯설고도 동시에 황홀해서 소년은 놀란다. 겨울이 지나고 봄이 되자 이름의 주인은 소년에게 보여주던 웃음을 걷어갔다. 종이 위에 두 글자를 쓰면 이름의 주인이 나를 보며 다시 웃어줄지도 몰라. 문자를 새기는 것은 소년에게는 마법을 거는 일이다.

　　　　소년은 아직 창힐이라는 사내를 모른다. 중국 고대 신화에 등장하는 창힐이라는 사내는 문자, 즉 한자를 만든 이로 소개된다. 전설에 따르면 창힐이 한자를 만들어내자, 하늘에서 곡식이 떨어지고 귀신이 울었다. 그러니까 애초에 문자라는 것은 단순히 소리나 의미를 대신하려고 만들어진 것이 아니었다. 실제로 한자의 기원이라 여겨지는 갑골문자는 동물의 뼈를 태울 때 만들어지는 점괘로 사용되었다. 한약방의 약재로 팔리던 용골에 쓰인 어느 갑골문에는 신에게 운명을 묻는 이런 질문들이 가득하다.

> '비가 올 것인가? 아마 비가 오리라, 그 저녁 정말로… 오늘 저녁 비가 올 것인가? 코끼리를 포획할 것인가?'[1]

고대의 문자는 사람들끼리의 소통이 아닌, 신과의 소통을 위해 사용됐다. 문자가 신화의 세계에 속했다는 것은 이집트 문자 히에로글리프를 살펴봐도 확인된다. 히에로글리프에 대한 글을 읽다 보면 이상한 내용을 하나 만나게 된다. 그것은 바로 프톨레마이오스 왕조 시대(기원전 305~기원전 30)의 사제가 3천 년이 된 문서를 해독했다는 이야기다. 기원전 30년이라는 시간도 까마득한데, 그 아득한 때로부터 3천 년 전에 쓰인 문서를 읽어냈다니!

이 이야기가 말해주는 것은 히에로글리프라는 문자가 3천 년 동안이나 변함이 없는 문자였다는 뜻이다. 천 년이 세 번이나 바뀌는 동안에도 변치 않은 문자. 이는 히에로글리프가 신의 말씀을 담는 그릇이었기에 가능한 일이었다. 이 문자로 쓰인 말씀은 살아 있는 자들을 위한 것이라기보다는 망자들을 신들의 세계로 안내하기 위해 쓰였다. 이를테면 문자는 인간들을 신들의 세계, 우주의 원리와 연결하는 통로였다.

소년은 자신도 모르게 그런 통로를 복원시키려 하고 있다. 어쩌면 소년은 여자아이의 이름이 담긴 글자를 일종의 점괘로 사용하는 것일지도 모른다. 이런 질문들을 하면서.

'그 애가 나에게 눈길을 줄 것인가?'
'그 애는 다시 나에게 웃어줄 것인가?'

공책 위에 쓰는 두 글자는 소년을 다른 세계로 데리고 간다. 그 세계에는 지난겨울 소년이 갔던 북경반점이 있고, 여자아이와 함께 합창을 하던 공연장 무대가 있다. 합창을 하러 간 아이들은 흰색 목티에 청바지를 입었다. 여자아이는 소년이 서 있는 자리를 기준으로 왼쪽으로 세 번, 거기에서 앞쪽으로 두 번 간 곳에 서 있다. 소년은 흘깃흘깃 여자아이의 옆모습을 보며 노래한다. 공연장에서 돌아오는 길, 소년은 그 순간을 영원히 기억하도록 할 무엇인가를 하기로 한다. 그러다 길바닥에 달라붙은 껌딱지를 본다. 그 모양이 깨진 거북이 등껍질 같다. 소년은 그 껌딱지를 기억에 새기기로 한다. 중년이 된 소년은 지금도 그 모양을 떠올릴 수 있다. 그는 종종 궁금해한다. 그 거북 등 모양의 껌딱지는 어떤 점괘를 가리켰던 것일까?

여전히 사방은 조용하다. 한 줄, 두 줄. 여자아이의 이름이 점점 빈 종이를 채워나간다. 소년은 다시 고개를 슬쩍 들어 집 안에 아무도 없는지 확인한다. 그러고는 천천히 입술을 움직여, 더듬더듬 여자아이의 이름을 소리 내본다.
첫 번째 글자. 폐에서 흘러나온 공기가 후두를 거쳐 성문을 지난다. 혓바닥이 입천장의 연한 부분을 막았다가 터뜨린다. 혀는 입안 중간에서 약간 뒤로 갔다가 이내 다시 입천장의 연한 부분 근처로 돌아온다.
두 번째 글자. 혀가 윗잇몸 근처로 다가가자 공기가 흐르며 마찰을 일으킨다. 이윽고 입술이 둥글게 말리고 혀는 높은 상태를 유지하며 뒤로 물러갔다가, 다시 잇몸 근처를 막았다 열며 공기를 코로 흐르게 한다.

소년은 그 전에는 단 한 번도 여자아이의 이름을 직접 불러본 적이 없다. 기껏해야 그 애가 다른 친구들과 함께 있을 때 '야!'라고 불러봤을 뿐이다. 어쩌다 다른 애들 입에서 그 애의 이름이 나오면 소년은 귀를 기울이고 들었다. 그 이름이 만들어내는 소리가 소년은 그렇게 좋았다. 그런 그가 처음으로 여자아이의 이름을 소리 내본다. 소년은 어색함에 멈칫거리면서도 몇 번이고 천천히 그 이름을 불러본다. 공기가 자신의 몸을 통과해 만들어낸 소리를 소년은 듣는다. 마법이 작동한다. 적어도 공기의 진동이 지속되는 그 시간에는 여자아이가 소년과 함께하는 것 같다.
훗날 소년은 언어학 수업에서 어떤 소리와 대상이 필연적으로 묶이는 관계란 없다고 배울 것이다. 그리고 선생이 되어 이를 다시 자신의 학생들에게 강조하며 가르칠 것이다. 그러나 소년은 느낀다. 다른 친구들이 촌스럽다고 놀리는 이름이지만, 그 이름 속에는 그 아이가 있다. 그 아이를 가리키는 소리는 바로 그 두 글자가 만드는 것이어야 한다. 소년은 그 이름이 가진 소리가 달고, 간지럽고, 그리고 또, 어지럽다. 마법의 부작용 같아 소년은 이내 입을 다문다. 그리고 다시 이름을 써내려간다.

현관문에서 인기척이 느껴진다. 소년은 황급히 이름이 쓰인 공책 한 페이지를 북 찢어낸다.

2장 수심 12미터

수심 0미터

　　　　수심 12미터. 오늘은 여기까지 갈 수 있을까? 제주 범섬 앞바다의 파도는 지난번 방문했을 때보다 거칠다. 나는 프리다이빙 기술 중 깊은 수심에 도달하는 방법인 덕다이빙을 시도하는 중이다. 머리부터 입수하는 모습이 오리가 잠수하는 것과 비슷하다고 하여 이름 붙여진 이 다이빙 방법은 생각했던 것보다 쉽지 않다. 팔을 바닥을 향해 뻗고 몸을 수직으로 세워 그야말로 물에 내리꽂히듯이 들어가야 하는데, 자꾸 수면에서 앞구르기를 하거나, 잠수를 하자마자 엉뚱한 방향으로 튕겨져 나오듯 다시 떠오른다.

　　　　마스크를 끼고 있어도 기막혀하는 강사의 표정을 읽을 수 있다. 머릿속에서는 미래소년 코난처럼 자유자재로 물속을 휘젓고 다니는 모습을 꿈꾸지만, 현실에서는 1미터도 잠수하지 못하고 허우적거린다. 벌써 네 번째 바다 실습이다. 남들은 하루에 성공한다는 덕다이빙을 나는 바다에 세 번이나 나오고서도 실패했다. 오늘까지 더해지면 네 번째 유급이다. 초조함 때문인지 더 숨이 차는 것 같다. 흥분을 가라앉히려 물속 심연을 바라본다. 마지막 심호흡을 하고 입에 물고 있던 스노클을 제거한다. 코를 잡고 숨을 토해내듯 뱃속의 공기를 머리로 올려보낸다. 그 공기가 귀의 고막을 밀어내는 것이 느껴진다. 그러고 다시 덕다이빙.

　　　　사실 미래소년 코난의 다이빙 장면은 비행 중인 비행기 날개 위를 뛰어다니는 장면만큼이나 비현실적이다. 만화 속에서 코난은 동그란 눈으로 자신이 가고자 하는 방향을 바라보며 잠수를 하지만, 덕다이빙을 할 때는 도달하고자 하는 지점을 바라봐서는 안 된다. 물속에서 잠수를 할 때 사람의 몸은 자신의 눈이 아닌 정수리가 가리키는 방향으로 움직이기 때문이다. 수직으로 잠수하기 위해서는 똑바로 서서 정면을 응시하면서 한 손은 코를 잡고 다른 한 손은 차렷 자세를 취해야 한다. 정확히는 그 자세를 180도 뒤집어 거꾸로 서 있는 상태가 되어야 목표하는 수심까지 내려갈 수 있다. 이때 고개를 숙이거나 위로 살짝만 들어도 몸은 엉뚱한 곳으로 향한다. 물속에서 내가 가고자 하는 지점까지 잠수하기 위해서는 그 지점을 눈으로 확인하겠다는 마음을 지워야 한다. 욕망과 불안을 숨겨야 욕망하는 곳에 닿을 수 있다.

    덕다이빙은 또 다른 점에서도 기묘하다. 덕다이빙을 할 때 평소에 경험하던 공간 감각은 완전히 뒤집힌다. 지상에서 이동할 때 우리는 목표하는 지점을 응시하며 이동한다. 목표 지점은 일종의 기준점이 되는데, 이 기준점은 그 공간에서 우리 자신이 어디쯤 위치하고 있는지를 알려준다. 하지만 덕다이빙을 할 때는 그런 기준점이 사라진다. 내가 보고 있는 것은 앞이지만 앞이 아니다. 나는 내가 바라보는 지점으로 이동하지 않는다. 말 없는 이 침묵의 세계에서 내 머리가 향하는 곳은 위가 아니라 아래고, 내 발이 있는 곳은 위다. 그렇게 상하좌우의 감각은 뒤섞인다.

수심 5미터

이번에는 다행히 자세가 제대로 잡혔다. 이제 수직으로 5미터. 수심이 깊어질수록 수압 때문에 허파가 쪼그라든다. 근데 내 허파는 정말 쪼그라드는 것일까?

"보일의 법칙 잘 아시죠?"

프리다이빙 이론 강의 시간은 흡사 고등학교 물리 시간 같다. 프리다이빙 강사는 보일의 법칙을 아는지 묻는다. 어리둥절해하는 내 표정을 보고 강사는 의기양양한 표정으로 설명을 이어간다.

"압력이 두 배 증가하면 기체의 부피는 얼마나 줄어들까요? 2분의 1로 줄어듭니다. 그럼 세 배 증가하면요? 기체의 부피는 3분의 1이 되지요. 그럼 이 기체가 우리의 폐 안에 있는 공기라고 생각해보세요. 폐가 물속에 들어가서 어떻게 되는지 이제 이해하시겠죠?"

그것 참 야박한 법칙일세. 보일의 법칙을 생각하니 흉곽에 뭔가 뻐끈함이 느껴진다. 그러나 몸 안의 압력과 몸 밖의 압력이 달라지는 것을 제일 먼저 느끼는 것은 귀다. 귀의 통증이 심해진다. 통증을 막는 방법은 귀 안의 유스타키오관으로 공기를 불어넣어 몸 안팎의 압력이 평형을 이루도록 만드는 수밖에 없다. 나는 왼손으로 코를 막은 채 프렌젤을 시도한다.

"코를 막은 상태에서 배에 힘을 빡 주고 공기를 코로 보내면 귀가 뚫리는 경험을 해보셨을 거예요. 그걸 발살바라고 합니다."

비행기를 타며 스스로 터득했던 귀 뚫기 방법을 부르는 이름이 있다는 걸, 나는 프리다이빙 이론 수업을 들으며 처음 알았다. 몸 안의 압력과 외부 압력 사이의 균형을 맞추는 기본적인 기술 발살바(Valsalva)는 17세기에 살았던 이탈리아 해부학자의 이름이다. 프리다이빙 강사는 압력 평형에 대한 강의를 이어나간다.

"그런데 이 발살바는 물속 깊이 들어가면 소용이 없어요. 덕다이빙을 할 때는 머리가 폐 아래에 있게 됩니다. 게다가 깊이 들어가면 들어갈수록 폐는 말 그대로 쪼그라들기 때문에 배에 힘을 줘서 공기를 밀어올리기가 힘들게 됩니다. 그래서 발살바 대신 프렌젤이라는 방법을 써야 하는 겁니다."

헤르만 프렌젤(Hermann Frenzel). 이비인후과 의사이자 나치의 공군 루프트바페(Luftwaffe) 장교. 그는 제2차 세계대전 중 수직으로 내리꽂히며 폭탄을 떨어뜨리는 급강하 폭격기의 조종사들을 훈련시키기 위한 압력 평형법을 개발해 교육시키게 된다. 프렌젤은 자신의 이름이 21세기 프리다이버들에게 회자될 줄은 꿈에도 몰랐을 것이다. 물론 나도 나치 장교가 만든 압력 평형 방법을 깨우치는 것에 대해 고민하게 될 줄 몰랐다.

수심 7미터

수압이 고막을 짓누른다. 귀의 통증이 느껴진다. 나는 말을 할 수가 없다. 읍. 윽. 읍. 윽. 다만 코를 잡고 프렌젤을 시도할 뿐. 읍. 윽. 읍. 윽.

"프렌젤을 하는 방법에 대해 이제부터 설명할 테니 잘 들으세요. 발살바는 횡격막의 힘으로 폐의 공기를 코와 부비강으로 보내는 방법입니다. 이때 우리의 목구멍, 성문은 열려 있습니다. 그런데 프렌젤은 반대입니다. 프렌젤은 성문을 막고 입 안의 공기를 부비강으로 보내는 게 관건입니다. 목구멍을 막고 입안의 공기로만 압력 평형을 만들어내야 해요. 배에 힘을 주면 안 됩니다."

이론 수업은 어느덧 해부학과 생리학 강의로 변해 있다. 프렌젤 방법을 들으니, 모르긴 몰라도 급강하 폭격기 조종사들은 자신들을 향해 달려드는 대공포의 포탄을 피하는 것만큼이나 이 압력 평형 방법 사용을 어려워했을 것 같다는 생각이 든다. 프렌젤은 '근원-여과 이론'이라는 인간의 발성 메커니즘과는 정반대의 방법을 요구하기 때문이다.

1791년 헝가리. 볼프강 폰 켐펠렌(Wolfgang Von Kempelen)이 말하는 기계를 만들었다.[1] 이 기계에서 가장 눈에 띄는 것은 커다란 풀무다. 이 풀무는 작은 상자로 연결되어 있는데, 이 상자 안에 진동막이 있고, 이 진동막은 입 역할을 하는 가죽으로 만들어진 공명기로 연결된다. 이 기계를 시연하는 동영상을 보면, 시연자가 한쪽 팔로 커다란 풀무를 누르고, 다른 한쪽 손으로는 입 역할 공명기를 주무르는 모습을 볼 수 있다. 그러면 목 졸린 사람의 비명처럼 들리는 모음이 공명기에서 흘러나온다.

　　　　　켐펠렌의 말하는 기계는 인간의 발성 메커니즘을 잘 이해하고 있다. 말하는 기계의 풀무가 공기를 밀어올려 성대로 보내는 폐의 역할을 한다. 폐에서 올라온 기류는 성대를 거치며 후두음을 발생시키는데, 이 후두음이 '근원'이다. 그리고 이 소리는 일종의 여과기인 발성 기관을 거치면서 인간의 음성이 된다. 말하는 기계에서 근원은 진동막이 있는 작은 상자에서 생성되는데, 상자 안에서 만들어진 공기의 흐름은 손으로 주무르는 가죽 공명기에서 여과되어 비명이 된다.

　　　　　프렌젤은 이런 인간의 발성 메커니즘을 정반대로 하라고 요구한다. 적함을 향해 수직으로 급강하하는 폭격기를 몰면서 조종사들은 소리 지르는 대신 입술은 앙다물고 목구멍을 혀뿌리로 틀어막은 채 입안의 공기를 역방향으로 보내야 했다. 인생의 마지막이 될지도 모르는 그 순간에 그게 가능했을까?

　　　　　수심 5미터. 귀가 아프다. 나는 소리 지르고 싶다.

급강하 폭격기만큼 빠른 속도는 아니지만 나는 계속 하강 중이다. 프렌젤을 계속 시도하지만, 잘 되지는 않는다. 귀의 고통은 점점 커진다.

"그럼 어떻게 하느냐? 잠시 지금 자신의 혀가 어디에 있는지 생각해보세요. 그 혀를 이제 연구개로 옮기는 겁니다. 혀의 근육이 중요합니다. 혀의 뿌리로 연구개를 틀어막는다고 생각해보세요."

프리다이빙 이론 수업에서 연구개라는 말을 듣게 되다니! 강사의 설명에서 연구개라는 말을 듣자마자 나는 자동적으로 사각형 벽돌로 이루어진 벽, 한국어의 자음 목록들을 떠올린다. 내가 학생들에게 수없이 설명했던 한국어의 자음체계표.

ㅂ	ㄷ		ㄱ	
ㅃ	ㄸ		ㄲ	
ㅍ	ㅌ		ㅋ	
		ㅈ		
		ㅉ		
		ㅊ		
	ㅅ			
				ㅎ
	ㅆ			
ㅁ	ㄴ		ㅇ	
	ㄹ			

저 표가 주기율표였다면, 화학자들은 무한한 애정을 드러낼 것이다. 프리모 레비(Primo Levi)는 자신의 회고록《주기율표》에서 각 장의 제목으로 아르곤, 수소, 아연, 철, 칼륨, 니켈 등 원소 이름을 붙이며 자신의 삶을 기꺼이 원소로 설명했다. 올리버 색스(Oliver Sacks)도 얼마나 주기율표를 애정했던지, 삶의 마지막을 정리하며 쓴 글의 제목을 '나의 주기율표'라고 했다.

프리모 레비나 올리버 색스가 보여주는 주기율표에 대한 애정에는 일종의 신비주의가 숨어 있다. 주기율표에 새겨진 원소 기호들은 눈으로 확인할 수도 손으로 만져볼 수도 없는 숨겨진 존재들에 대한 증거다. 자신의 실험을 통해 자연을 지배하는 힘을 깨우치고 자신의 영혼을 정화시키고자 했던 중세의 연금술사들에게 주기율표가 주어졌다면, 그들은 주기율표를 성스러운 문서로 숭배했을 것이다.

화학자들이 주기율표에 대해 보여주는 애정과 달리, 나는 저 자음체계표에 대한 애정이 없다. 물론 저 표에는 해부학, 생리학, 물리음향학의 원리가 숨겨져 있다. 그러나 보이지 않는 세계의 기원을 드러내는 주기율표와 달리, 저 자음체계표는 자신이 어디에서 왔는지를 사각형 감옥 안에 은폐한다. 그래서 저런 형식을 취할 수밖에 없다는 것을 알면서도 나는 자꾸 저 표가 이내 못마땅하다.

입. 저 표는 입이다. 정확히는 보이지 않는 입안에서 생겨나는 소리들의 지형도다. 그러나 저 표는 그저 죽은 동물들의 머리를 박제한 헌팅 트로피가 무표정하게 걸려 있는 벽면처럼 보인다. 저 표의 소리들은 칸칸이 나뉘어 있는 철제 감옥의 죄수 같기도 하다. 감옥의 답답함이 그대로 전해지는 표를 볼 때면 나는 나도 모르게 예전에 읽었던 한 소설의 구절을 떠올린다.

> 만지고 싶을 거야. 여자와 헤어지면 가장
> 오래 기억에 남는 게 뭔지 알아? 촉감이야.
> 엉덩이, 가슴, 배에서 출렁이던 지방질. 골반에
> 부딪혀오던 뼛조각들의 날카로움. 입속에서
> 충돌하던 앞이빨.
> — 김영하, 〈당신의 나무〉

자음체계표를 볼 때마다 이 구절을 떠올리는 이유는 인용한 소설의 마지막 부분 때문일 것이다. '입속에서 충돌하던 앞이빨'. 이 부분을 읽을 때 왜 자음체계도가 연상됐는지 모르겠다. 어찌 되었건 자음체계표를 볼 때 이 구절이 생각나고, 이 구절을 읽으면 다시 자음체계표가 생각나는 이상한 뫼비우스의 고리가 내 머릿속에 생겨버렸다. 어쩌면 나는 말을 할 때 입안에서 일어나는 일이 격정적인 정사만큼이나 폭발적임을 알려주고 싶었을지도 모른다.

저 표는 충돌하는 입이다. 탄식하는, 웃음을 터뜨리는, 주저하는, 욕설을 내뱉는, 중얼거리는, 구시렁거리는, 자근자근 설명하는, 음모를 꾸미는, 낙담하는, 온갖 욕망과 회한과 분노를 말하는 입. 그런 입을 떠올리다

저 표를 보면 나는 터무니없다고 느껴진다. 저 자음들은 각자 다른 냄새를 가지고 있다. 어떤 건 축축하고 어떤 건 건조하다. 저 소리들은 유령과도 같아서 공기 중으로 증발하는 것을 붙잡아둘 수도 있다. 물론 언어학자들은 저 유령들의 사진을 찍어서 전시했다고 흐뭇해하지만. 저기 걸려 있는 박제들이 박제가 아닌 살아 움직이는 동물이라는 것을, 뜨거운 김이 서려나오는 육체의 목소리라는 것을 학생들에게 이해시키는 것은 쉽지 않다.

파도는 바위와 부딪치며 소리를 낸다. 체계도 속 자음도 마찬가지다.

저 무미건조한 행렬은 두 가지 기준의 조합에 의해 만들어진다. 그 기준 중 하나는 파도가 만나는 바위의 위치다. 즉, 두 입술, 잇몸, 앞쪽의 부드러운 입천장, 뒤쪽의 단단한 입천장, 성문 같은 조음 기관의 위치다. 양순음, 치경음, 경구개음, 연구개음, 후음 같은 이름들은 조음의 위치를 중심으로 말소리를 분류한 것이다. 다른 기준은 파도가 바위에 부딪치는 방식, 조음 방법이다. 말소리에는 그 조음 방법에 따라 파열음, 파찰음, 마찰음, 비음, 유음이라는 이름이 붙는다.

'바다로 가자.' 이 말을 발음해보자. 켐펠렌의 말하는 기계는 이 문장을 발음하지 못한다. 그 기계에는 입술이, 잇몸이, 딱딱한 입천장이, 부드러운 입천장이 없기 때문이다. 무엇보다도 그 기계는 혀를 가지고 있지 않다.

'바'. 제일 먼저 두 입술이 공기를 막았다가

갑자기 터뜨린다. 그다음 혀끝이 잇몸에 붙어 공기의 흐름을 막았다가 터뜨리며 '다'라는 소리를 만들어낸다. 바로 이어서 혀끝이 잇몸 부위에 잠깐 붙었다가 떨어지며 '로'가 발음된다. 쉬지 않고 혀뿌리가 뒤쪽 입천장을 막았다가 터뜨리며 '가'라는 소리가 생성된다. 마지막으로 혓몸이 앞쪽 입천장을 막았다가 살짝 틈을 열어 공기를 흘려보내며 '자'라는 소리를 만든다. 입술은, 혀는, 그 짧은 시간에 능수능란하게 경계를 넘으며 온갖 방법으로 소리를 만들어낸다. 이 역동적인 움직임을 자음체계표는 담지 못한다.

강사는 프렌젤에 대한 설명을 이어나간다.
"혀를 경구개가 아닌 연구개 쪽으로 움직이면서 입안의 공기를 비강으로 보내는 겁니다. 연구개가 어딘지 모르겠다고요? '윽', '악'이라고 발음할 때 혀가 어디에 위치하는지 느껴보세요. 혀뿌리가 뒤로 가서 막히는 걸 느낄 수 있죠? 코를 막고 그렇게 해보세요."

나는 계속 하강 중이다. 나의 입은 혀를 온갖 방식으로 움직여 소리를 낼 수 있지만, 물속에서 나의 혀로 만들어낼 수 있는 소리는 없다. 내 입안의 소리들은 자음체계도의 소리들처럼 갇혀 있다. 물속에서 내가 할 수 있는 일이란, 아니 해야 하는 일이란 혀를 연구개 쪽으로 밀어붙이며 입안의 공기를 코와 귀로 흘려보내는 것뿐이다. 하지만 그마저도 잘 되지 않는다. 이럴 때 내 입은 켐펠렌의 말하는 기계만큼이나 답답하다. 통증을 참다못해 결국 나는 배에 힘을 주면서 발살바를 시도한다. 독일인은 안 되겠어. 이탈리아 해부학자한테로 가자. 다행히 귀 안쪽의 공기가 수압에 눌린 고막을 바깥쪽으로 밀어낸다.

수심 12미터

12미터를 표시하는 로프에 매달린 공을 확인한다. 성공이다. 한 손으로 로프를 잡자 몸이 자연스럽게 반대쪽으로 돌아간다. 이제 수면 위로 올라가는 일이 남았다. 읍읍. 영어로 컨트랙션(contraction)이라고 부르는, 횡격막이 수축하는 호흡 충동이 찾아온다. 숨을 쉬고 싶어 하는 몸의 반응이지만 아직 산소가 부족한 것은 아니다.

나는 계속 위로 상승한다. 슬쩍 고개를 들어 아직은 멀리 있는 일렁이는 수면을 본다. 저 수면이 나올 때까지 호흡을 멈추고 입술을 다물어야 한다. 나의 입은 저 딱딱한 자음체계도처럼 닫혀 있다. 나는 아직도 상승 중이다. 초보 프리다이버인 내게는 수면까지의 거리가 아득히 멀게 느껴진다. 컨트랙션이 찾아온다. 나는 입을 꽉 다문다. 나는 내 입안에 포박된 소리들을 갈망하는가? 아니다. 내가 갈망하는 건 오직 말하는 기계의 풀무질, 긴 호흡이다.

다시 수면과의 거리를 가늠해본다. 멀다. 발차기를 힘껏 해본다. 다시 컨트랙션이 찾아온다. 요동치는 나의 횡격막과는 달리 물속은 무심한 듯 고요하다. 그 고요 속에서 나는 깨닫는다. 내 입속 모든 소리는 결국 나의 폐를 가득 채웠던 숨이었다는 것을.

　　　　물속은 검은 푸르름으로 가득 차 있다. 그런데 수면까지는, 아직도….

3장 당신의 삼각형: 조각들[1]

1.

"이? 알?(1? 2?)" 택시기사가 물었다. 순간 나는 긴장한다. 숫자 1의 중국어 발음 '이'를 자꾸 한국어 숫자 2로 착각해서 엉뚱한 실수를 한 적이 많기 때문이다.

"아, 이창!(아, 공항 1터미널요!)"

2018년 6월 어느 날, 나는 상하이 외곽에서 택시를 타고 푸둥공항 1터미널로 향하고 있었다. 1년간의 중국 생활을 마감하고 돌아가는 길. 택시기사가 듣는 라디오 방송에서는 여전히 내가 이해하지 못하는 중국어 방송이 흘러나왔다. 하지만 이제 내 몸과 마음은 한국어와는 다른 형태의 봉우리와 골짜기를 이루는 중국어의 파동을 편안하게 느끼고 있었다. 그래, 중국에서 1년을 살았으니 나도 태어난 지 1년 된 중국 아기 정도는 하겠지. 생후 8개월 된 아이들의 옹알이에서는 이미 모어의 억양이 녹아나오니까. 택시가 공항 2터미널로 가는 게 아닌지 조바심을 내면서, 나는 속으로 중얼거렸다. 그래, 내가 옹알이할 정도는 되었구나. 중국어가 만들어내는 파동은 이제 내 몸의 일부다.

한 달 뒤 나는 프랑스 파리 마레 지구의 골목길을 배회하고 있었다. 나비 채집을 처음 하는 아이처럼 살짝 상기되어 거리의 낯선 소리를 채집하고 있을 때, 골목 끝에서 중국어로 대화하는 이들이 나타났다. 일순간 나의 주의는 그들의 중국어 억양에 집중되었다. 마레 지구 골목길에서 들은 중국어의 억양은 상하이에서 듣던 중국어의 억양과는 달랐다. 굳이 말하자면 프랑스 마레 지구의 중국어라고 할 수 있을까? 중국어와 프랑스어의 억양을 미묘하게 덧댄 그들의 목소리는 도드라지지 않았고, 골목의 소리 풍경과 잘 어울렸다. 그 골목과 오랜 시간을 보냈기에 그 공간을 잘 이해하는 목소리들. 그 목소리들이 편하고 좋아서 나는 잠깐 그 목소리를 따라 걸었다.

그리고 몇 년 뒤 광주. 늦은 저녁 시간, 나는 집 근처 공원으로 산책을 나섰다. 코로나가 일상이 되었지만 그래도 사람들은 공원을 찾았다. 공원 입구 횡단보도 앞. 노년의 부부가 주거니받거니 누군가를 흉보며 지나쳐갔다. 자식 얘기 같았다. 그래요, 자식 흉을 부모가 안 보면 누가 보겠어요. 나는 불편하지 않았다. 공원 안 농구장. 농구 하는 중학생들은 마스크가 찢어져라 상대편에게 욕을 하고 있었다. 친구들끼리 욕설은 일종의 우정 표현이니까, 불편하지 않았다.

그러다, 삼각형이 나를 덮쳤다. 내가 완전히 벗어났다고 생각했던 그 삼각형이.

공원 한 모퉁이를 지날 때였다. 어슴푸레한 가로등 아래 벤치에 앉아 있는 중년 남녀의 모습이 보였다. 가까이 다가가자 서서히 그들의 음성이 들려왔다. 내가 아는 억양, 중국어였다. 그리고 아주 짧은 순간, 나는 불편함을 느꼈다. 그리고 그다음, 나에게 닥쳐온 것은 당혹스러움이었다. 단 1초도 안 되는 시간이었지만, 그 찰나의 순간에 내 안의 인종주의자가 섬뜩한 표정으로 고개를 드는 것을 느꼈기 때문이다.

2.

여기 삼각형 모양의 땅이 있다. 그 땅 위에는 레고처럼 똑같은 삼각형 얼굴, 똑같은 삼각형 표정을 한 사람들이 산다. 이들은 한 번도 만나본 적은 없지만 서로를 '우리'라고 부른다. 사람들 머리 위에는 삼각형 모양의 말풍선이 하나씩 떠 있는데, 그 말풍선에는 똑같은 삼각형 언어가 쓰여 있다. 이 삼각형 땅에는 세 꼭짓점이 있다.

하나의 영토(꼭짓점1), 하나의 민족(꼭짓점2), 하나의 언어(꼭짓점3).

도대체 이런 땅이 어디에 존재하냐고? 지금, 바로 여기. 당신이 있는 그 자리.

3.

"엘리베이터 타면 옆에 사람 있으면 말을 안 해요. 몽골어로 옆에 남편이나 엄마, 아빠나 애랑 다 해버리잖아요. 그러면 이렇게 (째려보는 동작) 봐요. 그게 때리는 건 아닌데 때리는 것처럼 아파요, 무서워요."[2]
— 코로나19 유행 기간의 경험에 대한 외국인 유학생 인터뷰

4.

　　러시아어로 독일어를 가리키는 단어 네메츠키(Немецкий)는 본래 '벙어리의 말'이란 뜻이다. 요컨대, 러시아인들에게 독일인들의 말은 도무지 알아들을 수 없는 소리였던 것이다. 이해하지 못하는 말을 한다는 것은 말을 하지 않는다는 것이나 마찬가지다.

　　러시아인들에게 말을 하지 못하는 독일인이 있었다면, 고대 그리스인들에게는 페르시아인들이 있었다. 그리스인들은 도무지 알아들을 수 없는 말을 중얼거리는 페르시아인들을 바르바로스(βάρβαρος, barbaros)라 불렀다. 알 수 없는 소리를 내는 사람들. 야만인들(barbarian).

5.

　　러시아인들이 그렇게 이야기해서가 아니라, 사실 독일어 사용자들도 자신들의 언어를 부끄러워했다. 본격적인 근대국가가 건설되기 전 독일어 사용자들이 사랑하고 찬탄해 마지않았던 언어는 프랑스어였다. 세련되고 진보적이고 우아하고 명석하다는 수식이 프랑스어 앞에 붙어다녔다. 반면, 독일어는 한심한 언어였다.

　　이봐라, 우리 백성들의 말소리는 참으로 딱딱하구나. 독일어가 얼마나 문제적으로 보였는지 프로이센의 프리드리히 2세는 독일어 동사 뒤에 모음 'a'를 붙여 독일어를 프랑스어처럼 부드럽게 바꾸자고 제안할 정도였다.

6.

28주. 태아의 청력이 어느 정도 완성되는 시기. 이때가 되면 어둠 속의 태아는 새로운 세계를 만난다. 그는 말 그대로 자신에게 들려오는 온갖 소리, 특히 엄마와 주변 사람들의 목소리를 듣게 될 것이다. 그러나 그를 기다리는 사람들의 말소리는 양수 속에 떠 있는 태아에게 온전히 가닿지 못한다. 특히 고주파 영역대를 차지하는 자음은 양수를 통과하는 과정에서 희미해진다. 그나마 그에게 더 뚜렷이 전달되는 것은 저주파 영역대의 소리인 모음, 그리고 말소리의 운율이다. 운율. 리듬, 억양, 높낮이, 강약, 장단으로 구성되는 음악.

36주가 지나면 뱃속의 아이들은 엄마의 말소리에 포함되지 않은 모음과 다른 억양 패턴을 알아차린다. 낯선 모음과 억양을 들려주면 태아들은 반응한다. 이봐요, 이건 평소 듣던 음악이 아니잖아요? 이처럼 엄마의 뱃속에서부터 훈련받은 덕분에, 우리와 같거나 다른 억양을 너무나 쉽게 포착한다. 인파로 가득한 서울 어느 거리를 걸으며 사람들이 서울말로 떠드는 소리를 무심코 듣다가, 그 말소리들 속에서 낯익은 고향 말의 억양을 찾아낼 때가 있다. 내가 뱃속에서부터 들었던 음악을 듣고 나는 나도 모르게 고개를 돌린다.

그 음악을 누군가는 엄마의 말, '모어'라는 이름으로 부르고 싶은 강렬한 욕망을 느낄 것이다. 그렇지만….

7.

근대로 진입하기 전, 유럽인들은 당시 보편어 역할을 하던 라틴어와 결별하고 싶어 했다. 라틴어 대신 유럽인들이 주목한 것은 유럽 각 지역에서 일상적으로 사용되던 토속 언어, 일명 '속어(vernacular)'였다. 그러나 라틴어로부터의 독립은 거저 이루어지는 것이 아니었다. 독립은 '속어'가 가치 있는 언어라는 논리를 세우는 것에서 시작된다. 그리고 이 과정에서 '모어'라는 개념이 동원된다. 이 과정에서 중요한 역할을 한 이가 당시 속어인 피렌체 말로 자신의 대표작 《신곡》을 쓴 단테였다.

1304년 단테는 속어를 옹호하는 책 《속어에 대하여(De vulgari eloquentia)》에서 속어의 가치에 대해 쓴다. 사랑을 속삭일 때 어떤 언어를 사용할 것인가? 온갖 규칙을 학습해야 하는 라틴어인가, 아니면 그냥 터득하는 속어인가? 라틴어는 인위적인 문법으로 만들어지는 언어지만 속어는 자연스러운 언어다. 아이러니하게도 라틴어로 쓰인 이 책에서 단테는 속어를 '어머니의 말(materna lingua)'이라고 부른다. 이렇게 속어는 '어머니'라는 상징, 그리고

'자연'이라는 상징과 결합하게 된다.

8.

16세기 프랑스도 라틴어와의 결별을 꿈꾸고 있었다. 결별에는 명분이 있어야 하는 법. 1539년 프랑스 국왕 프랑수아 1세는 결별을 위해 프랑스어가 '어머니의 말'이라는 명분을 내세우기로 한다. 그렇게 국왕은 '빌레르 코트레 칙령(Ordonnance de Villers-Cotterêts)'을 통해 모든 재판과 공무에서 '모어인 프랑스어'만 사용해야 한다는 명령을 내린다. 당시 유럽의 보편어인 라틴어가 아닌 프랑스 지역의 언어를 프랑스라는 국가와 연결시키는 작업이 드디어 시작된 것이다.

그런데 이 칙령을 처음 접한 프랑스 사람들은 '프랑스어 모어'가 어떤 언어를 가리키는지 궁금했을 것이다. 당시 프랑스 땅에는 오일(oil)어, 오크(oc)어, 브르타뉴어, 카탈루냐어, 알자스어, 프로방스어, 플라망어 등 다양한 언어가 사용되고 있었기 때문이다. 특히 이들 언어 중에서도 파리가 위치한 북부의 오일어와 남부의 오크어가 강력한 위세를 떨치고 있었다.

이런 상황에서 프랑스 땅의 모든 언어가 프랑스의 '모어'가 될 수는 없을 터였다. 엄마는 하나뿐이니까. 그렇다면 누구를 엄마로 할 것인지 고민할 법했지만 프랑수아 1세에게 '모어'가 무엇인지는 너무나 자명했다.

그가 칙령으로 정한 '모어'란 파리가 위치한 일드프랑스 지역의 오일어였다.

이처럼 '모어'와 '국가'를 묶는 작업은 그 국가 안에서 엄연히 존재하고 있던 다른 언어를 지우는 작업과 함께 진행되었다. 프랑스의 경우 이 제거 작업은 혁명의 이름으로도 수행되었다. 1793년 국민공회는 프랑스어만을 혁명에 어울리는 언어로 공표하면서, 프랑스어가 아닌 지방 언어인 파투아(patois)를 사용하는 건 반혁명적이라고 주장했다. 파투아는 프랑스인들을 노예 상태로 감금하는 앙시앵레짐(구체제)의 언어이며, 따라서 이 가증스러운 언어는 프랑스 땅에서 박멸되어야 하는 것으로 여겨졌던 것이다.

지금 프랑스 땅에는 프랑스어 외에 여전히 브르타뉴어, 카탈루냐어, 알자스어, 프로방스어, 플라망어, 오크어로 말하는 이들이 산다. 혁명의 적들.

9.

프랑스혁명 이후 유럽에서 프랑스어는 국경을 넘어 계몽과 이성, 보편, 세계시민주의를 상징하는 언어가 되었다. 프랑스어는 정제되고 잘 다듬어진 '순수한' 언어이자 가장 논리적인 언어로 추앙받았다. 물론 그 근거는 터무니없었지만, 프랑스어는 이내 프랑스인들뿐만 아니라 다른 유럽인들에게도 '아름다운 언어'로 인정받게 되었다.

프랑스를 좇아 근대국가를 건설하려던 독일인들에게 이런 프랑스어는 딜레마였다. '모어' 독일어에 갖다붙일 수 있는 온갖 좋은 수식들을 프랑스어가 이미 선점했기 때문이었다. 프랑스를 닮고 싶었지만 자존심상 그대로 따라할 수는 없다는 것이 독일인들의 고민이었다.

독일인들이 찾아낸 묘수는 '순수'를 재정의함으로써 독일어에 새로운 가치를 부여하는 것이었다. 독일어의 순수는 가식적이고 위선적인 프랑스어의 순수, 독한 인공향료로 치장된 순수가 아니라 꾸며지지 않은 토속적이고 원초적인 순수, 자연 그대로의 순수였다. 독일어, 잘 조경된 정원이 아닌 검은 숲의 언어, 투박하지만 자연의 삶을 따라 사는 농민의 언어.

1770년 요한 고트프리트 헤르더(Johann Gottfried Herder)는 《언어의 기원에 대한 논문(Abhandlung über den Ursprung der Sprache)》에서 민족(Volk)의 특징이 그들이 사용하는 언어의 속성과 연결된다고 주장하면서 민족, 언어, 영토라는 성스러운 삼위일체의 삼각형 이론을 완성시켰다. 독일어의 이미지 세탁이 가능했던 것은 이 삼각형 이론의 완성과 유통에 힘입은 바가 크다. 이후 많은 독일인은 이 삼각형에 집착해 순수한 독일어의 오염을 걱정하기 시작했다. 당연히 순수한 독일어 실력을 제대로 갖추지 못한 독일인들에 대한 한탄도 따라왔다.

'그림 형제' 중 한 명인 야코프 그림(Jakob Ludwig Carl Grimm)도 이 삼각형에 집착했다. 그는 1846년 프랑크푸르트의 한 연설회에서 다음과 같이 단언한다.

> 국가란 무엇인가? …… 국가는 동일한 언어를 말하는 사람들의 총체다.[3]

삼각형에 대한 욕망은 글꼴에 대한 태도에까지 영향을 미쳐, 마르틴 루터가 독일어 성경을 인쇄할 때 쓰인 프락투어(Fraktur)라는 글꼴이 게르만 민족의 특성을 반영하는 '독일 글꼴'이라는 인식까지 만들어내게 된다. 즉, 글꼴 하나까지도 민족 및 국가와 연동되어 있다는 강력한 믿음이 생겨난 것이다. 1935년 슈틸(Stiehl)이라는 이는 라틴어 문헌에 많이 사용되던 안티콰(Antiqua) 글꼴의 사용 영역과 프락투어 글꼴의 사용 영역을 구분해야 한다면서 다음과 같이 주장한다.

> 모든 외국어는 라틴 글꼴로, 독일어는 독일 글꼴로 인쇄하라![4]

독일인이 사는 독일 땅에서는 독일어와 독일 글꼴을! 이를테면 하나의 영토, 하나의 민족, 하나의 언어라는 성스러운 삼각형은 근대 국민국가를 가능케 한 강력한 가상현실이었다.

10.

순수한 삼각형은 존재하지 않는다. 이 삼각형은

어디까지나 상상의 도형이기 때문이다. 하지만 그 상상은 폭력과 억압, 설득과 회유, 끊임없는 최면이 되어 다른 소리들을 실제로 지워버린다. 그렇게 '모어'의 칭호를 부여받은 언어는 뻐꾸기처럼 둥지 안의 다른 언어들과 사람들을 둥지 밖으로 밀어낸다. '모어'라는 이름에 다른 칭호를 붙인다면 이렇다.

학살자.

11.

'모어'라는 말이 발명되기 전에도 다른 말소리를 낸다는 건 죽어 마땅한 이유가 되기도 했다. 성경 〈사사기〉에는 에브라임 사람을 죽이려는 길르앗 사람들이 요단강 나루터를 지나가는 사람들에게 '쉽볼렛'을 말해보라고 해 '십볼렛'이라고 발음하면 죽였다는 이야기가 나온다. 에브라임 사람들은 'sh' 발음을 하지 못했기 때문이다. 42,000명. 말소리 때문에 죽어야 했던 사람의 수. 성경은 아무런 감정도 넣지 않고 무미건조하게 이 숫자를 기록한다. 언어학자들에게는 지겨운 이야기다.

12.

다른 소리를 만들어내는 아이들은 사회적인

문제다. 그들은 삼각형의 적이다.

1960년대까지 오키나와에서는 오키나와의 언어인 류큐어를 사용하면 목에 패찰을 걸어야 했다. 과거 스웨덴에 사는 핀란드 아이들은 핀란드어로 말하다 발각되면 목에 고리를 차거나, 줄줄이 서서 뺨을 맞았다.

프랑스 브르타뉴 지방의 학교에서는 다음과 같은 행동이 금지되었다. '바닥에 침 뱉기'. 그리고 그만큼이나 금기시되는 행동, '브르타뉴어로 말하기'. 학교의 현수막에는 금지 목록 대신 학교가 장려하는 내용이 적혀 있었다. "프랑스어로 말해라. 깨끗해라."[5]

그러니까 다른 말소리는 오염의 징표다. 그래서인지 19세기 말, 미국 나바호족(Navajo) 아이들은 학교에서 나바호어를 말하다가 걸리면 이런 처벌을 받았다. 비눗물로 입 헹구기.

13.

"어제도 은행에서 어떻게 됐냐면… 어학당 학생이 거길(은행에) 갔어요. 거기 가서 이렇게 '영어로 이름 써요?'(외국인 억양 흉내) 이렇게 돼서 영어로 이름 쓰고 사인하는 거 있잖아요. 어차피 발음이 안 좋아요. (……) 그 친구가 나가니까 바로 소독하더라고요, 그 자리를. (……) 똑같은 사람인데, 그럼 한국 사람 쓰고 나갔을 때도

소독을 했어야지."
— 코로나19 유행 기간의 경험에 대한 외국인 유학생 인터뷰

14.

가끔 국제음성기호(IPA)의 소리를 찾아서 듣는다. 귀로 구분되지도 않고 발음하기도 힘든 소리들. 내가 그 낯선 소리들을 구분하고 이해하려면 많은 난관을 거쳐야 할 것이다. 그런데 방금 내가 한 말, '소리들을 구분하고 이해한다'는 말에는 어폐가 있다. 음성 기호는 그냥 물리적인 소리를 나타낼 뿐이기 때문이다. 물론 음성 기호로 표시되는 많은 말소리는 분명 다른 물리적 값을 갖는다. 하지만 다른 물리적 값을 갖는다 해서 사람의 귀에 들리는 그 소리들이 자동적으로 구분되는 것은 아니다. 언어의 의미는 차이에서 발생하기 때문이다. 한국인에게 '불'이라는 소리가 가진 의미는 이 소리가 '풀'이나 '뿔'과는 다르다고 인지하기 때문에 생겨나는 것이지, 그 소리 자체는 의미를 갖고 있지 않다. 따라서 귀에 잘 구분되지 않는 소리들은 의미를 만들어낼 수 없다.

특정 소리를 다른 소리와 다르다고 '구분'하고, 그렇게 구분된 소리들의 '차이'가 만들어내는 의미를 알게 되는 것. 이는 한 언어 안에서 그 소리가 다른 소리들과 맺는 관계를 관찰해야만 가능하다. 이상하게 들릴지 모르지만,

이 과정은 물리적으로 분명히 다른 소리를 같은 소리로 착각하는 능력을 얻는 여정이기도 하다. 기꺼이 착각의 체계 속으로 들어가야만 물리적인 소리인 [음성]은 특정 언어에서 뜻의 차이를 가져오는 '추상'적인 소리인 /음소/가 된다.

다시 반복해보자. '추상적인 소리'를 듣기 위해서는 착각할 줄 아는 능력이 필요하다. 예를 들어 한국어 '불'[pul]의 'ㅂ'은 성대의 떨림이 동반되지 않는 무성음이고 '이불'[ibul]에서 'ㅂ'은 성대가 울리는 유성음이다. 이 둘은 분명 물리적으로는 다른 음성이다. 하지만 한국인은 이 둘을 같은 소리라고 착각한다.

그런데 한국어를 배우는 외국인 학습자들, 특히 유성음 [b]와 무성음 [p]의 차이가 실질적인 의미의 차이를 가져오는 언어인 일본어나 영어 화자들은 분명 이 두 소리가 다르다는 것을 인지할 것이다. 그러나 이들은 자기 귀에는 분명 다르게 들리는 소리들을 구분하지 않고 모르는 척해야 한다. 벌거벗은 임금님을 보고도 옷을 입었다고 믿어야 하는 왕국의 백성처럼.

이와 달리 (다른 언어를 쓰는 사람들 입장에서) 같은 것을 다르다고 여기는 착각도 있다. 두 입술 사이에서 만들어지는 무성음 'ㅂ', 'ㅃ', 'ㅍ'이 그렇다. '불', '뿔', '풀'. 이 소리들을 들은 일본어나 영어 화자들은 똑같은 얼굴의 세쌍둥이를 쳐다볼 때처럼 어리둥절해할 것이다. 이들에게 이 소리들은 모두 같은 소리로 들릴 것이기 때문이다.

일본어 화자나 영어 화자들이 이 소리들을 구분하지 못하는 이유는 이들이 한국어 화자와는 달리

성대의 떨림 유무가 다른 소리를 만들어낸다는 착각의 체계를 가지고 있기 때문이다. 이 착각의 체계에서 같은 조음 위치, 같은 조음 방법을 사용하는 두 소리 중 하나가 유성음이고 다른 하나가 무성음이라면 둘은 다른 소리로 인지된다. 하지만 두 소리가 모두 유성음이거나 모두 무성음이라면? 둘은 같은 소리로 인식된다. 'ㅂ', 'ㅃ', 'ㅍ'은 조음 위치와 조음 방법이 같고 똑같은 무성음이라는 조건을 갖고 있다. 이 경우 일본어 화자나 영어 화자들은 이 세 소리를 구분할 방법이 없다. 그렇기 때문에 이들은 이 소리들을 구분해 발음하는 데도 어려움을 겪는다.

반면 한국어 화자는 같은 조음 위치, 같은 조음 방법이더라도 입 밖으로 나오는 기류의 양에 따라 소리가 구분된다는 착각의 체계를 갖고 있다. 이 착각의 체계는 한국어 화자들에게 'ㅂ', 'ㅃ', 'ㅍ'을 완전히 다른 얼굴을 한 사람들처럼 인식하는 능력을 부여한다.

이처럼 착각은 언어의 단단한 토대다. 어떤 미지의 바이러스가 인간들에게서 이 착각하는 능력을 앗아간다면, 그 순간 세계의 모든 언어는 붕괴될 것이다. 한 언어의 음운 체계는 완벽한 거짓이자, 무시할 수 없는 진실이다.

이런 착각의 체계 속으로 진입하기 전, 그러니까 각자의 언어를 갖기 전, 우리는 모두 보편적 음성의 세계에 살았다. 초기 옹알이를 하는 시기의 아이들은 나중에 갖게 될 자신들의 모어에는 없는 다양한 음성들을 만들어낼 수 있다.

현대언어학, 그중에서도 특히 음운론 분야의 설계자라고
할 수 있는 로만 야콥슨(Roman Jakobson)은 옹알이 시기의
아이들을 관찰하고는 이 시기 아이들이 한계를 모르는 음성
조음 능력을 갖고 있다고 주장했다. 더 나아가 야콥슨은
아이들이 말을 깨치는 첫 단계에서 이 능력을 거의
잃어버리는 것도 놀라운 일이라고 말했다. 대니얼 헬러-
로즌(Daniel Heller-Roazen)은 언어를 습득하는 것은 일종의
언어적 유아 기억상실, 모든 언어의 가능성을 담고 있는
무한한 땅을 떠나는 대가로 단일 언어공동체의 시민권을
얻는 일이라고 말한다.[6] 길르앗 사람들도 에브라임 사람들도
한때는 이 보편적 음성의 세계에 살았다. 이 세계에서는
길르앗 사람들에게 죽임을 당한 에브라임의 아이들도 [sh]
소리를 낼 수 있었을 것이다.

   음운의 세계 이전에 우리 모두가 머물렀던
음성의 세계. 딸아이가 그 보편의 세계에서 특수의 세계로
넘어오던 때를 기억한다. 말을 한창 배우고 있던 딸아이는
'아파'와 '아빠'를 구분해 발음하지 못했다. 그래서 아이가
울면서 '아파'라고 말할 때, 나는 아이가 나를 부르는 것인지
아니면 아프다고 말하는 것인지 구분할 수 없었다. 어쩌면
둘 다였을지도 모른다. 딸아이가 한국어의 음운 체계라는
착각의 세계로 완벽하게 들어오지 못했지만 나에게는 아무
문제가 되지 않았다. 아이를 그저 안아주면 되었으니까. 그게
아이가 원하는 소통이었으니까.
   아이가 음성의 세계에서 한국어 음운의 세계로

넘어오는 시기, 아이의 가족들은 '그냥 인정하고 넘어가기'의 세계를 구축한다. 아이들이 한국어 음운 체계에 맞지 않는 발음을 하더라도 기꺼이 인정하고 그냥 넘어가는 세계. 어른들이 한국어 음운과 맞지 않는 아이의 발음을 따라 하며 아이와 소통하는 세계. 이 '그냥 인정하고 넘어가기'의 세계가 없다면 아이들은 언어를 배울 수 없을 것이다. 사실 자세히 들어보면 한국어 모어 화자들도 모두 '표준' 발음이 아닌 독특한 발음을 한다. 그렇지만 우리는 모두 그냥 인정하고 넘어간다. 착각의 세계만큼이나 '그냥 인정하고 넘어가기'의 세계도 우리의 언어를 지탱해주는 단단한 지지대인 것이다.

'그냥 인정하고 넘어가주는 것도 한계가 있지'라고 생각하는 이도 있을 것이다. 하지만 한계가 있다는 생각도 착각의 일부일 뿐이다. 내가 가르쳤던 한국어교실이 그런 예 가운데 하나다. 한국어교실은 '그냥 인정하고 넘어가기'의 천국이었다. 각기 다른 모어, 그러니까 각기 다른 착각의 체계를 가진 학생들은 자신들이 배우고자 하는 한국어의 착각의 체계를 완전히 익히지 못했지만, 별문제 없이, 오히려 더 자유롭고 효율적으로 소통한다. 한국인들은 한국어라고 인정하고 싶지 않겠지만 그들에게는 한국어임이 분명한 언어로. 한국어 모어 화자가 아닌 사람들끼리, 한국어 음운 체계에서 벗어난 '한국어'의 발음과 억양으로 기막히게 자신의 의사를 표현하고 이해하는 모습은 경이롭기까지 하다.

다양한 언어가 공존하는 다중언어사회에서도 '그냥 인정하고 넘어가기'의 세계가 만들어진다. 서로 다른 종류의 언어를 섞어 쓰면서도 그 세계에서 사는 사람들은 별문제 없이 소통하며 살아간다. 정확한 발음과 억양만이 정확한 의사소통을 가능하게 하리라는 믿음은 어쩌면 진정 어리석은 착각일지도 모른다.

그리고 무엇보다 '그냥 인정하고 넘어가기'가 사라진 세상은 쉽게 지옥으로 변할 수 있다.

15.

1923년 9월 1일 새벽, 스물여섯 살 청년 시인 쓰보이 시게지(壺井繁治)는 큰 비에 놀라 잠에서 깬다. 폭우에 잠이 깬 그는 알 수 없는 불안감에 시달리다 다시 잠이 든다. 잠든 그를 깨운 것은 같은 날 오전 11시 58분에 발생한 진도 7.9의 대지진이었다.

확인된 사망자만 9만 명에 달하는 대참사였다. 계엄령이 내려졌다. 일본 내무성은 조선인들과 사회주의자들이 테러를 획책하고 있다는 내용을 각 경찰서에 내려보냈다. 유언비어에는 점점 살이 붙었다. 자경단이 조직되고, 조선인과 사회주의자 학살이 시작되었다.

그리고 누군가 기발하고도 끔찍한 아이디어를 낸다.

쥬우고엔 고쥬우쎈(15엔 50전).

유성음과 무성음을 구분하지 않는 조선인들이 이 발음을 일본인처럼 하지 못한다는 사실에 기반한 사냥법이었다. 24년 후 쓰보이 시게지는 이때의 광경을 〈15엔 50전〉이라는 시에서 이렇게 묘사한다.

> 15엔 50전이라고 해봐!
> 손짓당한 그 남자는
> 군인의 질문이 너무도 갑작스러워
> 그 의미를 그대로 알아듣지 못해
> 잠깐, 멍하게 있었지만
> 곧 확실한 일본어로 대답했다.
> (……)

이 장면 속의 남자는 운 좋게 살아남았지만, 많은 조선인과 지방 출신 일본인들 중 일부는 이 발음 때문에 무차별 학살을 당했다. 다음은 이 시 마지막 연의 일부다.

> 당신들을 죽인 것은 구경꾼이라고 할까?
> 구경꾼에게 죽창을 갖게 하고, 소방용 손도끼를
> 쥐게 하고, 일본도를 휘두르게 한 자는
> 누구였을까?
> 나는 그것을 알고 있다.
> '쟈부통'이라고 하는 일본어를
> '사후통'으로밖에 발음할 수 없었던 탓에
> 칙어(勅語)를 읽게 해서

그것을 읽을 수 없었기 때문에
그저 그것 때문에
무참히 살해된 조선의 친구들이여
(……)
— 쓰보이 시게지, 〈15엔 50전〉에서[7]

　　시인 쓰보이 시게지는 증언한다. 하나의 영토, 하나의 민족, 하나의 언어. 성스러운 삼각형을 수호하는 사람들의 모습을.

16.

　　환영합니다. 여기는 한국 땅이고요, 한국 땅에는 한국인만 살고요, 한국인들은 모두 똑같은 한국어(그러니까 표준어요)만 말합니다. 옛날옛날 먼 옛날부터 그랬답니다.
　　당연한 말씀. 하지만 이 삼각형은 분명한 환상이다. 지구가 평평하다는 주장만큼이나 황당한 환상. 그런데 이 환상이 지구평면설과 다른 점이 있다. 지구평면설과 달리 이 환상은 너무나 잘 작동한다는 점이다. 너무나 성공적이어서 우리는 이 환상을 실재라고 믿어 의심치 않는다. 정확히는 의심 자체를 하지 않는다. 그렇기에 삼각형 안에서의 오염을 발견하면 큰 충격을 받는다. 이때 오염을 식별하는 가장 간단한 방법은 말소리다.

17.

중학교 때 갔던 '육지'로의 수학여행에 대한 기억은 거의 없다. 생각나는 것이라고는 버스에 끊임없이 타고 내리던 일, 비 오는 서울의 풍경들, 서울에는 없는 서울랜드에서 비명을 지르며 타던 놀이기구, 그리고 강원도 양양의 낙산사를 방문했을 때 벌어진 작은 소동.

낙산사 가는 길. 우리 학교 애들이 왁자지껄 떠드는 것을 관광객들이 의아한 눈으로 쳐다본다. 그러고는 이렇게 자기네들끼리 묻는다.

"어느 나라 애들이야? 일본 애들인가?"

"그런가? 잘 모르겠는데!"

이 소리를 듣고 앞에 가던 같은 반 아이가 크크 웃으며 말한다.

"야, 야! 우리흔테 일본이렌 햄쪄."

다른 한 친구가 답한다.

"어디서 왔덴 곧지 말라이… 뭐랜 흐는지 보게이."

살짝 눈치를 보던 중년 남자가 우리에게 어디서 왔는지 묻는다.

어디서 왔는지 대답하지 말라던 아이가 못 알아듣겠다는 듯한 표정으로 천연덕스럽게 답한다.

"게메양."

어리둥절해하는 중년 남자의 표정을 보며 우리는 낄낄거린다. 우리는 우리가 누군지 알려주지 않고 그냥 가던 길을 간다.

그때 처음 나는 내가 일상적으로 사용하는 언어가 한국 땅에서 어떻게 들리는지를 깨달았다. 나는 낙산사 구경을 마치고 내려오는 관광객들과는 다른 존재였다. 그들과 절대 섞일 수 없는 부유물. 한국인이지만 결코 한국인이 될 수 없는 것 같은 묘한 느낌. 그래서 뭔가 자유롭지만 한편으로는 계속 내침을 당하는. 보이지는 않지만 누구나 식별할 수 있는 강력한 딱지가 붙어 있는. 그래서 도대체 너희는 누구니 물으면 언제나 이렇게밖에 대답할 수 없는 사람들.

'게메양' 또는 '글쎄요'.

그때까지 나는 우리가 다른 관광객들과 마찬가지로 삼각형 안에 사는 사람인 줄 알았다. 그렇지만 그날 나는 우리가 삼각형 밖에 있는 사람이라는 것을 어렴풋이 깨달았다.

삼각형 밖에 있지만 삼각형 안에 있다고 생각하는 사람들.

18.

1950년 8월. 해병대 3~4기 모집에 무려 3,000여 명의 제주도 젊은이가 지원한다. 하지만 그걸 '지원'이라고 할

수 있을까? 당시 열다섯 살이던 한 여중생은 8월 27일 학교 운동장에 모이라는 지시를 듣고 학교로 간다. 운동장에 모인 학생들을 대상으로 갑자기 신체검사가 진행된다. 얼마 후 이들에게 합격 소식과 함께 9월 1일 산지항으로 집결하라는 명령이 하달된다.[8] 이 여중생과 다른 소년병들은 애국심에 불타 기꺼이 자원한 것일까? 아니면 뭍으로 가는 죽음의 수학여행에 강제로 초대받은 것일까?

  1950년 9월 1일. 이들 병력 중 대부분은 부산으로 향하기 위해 제주읍에 위치한 산지항을 출발한다. 9월 6일. 부산 동래비행장에서 이들은 5일간 실탄사격 훈련을 받는다. 9월 12일. 이들은 행선지도 모른 채 다시 수송선에 실려 부산을 떠난다.

  노르망디 상륙작전에 투입되었다던 LST 수송선 안에는 중학생 M과 K도 있다. 만난 지 며칠 지나지 않았지만, 어느덧 M과 K는 서로를 의지하고 있다. 특히 입대할 때 건강 상태가 안 좋았던 K가 M의 도움을 많이 받았다. M은 K보다 체격이 좋은 편이었지만 멀미를 이길 수는 없었다. 지독한 멀미 속에서 구토하다가 잠시 정신이 돌아올 때면 그는 섯알오름을 생각했다. 일본군의 탄약고가 있던 곳. 미군이 폭파시켜 커다란 구덩이가 되었던 곳. 아버지가 묻혀 있지만 갈 수 없는 그곳. 혹시라도 살아서 돌아오면 어쩌면 섯알오름에 가볼 수 있을까? 나는 이제 해병이니까.

  K도 멀미에 시달렸지만 7월 내내 처분을 기다리며 감금되어 있던 제주읍 주정공장 고구마 창고보다는 LST 수송선이 더 낫다고 생각했다. 창고를

떠올릴 때마다 K는 고구마 창고에 있다가 산지항에서 먼저 배를 타고 출발해야 했던 사람들의 운명을 생각했다. 그들은 다시 뭍으로 돌아오지 못했다. 바다로 던져졌기 때문이다. K는 자신도 모르게 자꾸 혼잣말을 한다. "기지, 기지게, 어차피, 영후나 정후나 죽엉 어드레 맬겨부러실 건디…."

1950년 9월 15일. 인천 상륙작전이 시작된다. M과 K는 이 죽음의 수학여행에서 살아남을 수 있을까?

19.

"해병대 3~4기생 3,000여 명은 거의 제주 출신으로 순박·정직했으며, 병영이나 전방 전선에서 이탈자가 없었고, 용감무쌍한 장병들이었다."
— 신현준, 초대 해병대 사령관

20.

4·3 당시 아버지가 학살당한 늙은 해병의 인터뷰.[9] 그의 나이 열여섯 살 때 겪은 사건에 대해 그는 이렇게 회고한다.

"뭐 울지도 않았어요. 그때. 우리들만 어떵 삽니깡? 말도 헐 수도 없고… 죽은 사람 알아들어?"

그는 열여덟 살에 해병대에 입대한다. 인터뷰는 계속된다.

"연좌제의… 그 해당되는 가족들이… 살아남는 방법은… 군인 가족 되는 방법밖에 없습니다."

또 다른 늙은 해병의 인터뷰도 이어진다. 그 이름 옆에는 '4·3 생존 수형인'이라는 설명이 달려 있다.

"내가 사상이 완전하다, 그렇게 하기 위해서 내가 간 거죠, 자원해서."

생존 수형인. 당시 4·3과 관련해 투옥된 대부분의 수형인은 살아서 돌아오지 못했다.

21.

한국 해병대는 1949년 4월 15일 1,000여 명의 병력으로 창설되었다. 같은 해 12월 28일, 4·3 토벌의 임무를 받고 해병대가 제주에 도착해서 모슬포에 주둔한다. 다음 해인 1950년 8월, 해병대는 예비검속을 명분으로 대정, 안덕, 한림 지역 주민들을 무차별 연행한다. 8월 20일 새벽, 해병대는 200여 명의 주민을 섯알오름으로 끌고 가 집단학살한 후 암매장한다.

해병대는 그 집단학살을 자신들이 당당하게 치른 최초의 전투라고 생각했을까? 아니면 자신들이 학살한 영혼들과의 전투가 계속 진행 중이라고 여겼을까? 무려 6년 동안 군은 시신 수습을 막는다. 6년 뒤 암매장지가

발굴되었을 때 유골들은 서로 엉겨붙어 있어 누구의
유해인지 확인할 수 없었다.

22.

10월 20일 이후 군 행동 종료 기간 중 전도(全島)
해안선 5킬로미터 이외의 지점 및 산악 지대의
무허가 통행금지를 포고함. 만일 차 포고에
위반하는 자에 대하여서는 그 이유 여하를
불구하고 폭도배로 인정하여 총살에 처할 것임.
— 1948년 10월 17일, 제9연대장 송요찬 소령의
포고문

'전과: 사살 1,335명, 생포 498명.'
1948년 11월 21일부터 12월 20일까지 제주도에
주둔하고 있던 9연대가 토벌작전에서 거둔 성과.
다음은 그 혁혁한 성과의 구체적인 내용 중 일부.

대살(代殺): 처형 대상자가 없으면 그 가족 중
하나를 대신하여 죽이는 것.
박수치기: 총살당하는 사람들을 보면서 박수치기.
관광총살: 주민들을 모아놓고 공개 총살하기.

23.

제2차 세계대전 태평양전쟁 초기, 미국과의 전쟁에서 일본이 선전할 수 있었던 이유 중 하나는 뛰어난 암호해독가들을 보유하고 있었기 때문이었다. 미군에게는 대책이 필요했다. 그러다 미국인이지만 미국인이 아닌 민족, 지워버리고 싶었으나 지우지 못해 유폐시킨 민족인 나바호족의 언어가 해결책으로 떠올랐다.

미국은 학교에서 말하다가 발각되면 비눗물로 입을 헹궈야 했던 나바호족의 언어로 암호를 만들고, 나바호족 병사들에게 '코드토커'라고 불리는 통신병 역할을 맡겼다. 일본군의 암호해독가들은 평생 들어본 적 없는 이상한 소리들이 무엇을 의미하는지 파악해내지 못했다. 성조, 설측음, 파찰음이 서로 섞이는 나바호어의 소리는 일본군에게 괴상함 그 자체였다.

코드토커들은 이 괴상한 소리를 무기로 제2차 세계대전뿐만 아니라 한국전쟁과 베트남전에서까지 활동한다.

24.

1951년 6월. M은 강원도 도솔산 근방의 참호에 웅크리고 앉아 있다. 초록으로 뒤덮여야 할 산비탈은 끊임없는 포격으로 민둥산이 됐다. 인민군의 저항은 완강해서 미 해병대도 밀려 내려왔다. 탄약은 이제 바닥이다. 병사들이 이틀 동안 먹은 건 건빵뿐이다. 지게로 탄약과 식량을 나르는 군무원들의 모습은 아직도 보이지 않는다.

"보급받지 못한 상태에서 빨갱이 새끼들이 밀고 내려오면 끝장인데."

인상을 잔뜩 쓰며 담배를 태우던 소대장이 말한다. '빨갱이 새끼'라는 말에 익숙해질 만도 한데 M과 K는 그 말을 들을 때마다 속으로 움찔한다. M과 K는 제주에서 토벌대에게 '빨갱이 새끼'라 불렸기 때문이다. 토벌대의 빨갱이 사냥에서 살아남은 M과 K는 다시 전쟁터로 떠밀려왔지만 인천 상륙작전에서도, 다른 전투에서도 용케 살아남았다. 하지만 M과 K는 자신들이 언제까지 살아 있을지 가늠할 수 없다. 내일까지 살아 있을 수 있을까? 당장 오늘은?

K가 몇 년 전 한라산에 숨었을 때도 그랬다. 해안선으로부터 5킬로미터 이내로 내려오라고 한 경고는 너무 늦게 도착했다. 그 경고를 듣기도 전에 K가 살던 중산간 마을 사람들은 이미 주검이 되어 있었다. K는 산으로 도망쳤다. 산을 내려가면 죽는다는 것을 K는 알고 있었다. 영하나 정하나 죽을 건디…. 그렇게 버티다가 결국 산에서 내려와 귀순자가 됐다. 경찰 출장소에 자주 불려가 감시를 받아야 하긴 했지만 나이가 어려서인지 목숨은 부지할 수 있었다.

하지만 전쟁이 터지고 예비검속이 시작되자, 산에 있다가 내려온 이들이 우선순위로 잡혀갔다. K도 트럭에 실려 주정공장 고구마 창고로 끌려왔다. 7월 한여름의 고구마 창고는 이미 사람들로 가득 차 있었다. 숨 막히는 더위 때문에 사람들은 입었던 옷을 모두 벗어던지고 '빤스' 차림으로 앉아 있었다. 물도 식량도 없었다. 누군가 죽일 때 죽이더라도 물이라도 실컷 마시고 죽게 해달라고 고함을 질렀다. 병사하는 이들이 생겼다.

그러던 어느 날 사람들이 트럭에 실려갔다. 실려간 사람들 중 일부는 제주 앞바다에 수장되었고, 또 다른 일부는 암매장되었다. K는 계산해본다. 어디서 죽는 게 최선이었을까? 제주 앞바다에서 수장당하는 것? 어디 사람들 발길이 드문 오름에서 암매장당하는 것? 아니면 여기 낯선 강원도 땅에서? 그런데 내가 죽으면 그 죽음은 뭘 증명하는 것일까?

"야, K! 무전 좀 쳐봐, 보급 어떻게 되고 있는지."

참다못한 지휘관은 무전병인 K에게 보급 상황을 알아보라고 말한다. 무전기에 대고 K가 툴툴거리며 묻는다. 이상한 발음과 억양. 해독할 수 없는 단어와 표현들이 오간다.

"양! 온 덴 헌 건 어떵 됨수과? 오당 민질럭ㅎ영 자빠져수과? 여기는 틈어먹을 것도 하나 어수다."

"올라 감시난 쒜울르지 맙센 글읍써. 즈들지 마랑 ㅎ쏠만 이서보렌 예?"

밀고 밀리는 전투 현장에서 적군에게

무전기가 넘어가는 일은 다반사였고, 때문에 아군의 통신 내용이 고스란히 노출되는 것은 막을 수 없는 일이었다. 태평양전쟁사를 읽은 한 지휘관이 묘수를 내놓는다. 미국 해병대에서 나바호족 병사들에게 통신병 역할을 맡긴 일을 떠올린 것이다. 그는 제주 출신 병사들에게 통신병의 임무를 맡긴다.

M은 소대장의 얼굴을 살펴본다. K가 무전을 칠 때, 아니 정확히는 K가 제주말을 할 때 소대장의 표정은 묘하게 일그러진다. M은 궁금하다. 혹시 저 사람일까, 우리 아버지를 섯알오름으로 끌고 간 사람은?

K도 자기가 무전을 칠 때 소대장의 표정이 미묘하게 변한다는 걸 알고 있다. 처음에 K도 적응이 안 됐다. 그런데 여기서 제주말을 대놓고 하다니. 토벌대는 못 알아듣겠다며 제주도 말을 싫어했다. K는 생각한다. 학살이 일어나던 날 마을에 학교를 다닌 젊은 사람이 한 명이라도 있었다면, 그래서 토벌대에 서울말로 자초지종을 설명할 수 있었다면, 마을 사람들을 살릴 수 있었을까? K는 궁금하다. 지금이야 제주말 하는 병력들 덕분에 작전을 무사히 수행할 수 있다고 칭찬하지만, 전쟁이 끝나면 어떻게 될까? 제주말 하는 사람들은 또 빨갱이로 몰려 바다에 던져질까?

K는 여전히 알고 싶다. 육지 사람들은 왜 제주 사람들을 그렇게 잔인하게 죽여야 했을까?

25.

마을로 진입한 토벌대는 당황스러웠다. 매복한 폭도들이 총격을 가해오거나 하는 일 때문이 아니었다. 마을 사람들의 말을 하나도 알아들을 수 없기 때문이었다. 전혀 예상하지 못한 상황이었다. 서울말 하는 이를 못 찾으면 심문이든 뭐든 할 수가 없었다. 일본어를 하는 자가 있다면 소통이 가능했으니 그나마 다행이라고 할까. 4·3 연구자 허호준은 이런 언어적 현실이 토벌대가 제주도민을 같은 민족이 아닌 인간 이하의 존재로 인식하는 기제가 되었을 거라고 분석한다.[10] 토벌대에게 제주도 말은 네메츠키였고, 제주도 사람들은 바베어리언, 야만인들이었다.

그렇게, 토벌대가 발견한 현실은, 하나의 영토-하나의 민족-하나의 언어, 이 성스러운 삼각형의 붕괴였고 심각한 오염이었다. 이해 못할 이상한 소리를 내지르는 사람들은 열등한 인종, 다른 인종이 된다.

순수한 삼각형은 이렇듯 손쉽게 다른 인종을 만들어낸다. 성스러운 삼각형의 원리에 따르면, 다른 언어를 사용하는 다른 인종은 이 영토에 거주할 권리가 없다. 있어야 할 곳에 있지 못하는 열등한 인종. 이런 인종들은 마땅히 제거되어야 한다. 그러니 죄책감은 느낄 필요가 없다. 성스러운 삼각형은 지켜져야 한다.

26.

"그게 인종차별인지 아니면 '외국 이름인데 왜 한국말이 나오지?' 이렇게 신기해서 보는 건지, 그건 잘 모르겠는데… 내가 받아들이기로는 '외국인 이 새끼' 이렇게 보는 그런 눈빛이에요, 진짜로. 그래서, 무서워요. 그게 워낙 그렇게 당해온 것 많으니까. 그래서 난 시장에 가면 최대한 짧은 문장을 쓰고. 왜냐하면 말을 진짜 한국 사람처럼 해야 돼요."
— 코로나19 유행 기간의 경험에 대한 외국인 유학생 인터뷰

27.

  삼위일체의 환상은 실제로 우리가 경험하는 언어적 현실을 지운다. 더 나아가 삼각형의 환상은 끊임없이 우리에게 명령한다. 다른 말소리의 발음과 운율을 불편하게 받아들이라고, 오염이라고 생각하라고. 그렇게 삼각형은 우리 사회에서 당연히 존재하는 언어적 차이를 혐오하고 차별할 타자로 바꿔놓는다.
  언어 차이를 빌미로 이루어지는 미세 공격은 흔하다. 한국어가 아닌 다른 언어의 말소리가 들리면 그 언어를 사용하는 사람을 피하는 행위, 반대로 쳐다보며

눈치를 주는 행위, 어색한 한국어 억양으로 말하는 사람의 지적 수준이 낮을 거라고 단정하는 행위… 이런 행동은 '당신은 여기 있어서는 안 되는 사람', '당신의 언어는 여기서 사용되면 안 되는 언어'라는 메시지를 던진다. 인종이 만들어지고 차별이 이루어진다. 이렇게 한국 사회는 차별의 감옥이 된다. 삼각형의 조건에 부합해서 자신에게 간수의 자격이 있다고 믿는 이들에게도 한국 사회는 감옥이다. 갇히는 자들이나 가두는 자들 모두에게 감옥은 감옥이기 때문이다.

　　　　삼각형은 쉬지 않는다. 삼각형은 우리에게 계속 속삭인다. 쟤네 지금 성스러운 삼위일체의 법칙을 어겼어. 하나의 영토, 하나의 민족, 하나의 언어. 하나의 영토, 하나의 민족, 하나의 언어. 하나의 영토… 위반이야, 위반이야, 위반이야… 더러워, 더러워, 더러워… 그렇게 우리는 인종주의자가 된다. 삼각형 안에서 우리는 요단강 나루터에서 에브라임 사람들에게 '쉽볼렛'을 발음하게 한 길르앗 사람이고, '쥬우고엔 고쥬우쎈'을 말해보라고 강요하는 관동대지진 때 일본 자경단이고, 당연하다는 듯 제주 사람들을 학살한 4·3 토벌대다.

28.

"외국어로 얘기하면 이렇게 (뒤로 몸을 빼는 동작) 하고, 지하철에서 한번 이렇게 앉아 있었는데 전화가 왔어요, 엄마한테서. 전화를 어쩔 수 없이 했는데, 내 옆 의자에 앉아 있었던 사람이 저기(옆을 멀리 가리키는 손짓) 가서 앉아 있어요."
— 코로나19 유행 기간의 경험에 대한 외국인 유학생 인터뷰

29.

당신의 삼각형은 힘이 세다. 이런 이야기를 하는 나조차 자유롭지 못하다고 느낄 정도로. 그래서 삼각형 밖에 다른 세계가 있음을 상상하지 못한다. '그냥 인정하고 넘어가기'로 만들어지는 더 풍부한 소통의 세계가 있음을. 이 이야기를 읽어도 당신은 길을 걷다 만나는 낯선 말소리들을 불편해할 것이다. 그만큼 당신의 삼각형은 강력하고 끈질기다.

그러나 세상은 삼각형이 아니다. 지구가 평평하지 않은 것처럼.

4장 바람의 음운론

곱돌락흔 인어가 동네바당에서 놀당 빌레에 앉앙
쉬멍ᄒ여도 동네 스름들은 몰른추룩 ᄒ멍 살아십주
경하당 ᄒ루는 이녁냥으로 지꺼지게 놀당 웃곳다쳔
피 찰찰ᄒ염성게마는
굼둘애기물에 들어강 술술 씻으난 펀찍 낫아불지
아니ᄒ여수과?
게난 동네스름ᄒ티 고맙덴 인사ᄒ곡 돌아갔덴 마씸
그걸 본 동네스름들 그 후제부터 ᄒ간디 아프민
그 물에 들어강 씻엉 나샀덴 마씸.
— 제주 한림읍 귀덕리 라신비 마을 굼둘애기물 전설*

---

* 고운 인어가 동네 바다에서 놀다가 바위에 앉아 쉬어도 동네 사람들은 모르는 척하면서 살았지요. 그러다 하루는 자기 혼자 재미있게 놀다가 크게 다쳐서 피가 철철 났는데 굼둘애기물에 들어가 살살 씻으니 멀쩡히 나아버리지 않겠어요? 그러니까 동네 사람들한테 고맙다고 인사하고 돌아갔다고 하네요. 그걸 본 사람들은 그 이후부터 어디든 아프면 그 물에 들어가 씻고 나왔다고 하네요.

바람이 분다. 제주도 귀덕포구, 복덕개. 이곳은 언제나 바람이 분다. 음력 2월이면, 바람의 신 영등할망이 이곳을 찾아와 제주도 여기저기를 돌며 곡식의 씨앗과 해산물의 씨앗을 뿌린다. 말하자면 귀덕포구는 바람신의 성지다. 덕분에 포구에서 1킬로미터 정도 떨어진 곽지해변에는 1년 내내 서핑을 할 수 있는 파도가 밀려온다.

바람의 신이 드나드는 현관문인 귀덕포구에서 바람이 부는 건 특별한 일이 아니다. 하지만 오늘은 다르다. 내일 태풍이 이곳을 통과할 예정이기 때문이다. 아직 비는 내리지 않는다. 가끔 해가 비치기도 한다. 그럴 때 하늘은 묘하다고 말할 수밖에 없는 온갖 색상을 선보인다.

이런 날이면, 해안도로에 사람들이 꼬인다. 평소 보지 못했던 파도를 보기 위해서다. 나도 그런 사람들 중 하나다. 파도는 사람을 홀린다. 가만히 서서 파도를 보고 있으면 말을 거는 것처럼 느껴진다. 이런 날의 파도는 내게 인간의 음성을 분석하는 기계인 스펙트로그래프의 영상 스펙트로그램처럼 보인다.

해변에서 가장 가까운 파도의 띠는 공명 주파수의 에너지가 몰려 있는 제1포먼트(formant), 그 지점에서 한참 뒤에 두껍고 넓게 밀려오는 파도는 제2포먼트, 그다음으로 달려오는 파도는 제3포먼트. 그러니까 저건 [i]군.

스펙트로그램을 보면 모음의 차이를 만들어내는 것은 제1포먼트와 제2포먼트의 차이라는 것을 알 수 있다. [i] 다음에 생겨나는 파도의 지형은 모음 [u]다. 제1포먼트 즉 해변 근처의 파도는 두껍지만, 제2포먼트에 해당하는 파도의 띠는 흐리다. 저 파도의 지형이 스펙트로그램이라면, 바람의 신은 모음밖에 발음하지 못하는 건가? 자음은 어떻게 발음하지?

문득 이런 내용을 다큐멘터리 내레이션에 넣으면 좋겠다는 생각이 들었다. 카메라감독에게 드론을 띄워 파도를 자세히 찍으라고 주문한다.

우리 촬영팀과 해양포유류협회가 초대한 손님들을 태운 버스는 귀덕에서 한림으로 연결된 해안도로를 달리고 있다. 버스의 첫 번째 목적지는 '라신비'라는 해안 마을이다. 바람이 거세지면서 파도가 살짝살짝 방파제를 넘는다. 갯바위 위에 낚시꾼들이 모여 위태위태하게 낚시를 하는 모습이 보인다. 관광객 몇 명이 먼발치에서 그들을 구경하며 갯바위에 올라갈지 말지 망설인다.

해안도로를 따라 행진하는 시위대와 이를 통제하는 경찰들, 그리고 취재진의 모습이 눈에 들어온다. 버스가 라신비에 가까워질수록 시위대의 수는 점점 늘어난다. 그중 일부는 얼굴에 피칠갑을 하고 앤더슨을 저주하는 문구가 새겨진 피켓을 들고 있다. 그 반대편 시위대는 앤더슨과 홈을 지지하는 구호를 외친다.

해안 마을 라신비 입구로 들어서자 몇 겹의 바리케이드와 중무장한 경찰병력이 우리를 맞이한다. 풍채가 좋은 50대 후반 정도로 보이는 여자가 전동휠체어에 앉은 채 우리 일행을 맞이한다.

여자가 마이크를 들고 안내를 시작한다.

"반갑습니다. 저는 여러분에게 앤더슨 이사장님을 대신해서 이곳 라신비와 홈을 소개해드릴 이미나입니다. 잘 아시겠지만 3일 후 이곳에서 홈이 보유한 인어 대부분이 참여하는 최대 규모의 콜링이 시작될 예정입니다."

뭔가 미묘한 말투다. 아주 희미하지만 이미나의 억양과 발음에서 일본어의 영향이 느껴진다. 부모님이나 가까운 친척이 재일교포일까? 아니면 일본에서 오랫동안 유학생활을 한 사람일까?

"시위대 때문에 이곳 라신비와 귀덕항은 모두 봉쇄되어 있습니다. 그러니 시위대를 자극할 만한 행동은 자제해주시면 좋겠습니다."

라신비 해안은 그 명성과 다르게 삭막하다. 눈에 보이는 건 날카로운 현무암 갯바위와 파도뿐이다. 뭐 이렇게까지 볼 게 없나 싶을 정도다. 어디로 가야 할지 몰라 머뭇거리는 승객들 앞으로 이미나의 휠체어가 나선다.

"자, 여러분 이쪽으로 이동하시겠습니다. 지금 보시면 특별히 보이는 게 없지만은, 사실 라신비는 콜링의 출발점이 된… 장소? 네, 그런 장소입니다. 지금은 그렇지만 예전에는… 아, 저기 소리가 들리네요."

바다 한가운데서 혀를 딱딱 차는 소리, 입안에서 온갖 종류의 마찰을 일으키는 소리가 들려온다. 듣고 있자니 몸 한쪽이 떨리는 것 같다. 갑자기 물 위로 뭔가 튀어오른다. 엄청난 도약이지만 돌고래와는 형상이 다르다. 누군가 외친다.

"인어다!"

***

당신은 익히 그의 이름을 들어봤을 것이다. 크리스티안 앤더슨. 남태평양 솔로몬제도 여러 부족의 언어를 연구하다가, 인어에 매혹당해 인어의 언어로 연구 주제를 바꾼 사람. 인어가 인류의 일원임을 주장하면서 한국 신안군에 서식하는 인어 부족 언어의 음운 체계를 발표해 세계적 화제의 중심이 되었던 인물. 한때 인어 연구자 한상구와 더불어 인어들의 제인 구달로 불렸던 남자. 인어 사냥꾼들과 총격전을 벌이면서까지 인어의 수호자를 자처했던 사람.

하지만 한상구의 사고사 이후, 자신의 연구 과정에서 얻은 지식을 인어 포획 및 사육을 위해 사용해 죽음의 천사 요제프 멩겔레로 변신한 사람. 인어의 커뮤니케이션 방식은 인간 언어가 아니라고 주장함으로써 자신의 주장을 뒤집은 인물. 인어를 인류의 일원이 아닌 하등동물로 규정하는 논리와, 더 나아가 인어 사육 및 자원화를 정당화하는 논리를 제공한 인어산업계의 가장 중요한 이데올로그. 전 세계 인권운동가들이 가장 증오하는 악마. 반대로 그를 지지하고 찬양하는 이들에게는 진정한 인간성이 무엇인지 깨닫게 한 인류의 구루.

나는 세계 최대 공유방송 플랫폼 MABD의 의뢰를 받아 앤더슨과 홈, 그리고 인어들에 대한 다큐멘터리를 만들고 있다. 동물들의 의사소통 방식을 주제로 여러 차례 다큐 프로그램을 제작한 경험은 있지만, 앤더슨과 같이 논쟁적인 인물에 대한 다큐는 만든 적이 없기 때문에, 처음에는 방송사의 제안을 거절할까 생각도 했다. 하지만 이내 나는 오랜 욕망에 굴복해 그 제안을 받아들이고 말았다. 내가 언제나 꿈꾸던 일 중 하나가 '인어의 의사소통'을 주제로 한 다큐 제작이었는데, 전 세계 그 누구도 앤더슨과 홈의 도움 없이는 인어의 의사소통 방식을 취재하는 것이 불가능했기 때문이다.

***

흔히 '인어'라는 이름으로 알려진 해양영장류들은 통념과 달리 인간과 같은 다리를 갖고 있다. 수축되어 있던 발바닥은 물속에서 다섯 배나 팽창한다. 강력하지만 유연한 다리 근육은 바다에서 유영할 때면 넓적하게 퍼진다. 바닷속에서 보면 인어의 하반신은 완벽한 꼬리처럼 보인다.
이 꼬리는 뭍에서는 수축해 커다란 발과 다리로 기능한다. 인어는 땅 위에서는 인간과 마찬가지로 직립보행을 한다. 인간만큼 능숙하고 빠르지는 않지만,

인어는 분명 걸을 수 있고 천천히 달릴 수도 있다. 머리를 제외하면 몸에 털이 하나도 없고, 손과 발이 수축하고 팽창한다는 점, 추위에 강한 피부를 가졌다는 점이 육지의 인간과 다르긴 하다. 또 수중에서 무호흡 상태로 평균 1시간 정도 머물 수 있다는 점, 대부분의 시간을 물속에서 보낸다는 점도 다르다. 그리고 땅 위의 인간과 인어를 가르는 결정적인 차이가 있다. 바로 수명이다. 해양이라는 혹독한 환경에도 불구하고 인어의 평균 수명은 250년에서 300년으로 추정된다. 인어는 완벽하게 바다에 적응한 인류다.

   이들은 주로 북반구를 중심으로 분포했던 것으로 추정된다. 해양생물의 특성상 화석이 발견되지 않았기 때문에 이 추정은 기록에 의존한 것이다(인어의 존재가 확인된 후 학계에서는 이전에 전설로 취급되던 이야기들을 목격담으로 진지하게 받아들이기 시작했다). 지중해 일부 지역, 스칸디나비아반도, 중국과 한반도 일부, 일본 지역에서 보고되었던 인어 목격담은 14세기 중반 이후 급격히 줄어든다. 많은 학자는 이를 두고 전염병과 여러 복합적인 이유로 인어들이 14세기 중반 대멸종 수준에 이르렀던 것으로 판단하고 있다.

   대멸종 수준의 개체수 감소로 인류가 인어와 조우하는 일은 거의 없었기 때문에, 인어는 상상의 동물로 남게 되었다. 그러다 20세기 초반, 제주와 한반도 다도해에서 많은 개체의 인어가 발견된 것을 계기로 인어는 전설이 아닌 현실의 존재가 되었다. 현재 전 세계 인어의 96퍼센트는 한국 남해안 다도해의 무인도와 제주의 무인도에 살고 있다. 나머지 4퍼센트는 일본 오키나와 연안, 지중해 연안, 인도네시아의 여러 섬, 카리브제도에서 발견된다.

이제 대부분의 국가에서 인어는 동물이 아니라 인권을 가진 인간으로 인정된다. 현대인과 다른 환경에서 살고 있는 원시 부족을 동물로 취급하지 않는 것과 같은 이치다. 한국을 제외한 곳에서 인어들은 '인어족'으로 불리며 그들 고유의 삶의 방식을 존중받는다. 가장 많은 인어가 살고 있는 한국에서도 한때 이런 추세에 따라 인어들에게 인권을 가진 인간으로서 법적 지위를 부여하려는 움직임이 있었다.

그러나 그런 움직임은 인어의 생체 유래물을 기반으로 조제된 항노화 물질, 일명 인어유(人魚油)가 궁극의 생명 연장 물질이라는 연구 결과가 나오면서 순식간에 뒤집혔다. 인어유 10밀리그램이 수백만 달러에 유통되는 암거래 시장이 형성되자 해외, 국내를 막론하고 인어 사냥이 횡행하기 시작했다. 한국에서는 국가의 새로운 미래 먹거리로 인어산업을 일으켜야 한다며 인어를 토착 동물, 더 나아가 가축으로 보자는 주장이 대두되기 시작했다. 이 주장의 지지자들이 내세운 근거 중 하나는 일제강점기부터 이미 인어를 가축으로 취급했다는 사실이다.

그러나 이 근거는 별 호응을 얻지 못했다. 그러다 다른 주장이 강력한 설득력으로 여론을 바꾸기 시작했다. 바로 인어는 인간의 언어를 가지고 있지 않으며, 따라서 인어가 인간과 아무리 유사한 신체적 특성을 가지고 있다 하더라도 인간으로 볼 수 없다는 주장이었다. 놀랍게도 이런 주장의 구심점에 선 사람은 인어 의사소통 연구의 최고 권위자이자 인어를 인류라고 주장했던 앤더슨이었다. 그는 인어의 의사소통 방식이 인간과 다르다고, 한국의 국회의원들과 정부 관료들을 설득했고, 그 결과 한국의 축산법 제2조는 다음과 같이 개정되었다.

> **제2조(정의)** 이 법에서 사용하는 용어의 뜻은 다음과 같다.
> 1. "가축"이란 사육하는 소·말·면양·염소[유산양(乳山羊, 젖을 생산하기 위해 사육하는 염소)을 포함한다. 이하 같다]. 돼지·사슴·닭·오리·거위·칠면조·메추리·타조·꿩, 해양영장류(인어), 그 밖에 대통령령으로 정하는 동물(動物) 등을 말한다.
> 1의2. "토종가축"이란 제1호의 가축 중 한우, 토종닭, 해양영장류(인어) 등 예로부터 우리나라 고유의 유전 특성과 순수 혈통을 유지하며 사육되어 외래종과 분명히 구분되는 특징을 지니는 것으로 농림축산식품부령으로 정하는 바에 따라 인정된 품종의 가축을 말한다.

***

다큐멘터리 초입에는 두 개의 희귀 영상자료가 삽입될 예정이다. 첫 번째 자료는 영국 BBC 다큐멘터리팀이 1986년 한국 신안 칠발도 앞바다에서 20대 청년이었던 앤더슨과 한상구가 맨몸으로 인어들과 유영하는 모습을 찍은 것이다. 앤더슨과 한상구에게 인어들이 장난을 걸어온다. 인어들과 장난을 치다 말고 둘은 인어에게 들은 음성이 맞는지 서로 확인한다.

화면이 클로즈업되고, 물속에서 고개를 내민 한상구가 앤더슨에게 인어의 소리를 흉내 내며 묻는다.
"지금 얀(인어의 이름)이 말한 게 이 발음이 맞나?"
"아냐, 약간 더 혀로 입천장을 막았다가 터뜨려야 할 것 같은데?"
장면이 바뀌고 앤더슨과 한상구가 모닥불 앞 캠핑 의자에 앉아 있다. 화면 밖에서 감독이 질문을 던진다.
"인어의 언어를 연구하면서 가장 힘든 점은 뭐죠?"
타닥타닥 장작에서 불티가 튄다. 불빛에 얼굴이 벌겋게 달아오른 것처럼 보이는 앤더슨이 답한다.
"아무래도 물속에서 작업을 해야 하는 게 가장 힘들죠. 파푸아뉴기니 열대우림에서의 연구도 힘들었지만 이건 비교가 되지 않아요. 인어들은 보트가 오면 도망치기 때문에 수영으로만 그들에게 다가갈 수 있습니다. 금속성 장비도 싫어하기 때문에 오리발과 물안경, 스노클만 착용할 수 있죠. 그래서 녹음 장비를 사용할 수 없습니다. 어쩔 수 없이 머리로 인어들의 말을 기억하고 조사할 수밖에 없어요. 동료가 인어의 말을 어떻게 들었는지를 확인하는 게 정말 중요하죠."

한상구가 답변을 이어간다.

"새로운 언어를 조사하려면 실제 그 언어 사용자들이 어떤 상황에서 어떻게 언어를 사용하는지 관찰해야 합니다. 그런데 그러려면 그 언어 사용자 무리의 일원이 되어야 하거든요. 처음에는 인어 사회 안으로 받아들여지는 과정이 힘들었습니다."

"어떻게 인어들한테 받아들여지신 건가요?"

"인어들이 가끔 갯벌에 갇히거나 폐그물 등에 걸려서 옴짝달싹 못하는 경우가 있어요. 이때 인어들은 동료들에게 도움을 청하는 메시지를 보냅니다. 우리는 이걸 '콜링'이라고 부르는데요, 이 콜링을 하면 반드시 다른 인어들이 도움을 주러 나타납니다. 저희는 여러 차례 콜링을 하고 있는 인어를 함께 구조했죠. 그러면서 신뢰를 쌓게 됐어요."

"그래도 여전히 한계는 있어요. 언어가 사용되는 다양한 상황에 노출되어야 그 언어를 파악할 수 있는데 우리는 인어가 우리하고 놀아줄 때만 조사를 할 수 있죠. 인어들은 먹이를 쫓을 때 물 위에서나 수중에서 다양한 소리를 내며 의견을 조율해요. 그런데 우리는 인어들과 같은 속도로 물속을 이동하면서 조사할 수 없어요. 그래도… 나름 꽤 성과들이 있었어요."

"어떤 성과요?"

앤더슨이 그 질문에 흥분해서 대답한다.

"인어들이 사용하는 몇 가지 어휘 목록을 찾았습니다. 예를 들어 '먹다', '만나다', '배고프다', '모이다',

'사라지다', '멀다', '가깝다', '안', '밖' 등등요. 시간이 걸리겠지만, 인어 언어의 음운 체계를 정리할 수 있을 것 같습니다."

앤더슨의 말을 듣고 있던 한상구는 입술을 깨문다.

"제 생각은 앤더슨과는 좀 다릅니다. 앞으로도 인어 언어의 음운 체계를 밝혀내려면 꽤 시간이 걸릴 겁니다. 왜냐하면… 아까 말한 어휘들이 가진 소릿값은 이 칠발도 앞바다 근처에서만 일정하게 유지되는 것 같아요. 다른 섬에서 이 어휘들의 소릿값은 미묘하게 달라지거나, 아예 다른 소리가 되기도 합니다. 그 이유는 아직 잘 모르겠어요."

이후로도 계속 인어의 언어에 대한 질문과 답변이 이어지고, 감독이 마지막으로 묻는다.

"인어가 우리와 같은 인류라고 생각하십니까?"

앤더슨이 확신에 찬 목소리로 대답한다.

"인어는 우리 인류의 일원입니다. 다만 우리와 다른 환경에 다른 방식으로 적응했을 뿐이에요."

"한상구 씨는 어떻게 생각하세요?"

한상구는 잠시 말없이 눈만 끔뻑거리다 마지못해 대답한다.

"음… 그런데 인어가 인류인지 아닌지, 인류와 얼마나 닮았는지를 꼭 따져야 할까요?"

화면 밖에서 잠깐 멈칫하는 게 느껴진다.

"그게… 무슨 뜻인가요?"

＊＊＊

　　　이 다큐멘터리는 라신비에서 시작해야 한다. 라신비에 있는 굼둘애기물이라는 용천수에 관련된 전설 때문은 아니다(굼들애기물에는 상처 입은 인어가 신비한 샘물에 몸을 담근 후 치유되어 떠났다는 전설이 내려온다). 그런 전설은 세계 곳곳에 널리고 널렸다. 다큐멘터리의 시작이 라신비가 되어야 하는 이유는 라신비에 진짜 인어가 나타났기 때문이다.

　　　1936년 9월 19일, 심한 풍랑이 지나간 다음 날의 일이다. 암컷 인어와 수컷 인어가 라신비 해변에 누워 있는 것이 물질하러 가던 해녀들에 의해 발견되었다. 암컷 인어는 이미 숨이 끊어졌고, 수컷 인어는 살아 있었다. 훗날 '하지메(はじめ)'라고 이름 붙여진 이 수컷 인어는 20세기 들어 인류가 최초로 포획한 해양영장류였다. 마을에 함구령이 내려졌다. 총독부는 수의사, 생물학자, 언어학자 그리고 이들을 지원할 수십 명의 순사로 조사팀을 만들어 급파한다. 조사팀 중 기억해야 할 이름이 있다. 당시 조선어방언학의 기초를 세운 경성제국대 교수 오구라 신페이의 제자 이토 슌스케다.

　　　슌스케는 인어를 동물이 아닌 인류의 일부로 인식했는데, 이는 그가 하지메를 처음 만난 후 스승에게 보낸 편지에 잘 나타나 있다.

　　　1936년 9월 25일

(……) 선생님, 정말 놀랍습니다. 지금까지 우리는 인어에 대해 잘못 알고 있었습니다. 하지메는 물속 생활에 더 알맞게 진화되었습니다만, 그래서 물속에 있으면 완벽한 꼬리를 가지고 있는 것으로 보입니다만, 사실 그 꼬리는 다리입니다. 두 다리가 하나의 꼬리로, 두 발이 꼬리지느러미로 변하는 모습을 보면 저절로 변신술이라는 단어가 떠오릅니다. 그러나 다시 말씀드리자면, 하지메는 반인반수가 아니라 그냥 사람입니다. 그래서 어쩌면 하지메의 언어를 통해서 일본어와 조선어, 그리고 류큐어의 연결고리를 찾을 수 있지 않을까 하는 희망을 품게 되었습니다. (……)

그러나 기대감은 금세 실망감으로 바뀐다. 슌스케는 스승에게 다음과 같이 썼다.

1936년 9월 27일
(……) 하지메는 말을 하지 않습니다. 말소리 비슷한 것도 내지 않습니다. 여러 물건을 보여주며 발화를 유도하는데도, 묵묵부답입니다. 덴마크 작가 안데르센의 인어공주가 벙어리로 나오는 것도 다 이유가 있는 듯합니다. (……)

이런 편지에 오구라 신페이가 어떻게 답장했는지는 알 수 없다. 이후 슌페이는 언어학자보다는 우연히 발견한 인어 포획 기술로 이름을 날린다.

> 1936년 10월 14일
> (……) 선생님, 이곳에는 아직 수족관이 없기 때문에 임시로 가두리 안에서 하지메를 관리하고 있습니다. 그런데 하지메는 가두리 안에서 우리로서는 이해할 수 없는 울음소리를 냅니다. 어쩌면 그 안에는 인간의 가청 범위를 넘어서는 소리도 포함되어 있는지 모르겠습니다. 그 울음소리를 듣다 보면 저도 모르게 가슴이 미칠 듯이 저며옵니다. (……) 아, 정작 드리고 싶은 말씀은 제 감정이 아닙니다. 하지메의 울음소리를 듣고 다른 인어가 찾아온 것입니다. 똑똑한 척하는 아이치현 출신의 순사 녀석 하나가 총으로 그 인어를 죽여버리는 사고를 치기는 했습니다만, 인어들이 울음소리를 통해 동료를 끌어들인다는 사실을 발견한 것은 큰 소득이었습니다. (……)

슌스케는 이런 식으로 두 달 만에 인어 다섯을 새로 포획하는 데 성공한다. 이 소식은 총독부와 일본 군부를 고무시킨 듯하다. 인어를 훈련시켜 무기화하는 가능성을 꿈꾸기 시작한 것이다. 인어를 수용할 수 있는 대형 수조가 일사천리로 건설되었다. 거기다 더해 법률적인 정비도 이루어졌다. 1937년 12월, 일제는 인어에게 '수중영장류'라는 공식 명칭을 부여한 후 법적으로 조선반도 일부 지역에서

사육되는 '가축'의 한 종류로 규정한다. 슌스케는 이런
정책에 대해 분노한 것으로 보인다. 스승에게 보낸
편지에서 슌스케는 인어를 '수중인(水中人)'이라고 지칭하며
안타까움을 드러낸다.

> (……) 어제까지 수중인 80명을 포획했습니다.
> 수중인들은 자신들을 부르는 소리가 미끼인 것을
> 알면서도 기꺼이 그 미끼를 무는 것 같습니다.
> 미끼로 쓰인 수중인이 자기 앞으로 다가오는
> 동족을 바라볼 때의 눈빛을 볼 때마다 제가
> 지옥에 가는 것을 면치 못하겠다는 생각이
> 듭니다. 수조가 이들을 수용하기에 너무 좁은
> 것도 문제입니다. 원래 20명 정도를 수용하는
> 공간에 80명이 들어갔습니다. 이들은 소나
> 닭 같은 가축이 아닙니다. 일본제국의 새로운
> 신민으로 받아들여져야 할 사람들을 가축
> 취급하다니요. (……)

슌스케의 인어 언어 연구는 진척이 없었다.
군부는 인어들을 훈련시키고 군사작전을 지시할 수 있는
수준의 연구 성과를 원했지만, 슌스케는 그 기대를 충족시킬
수 없었다. 미국과 전쟁이 시작되면서 일본 군부는 더 이상
슌스케를 기다려주지 않았다. 결국 슌스케는 일본으로
소환되었고, 대신 그 자리에 서커스에서 물개를 다루던
조련사들이 투입되었다. 하지만 물개 조련사들도 인어들을

길들일 수 없었고, 결국 1942년 2월 도쿄 우에노동물원으로
옮겨질 남녀 한 쌍의 인어를 빼고 모두 '폐기처분'된다.
　　　　　비밀리에 우에노동물원으로 옮겨진 인어들의
행방은 지금도 미스터리다. 새끼를 출산했다는 설도 있지만,
정확한 기록으로 확인된 것은 아니다. 1943년 전황이
나빠지자 우에노동물원의 동물들은 '최종 계획'에 따라
다양한 방식으로 도살되었다. 인어도 예외일 수는 없었다.
하지만 운명의 날 사육사들이 인어들을 찾았을 때, 인어들은
사라지고 없었다. 남아 있는 것은 벽에 쓰인 아래의 일본어
시뿐이었다.

　　　　ある日友達が呼ぶ声(어느 날 친구가 부르는 소리)
　　　　足音が声を追いかける(발자국 소리가 목소리를
　　　　쫓아가네)

　　＊＊＊

　　　　조명이 켜진다. 앤더슨은 책상 뒤에 앉아 있다.
이미나는 그의 옆에 앉아서 한참 뭔가를 이야기하고 있다.
앤더슨의 사무실은 10여 명의 스태프와 촬영 장비가
들어가도 여유가 있을 정도로 넓지만, 달랑 책상 하나만
놓여 있다. 책상 위에는 온갖 필기도구와 종이뭉치가
어지럽게 널려 있다. 구겨진 갈색 반팔티를 입은 앤더슨은
수백 번 인터뷰를 한 사람답게 책상 앞에 앉아 있는 나를
향해 여유롭게 미소를 짓는다. 50대 초반처럼 보이는 그는

사실 90이 넘은 노인이다. 그 사실을 깨닫자, 그의 미소가 섬뜩하게 느껴진다. 이미나가 책상에서 멀어지며 인터뷰를 시작하자고 말한다.

"아쿠아리움의 규모가 엄청나네요. 그런데 그 규모만큼 인어들을 볼 수 없어서 아쉬움이 좀 남습니다. 아쿠아리움 안내책자에는 아쿠아리움이 150여 마리의 인어를 보유하고 있다고 나와 있는데, 나머지 인어들은 어디에 있나요?"

앤더슨과의 인터뷰는 세계 최대 아쿠아리움 '홈(HOM)'에 있는 그의 사무실에서 이루어졌다. 홈은 제주 귀덕포구에서 한라산 방향으로 2킬로미터 거리에 위치해 있다. 바다에서 한라산을 바라보면 홈은 한라산 아래 납작 엎드려 있는 거대한 은색 짐승처럼 보인다. 이곳에는 고래상어 세 마리와 다양한 종류의 돌고래 및 상어들이 있지만, 아무래도 홈의 주인공은 SNS 스타로 이름을 날리고 있는 15마리의 인어다. 그러나 그 15마리를 제외한 나머지 인어들이 공개된 적은 한 번도 없다.

"저희가 공개하는 수족관이 전체의 30분의 1도 안 된다는 것을 염두에 두셨으면 합니다. 나머지 인어들은 홈에 만들어진 자연과 가장 유사한 환경 속에서 자유롭게 살고 있습니다."

"그 인어들을 만나볼 수 있을까요?"

한숨을 내쉬며 앤더슨이 말한다.

"15마리의 인어를 이미 보셨지 않습니까?

다른 인어들도 별반 다르지 않게 이곳에서 살고 있습니다. 그리고⋯ 인어들은 구경거리가 아닙니다."

"이런 부탁을 하는 이유는 소문들 때문입니다. 이 아쿠아리움이 세계 최고 부자들의 '생명 연장'을 위한 인어유 제조 공장이라는 소문 말입니다."

홈은 앤더슨의 인어 보존 프로젝트에 세계적인 부호들이 호응하면서 건립될 수 있었다. 예외적이라고 할 만한 열렬한 호응이었다. 그 호응이 인어유와 관련이 있다는 것은 굳이 말할 필요가 없었다. 전 세계의 독재자들이 이 생명의 영약을 얻기 위해 홈에 줄을 서고 있다는 것도 공공연한 비밀이었다.

앤더슨은 안경을 벗고 눈을 비비면서 말했다.

"오랜만에 조명을 받으니 눈이 부시네요. 그런데⋯ 애초에 이 인터뷰는 소문이 아니라 인어의 의사소통 방식을 주제로 하지 않았습니까?"

"이 영화의 관객이라면 누구나 궁금해할 사안이라서요."

"음⋯ 그렇군요. 저는 관객들이 그런 걸 궁금해하기 전에 이 아쿠아리움의 이름이 왜 '홈'인지 궁금해하길 바랍니다. 이유는 단 하나입니다. 이곳이 인어들의 안식처, 진정한 집이 되길 바랐기 때문입니다. 실제로도 그렇습니다. 그런데⋯ 아, 궁금해하시는 내용부터 말씀드리겠습니다."

여기까지 말하고 크리스티안은 책상 위에 있는 유리잔에 물을 따른 후, 카메라를 보며 잔을 흔들었다.

"여기 이 물 보이십니까? 보인다고요? 아니요. 여러분은 아무것도 보지 못합니다. 이 물은 저기 앞바다에서 떠온 바닷물입니다. 그런데 이 평범한 바닷물은 예전의 바닷물이 아닙니다. 그걸 어떻게 아느냐? 바다에 사는 인어들이 치명적인 종양으로 죽어가고 있거든요. 물이 달라진 겁니다. 물이 오염되었다고 하는데, 이제는 오염이라는 말을 쓰지도 못하겠습니다. 이 지구상의 바닷물이 모두 오염되었다면, 그건 오염이라고 할 수 없지요."

잠시 한숨을 쉰 후, 크리스티안은 유리잔의 물을 벌컥벌컥 마셔버린다. 놀란 촬영팀의 탄성이 터져나온다.

"걱정 마세요. 이 물을 한 번 마셨다고 죽지는 않습니다. 하지만 인어들은 이 물속에서 평생을 삽니다. 그리고 병을 얻고 죽어갑니다. 하지만 벗어날 곳은 없어요. 지구상 모든 바다가 이 모양 이 꼴이니까요. 인어 밀렵꾼들은 또 어떻습니까? 저들을 홈에 수용하지 않으면, 모두 밀렵꾼들에게 희생되는 건 시간문제입니다. 그래서 제가 홈을 만든 겁니다. 병든 인어들을 치료하고, 사냥당하는 인어들에게는 안전한 거주지를 제공하기 위해서요. 이걸 감독님께서 '사육'이라고 하신다면 저도 더 할 말은 없습니다."

앤더슨은 벌떡 일어나 사무실 밖으로 걸어나간다.

이미나가 딱딱한 목소리로 선언하듯 "오늘 인터뷰는 여기까지 하겠습니다"라고 말한 후, 앤더슨을 따라나선다.

***

가끔 해외 뉴스에서 고래들이 얕은 해안으로 단체로 밀려와 죽어가는 모습을 보면서 도대체 저 고래들한테 무슨 일이 일어났는지 궁금해했었다. 잠수함 초음파에 의한 교란 때문이라는 둥 무수한 설이 있지만, 많은 연구자는 고래의 떼죽음이 고래들의 깊은 연대의식 때문이라고 주장한다. 고래들이 고통에 빠진 동료의 소리를 듣고 구하러 왔다가 함께 연안에 좌초해 죽음을 맞이한다는 것이다. 심지어 어떤 고래들은 자원봉사자들의 도움으로 겨우 탈출이 가능한 깊이의 바다까지 갔다가도 다시 동료들에게 돌아와 함께 죽음을 맞는다. 슌스케가 발견한 '콜링'은 바로 이런 현상이다. 즉, 콜링은 고래들만큼이나 끈끈한 연대의식을 갖고 있는 인어들의 습성을 보여주는 것이다.

콜링은 덴마크령 페로제도의 고래 학살 축제 '그라인다드랍(Grindadrap)', 일본 타이지 마을의 돌고래 학살과도 비교된다. 홈 측은 콜링과 고래 학살은 근본적으로 차이가 있다고 주장한다. 다양한 방식으로 인어들을 연안으로 몰아넣는 방식은 비슷하지만, 그라인다드랍이 살육을 목적으로 하는 것이라면, 콜링은 인어들을 구출하기 위한 것이라는 주장이다.

콜링의 방식은 이렇다. 인어들이 서식하는 무인도 앞에 관측선을 띄운다. 이 바지선에서 10~15마리의 인어가 갇혀 있는 대형 철제 케이지를 수중에 내려놓는다.

처음부터 철제 케이지 안의 인어들이 모두 콜링을 하지는 않는다. 하지만 시간이 흘러가면서 점차 콜링하는 인어의 수가 많아지고, 그 콜링을 들은 인어들이 케이지 주변으로 몰려든다. 이때 중요한 것은 콜링을 듣고 다가오는 인어들을 포획하지 않는 것이다. 어느 정도 원하는 만큼의 인어들이 몰려들면, 배를 천천히 몰아서 작은 포구로 들어온다. 이 포구의 밑바닥에는 눈에 잘 띄지 않는 대형 그물이 설치돼 있다. 작은 포구 안으로 배를 끌고 온 후에도 콜링을 지속시키기 위해 케이지 안의 인어들을 괴롭히는 작업이 계속된다. 콜링을 듣고 따라온 인어들은 포구로 진입할지 말지 망설이다 대부분 결국 진입하게 된다. 그때 대형 그물로 새 인어들을 포획한다.

"인어들을 철제 케이지 안에서 괴롭히지 말고 인어들의 콜링을 녹음해서 들려주면 되지 않나요?"
콜링 촬영을 위한 사전 모임에서 나는 콜링 총지휘를 맡고 있는 김주선 조합장에게 물었다. 중키에 마른 체격, 검붉은 얼굴의 김주선 조합장은 근처 지역 어선의 선주들로 구성된 인어보호조합의 대표다. 인어보호조합은 홈으로부터 의뢰를 받고 1년에 두세 번씩 콜링을 대행한다. 어민들에게 콜링은 가장 주요한 수입원으로, 1년 수입의 반을 콜링 작업의 대가로 받는다.
김 조합장은 촬영팀을 보자 흥분해서 콜링이 얼마나 어려운 작업인지 장황하게 설명했다.
"녹음된 음향 자료에는 인어들이 전혀 반응하지

않습니다. 뭐라고 할까… 그 이유는 저도 잘 모르겠습니다."

"그럼 이번 콜링에는 인어들이 얼마나 동원됩니까?"

"전시관의 인어, 건강이 극히 나빠진 인어들을 제외한 아쿠아리움의 모든 인어가 콜링에 참여하게 됩니다."

나는 '참여'라는 말이 거슬려서 입을 삐쭉거렸다. 그런 모습을 무시하면서 김 조합장은 지도를 짚어가며 이야기를 계속했다.

"이번 콜링은 사상 최대 규모가 될 겁니다. 저희도 이 정도 규모로 해보기는 처음이에요. 전남 신안의 무인도에서 추자도, 대관매도, 소관매도, 그리고 여기 귀덕포구까지 20킬로미터 간격으로 바지선이 배치될 겁니다. 홈에서 이걸 뭐라더라? 아, 콜링 로드라고 하던가… 아무튼 7일에 걸쳐 이루어지는 콜링이 인어들을 귀덕포구 앞까지 안내할 겁니다. 마지막으로 인어들을 몰아넣는 장면은 걸작이 될 거예요. 잡힐 걸 알면서도 스스로 무덤으로 들어오는 걸 보면, 생긴 건 인간처럼 보일지 몰라도 인어도 한낱 미물이구나 싶어요, 허허!"

***

1988년 겨울, 앤더슨은 자신을 주저자로, 한상구를 공동저자로 표기해 인어 언어의 음운 체계를 다룬 논문을 발표한다. 이 논문에서 앤더슨은 인간 언어에 인어의 언어를 포함시킬 수 있다고 주장한다. 그리고 몇

달 뒤 예상치 못한 일이 벌어진다. 한상구가 자신은 해당 논문의 공저자가 아니며, 앤더슨이 해당 논문에서 일부 자료를 누락시켰다면서 논문 철회를 요구한 것이다. 더 나아가 앤더슨이 너무 성급하게 연구 결과를 발표했다고 비난하면서, 인어의 언어가 인간의 언어와 유사한 점이 분명 있지만 다른 점도 많다면서, 인간 언어의 관점에서 인어의 언어를 재단하지 말아야 한다고 주장한다.

   이 사건을 계기로 앤더슨과 한상구는 결별한다. 두 사람은 각기 다른 팀을 짜서 연구 활동을 하기 시작했고, 서로에게 날선 비판을 가했다. 깊어진 감정의 골 때문에 둘은 서로 조우하기를 원하지 않았겠지만, 어쩔 수 없이 바다에서 마주칠 때가 많았다.

   1994년 늦여름, 운명의 그날도 그랬다. 신안 북송도 앞바다에서 인어를 찾던 앤더슨은 한상구의 연구팀과 마주친다. 앤더슨의 팀은 보통 때처럼 빠르게 지나치려고 했지만, 이번에는 그럴 수가 없었다. 한상구를 비롯한 세 명의 연구원이 인어 사냥용 덫에 걸려서 허우적거리고 있었던 것이다. 인어들이라면 덫에 걸려도 오랜 시간 생존할 수 있었을 테지만, 호흡의 한계가 있는 인간인 한상구와 그의 연구진에게는 시간이 없었다. 앤더슨의 연구팀원 세 명이 그물덫을 끊어내기 위해 보트에서 뛰어내려 잠수를 시작했다.

   ***

2009년 4월 6일, 스웨덴 방송사와의 인터뷰.
앤더슨이 오랜 칩거를 끝내고 처음 한 인터뷰다.

　　작은 오두막 뒤로 무성한 침엽수림이 보인다.
수염을 덥수룩하게 기른 백발의 앤더슨이 집 앞 그루터기에
앉아 있다. 완전한 노인의 모습이다. 장면이 바뀌고 살짝
떨리는 앤더슨의 손이 클로즈업된다. 이어서 그의 목소리가
흘러나온다.

　　"쿤 뻔, 엘빈 라이엇, 심강수. 제가 데리고 있던
연구원들입니다. 워낙 프리다이빙이 능숙한 베테랑들이어서
이 친구들이 문제를 빨리 해결할 줄 알았습니다. 그런데
3분이 지나도록 나오지를 않더군요. 뭔가 잘못됐다 싶어서,
제가 직접 잠수해 20미터 아래로 내려갔습니다. 여섯 명 모두
그물에 엉켜붙어 있었습니다. 제가 할 수 있는 일이라고는
인어들의 도움을 청하는 것뿐이었어요."

　　"그래서 콜링을 하신 거군요?"

　　"네, 그것밖에는 방법이 없었어요."

　　"콜링의 구체적인 내용은 뭔가요? 인간의 언어로
번역이 가능합니까?"

　　"아주 간단합니다. 대충 이런 내용입니다. '와라,
와라, 도와라.' 전에도 위험에 빠진 인어와 콜링을 함께 해본
적이 있기 때문에, 어렵지 않은 일이었습니다. 인어들이
반드시 와줄 거라는 믿음이 있었죠."

　　"그런데 나타나지 않은 거였군요?"

　　"네, 그리고…."

앤더슨은 말을 잇지 못한다. 손가락으로 책상을 두드리는 앤더슨의 손이 클로즈업된다.

1994년 9월, 여섯 명의 인어 연구자를 희생시킨 사건의 범인은 끝내 잡히지 않았다. 다만 덫을 설치한 자는 평소 인어 연구자들과 인어들의 이동 경로를 잘 아는 인물일 것으로 추측되었을 뿐이다. 그날 이후, 앤더슨은 인어 연구를 완전히 그만두고 스웨덴의 침엽수림 지대 베스테르노르란트(Västernorrlands)로 숨어들어 벌목꾼 일을 하며 살았다.

인터뷰는 계속된다.
"혹시 인어들이 선생님의 콜링을 못 들은 것은 아닐까요?"
"북송도에서 1킬로미터 떨어진 모사도에 '미와'라는 인어 부족, 아니 인어 무리가 있었어요. 분명 제 콜링을 들었을 거라고 지금도 확신합니다."
"그렇다면 왜 그 인어들은 선생님의 콜링에 응하지 않았을까요?"
"그날 이후 계속 그 이유를 생각했습니다… 분노로 가득했던 시간이었습니다. 그러다 갑자기 이런 생각이 들더군요. 이 모든 것은 나의 잘못이었다. 나의 잘못된 전제가 일을 결국 이렇게 만들었다."
"무슨 뜻인가요? 선생님께서 잘못하셨다니요?"
"저는 상구와 달리, 인어가 철저히 인간이고,

인간의 언어를 사용한다고 믿었습니다. 그래서 인어의 언어를 사용하면 그들과 인간 대 인간으로 소통할 수 있다고 생각했죠. 저는 언제나 이런 전제 위에서 인어의 음성 자료를 분석하고 결론을 내렸습니다. 하지만 그 전제가 틀렸다면 어떨까요? 전혀 다른 해석이 나올 겁니다. 그래서 제 전제를 다시 검토하고 또 검토했습니다. 결국 이런 결론에 도달했습니다. 내가 연구했던 인어 언어의 음운 체계, 어휘 목록, 이 모든 것은 내가 만들어낸 환상에 불과했다."

앤더슨의 목소리는 단호하다. 카메라는 주먹을 꽉 쥔 앤더슨의 손을 클로즈업한다.

"믿기 힘들겠지만, 동물들이 인간의 말을 따라 하는 경우가 종종 있습니다. 한국의 예를 먼저 볼까요? 한국에 가면 에버랜드라는 곳이 있습니다. 디즈니랜드 비슷한 곳이라고 생각하시면 됩니다. 그곳에 살고 있는 아시아코끼리 코식이는 '좋아', '안 돼', '누워', '아직', '발', '앉아', '예' 같은 한국어 단어 일곱 개를 말할 줄 압니다. 아프리카회색앵무새 알렉스는 100개의 인간 단어를 알아 질문을 하고 답할 수 있습니다. 보스턴동물원의 물개 후버는 인간의 말을 한 후 물속에 숨어서 관람객들이 어리둥절해하는 것을 즐깁니다. 호주 오리 리퍼는 '이 멍청한 놈아'라는 말을 할 줄 알죠. 이런 동물들이 과연 인간의 말을 할 줄 안다고 할 수 있을까요? 이 동물들에게 도움을 청하면 도움을 주러 달려올까요? 저는 착각했던 겁니다. 인어는 인간을 닮았지만 코끼리, 앵무새, 물개, 오리처럼 그저 인간을 흉내 내는 동물에 불과했던 거예요."

"인어를 증오하십니까?"

"아니요. 심장마비로 쓰러진 주인을 그의 개가 구하지 못했다고 해서 그 개를 탓할 수는 없겠죠. 저는 여전히 인어들을 사랑합니다. 하지만 이제는 그 사랑의 방식이 달라져야 한다고 생각해요."

***

앤더슨의 자서전을 펼쳐본다.
《길들이기(Taming)》라는 제목에 '반성문'이라는 부제가 붙어 있다.

> 그 사건 이후, 나는 내가 가진 인어 언어에 대한 관점을 철저히 다시 검토했다. 그 결과, 인어의 언어는 아직 인간 언어의 수준까지 닿지 못한 하등한 언어라는 결론을 내리게 되었다. 이러한 언어의 한계는 인어가 우리 인류와 달리 물질문명을 이룩하지 못한 원인일 것이다. 이들은 추상적인 개념화를 할 수 없다. 인어 언어의 음운 체계, 어휘와 문장을 조사하면서 내가 간과한 것이 하나 있었다. 그것은 인어 언어에는 소유를 나타내는 장치가 없다는 점이다. 예로 들면 영어 'of'나 한국어 조사 '의'에 해당하는 표현이 없는 것이다.
> 이것이 의미하는 바는 무엇인가? '앤더슨의

야구공'이라는 표현을 생각해보자. 이 말 속에서 '야구공'은 오늘도 내 소유이고, 내일도 내 소유이며, 이 야구공을 팔지 않는 한 내년에도 내 소유이다. 내 눈앞에 있어도 내 소유이고, 다른 사람 손에 있어도 내 소유이다. 소유는 고도의 추상화된 개념이며, 이 개념 때문에 인류는 현재의 문명을 발전시킬 수 있었다.

인어 언어와 인간 언어의 결정적인 차이는 '안'이나 '못' 같은 부정 표현이 없다는 점이다. 눈앞에 있는 동물이 고래처럼 보인다면, 인어들은 "저 동물은 고래다"라고 말할 것이다. 그러나 그다음 그 동물이 상어로 판명되었다면, 인어들은 그저 "저 동물은 고래다"를 빠르게 반복해서 말할 뿐이다. 인어의 언어는 상어의 위협을 감정으로 드러낼 뿐, 정확히 자신들이 무엇을 마주하고 있는지 설명할 수 없다.

이런 부분들을 간과한 결과로 나는 내 동료들의 죽음을 마주해야 했다.

— 크리스티안 H. 앤더슨, 《길들이기》 93쪽

이 부분에서 앤더슨은 한때 인어가 인류의 일원이라는 주장의 강력한 근거였던 인어 언어에 대한 자신의 입장을 번복한다. 앤더슨의 새로운 주장에 따르면, 인어 언어는 인간 언어와 유사한 부분이 있지만 인간 언어의 수준에 도달하지 못했으며, 따라서 인어는 인류의 일원으로서 자격을 갖지 못한다.

내 친구 한상구에 대해 이야기하고자 한다. 우리가 갈라서기 전에 상구는 나에게 "이건 아프리카적 순간"이라든가 "우리는 돌리틀 선생이 되는 거야"라는 말을 자주 하곤 했다. 동물의 말을 알아듣는 능력을 가진 돌리틀 선생이 탄 배가 아프리카에 닿는 순간을 묘사한 말로, 상구는 우리가 인간과 동물 사이의 종간 의사소통을 가능하게 하는 방법을 찾고 있다고 생각했다. 상구에게 언어는 그런 종간 의사소통의 첫 번째 단추였다. 상구는 언어를 인간과 아주 많이 닮은 존재라고 생각했지만, 그렇다고 인류의 일원이라고 생각하지는 않았다. 더 정확히는 인류와 얼마나 더 가까운지는 별로 중요하지 않다고 여겼다. 종간 의사소통을 통해 인류가 알 수 없었던 동물의 마음과 지식을 공유하게 된다는 것이 상구를 흥분시켰다.
결론적으로 언어에 대한 관점은 상구의 생각이 맞았다. 그러나 나는 여전히 인간이, 인간다운 것이 중요하다고 생각한다. 그렇다면 인간답다는 것은 무엇인가? 그것은 바로 길들이고 길들여지는 것, 가축을 기르고 가축이 되는 것이다. 나무에서 내려와 초원을 헤매던 인류가 문명을 건설할 수 있었던 건 우리가 스스로 가축이 되는 길을 택했기 때문이다. 즉, 스스로를 길들이는 행위를 통해 인간은 인간다워질 수 있었다.

아프리카를 벗어난 인류는 자신이 조우한 동물들을 하나하나 멸종시켰다. 아프리카를 벗어난 인류의 여정 속에서 멸종당하지 않은 동물은 인류에 의해 길들여진 동물들이었고, 이들은 인류와 함께 번영의 길을 걸었다. 나는 이것이 진정한 '아프리카적 순간'이라고 생각한다. 인간을 인간답게 만든 과정이라고 본다. 이것이 인간만을 위한 과정은 아니었다는 점도 명심하자. 인류가 일방적으로 이 동물들을 길들인 것은 아니다. 개도 고양이도 돼지와 소도 인류를 길들였다. 인류는 이런 동물이 없는 세상을 상상하지 못한다. 이제 인어도 선택을 할 때다. 인류에게, 그리고 인류와 함께 길들여져 번영할 것인가, 아니면 멸망할 것인가?
— 크리스티안 H. 앤더슨, 《길들이기》 226쪽

외계의 지적 생명체를 발견했다고 하자. 우리가 그들을 먹을 수 있는 음식으로 대할 것인가, 아니면 동등한 파트너로 삼을 것인가는 우리가 그들과 대화를 할 수 있는가 없는가에 따라야 한다. 다시 말해, 대화를 통해 그들과 우리 지구인 사이에 새로운 공동체를 만들어낼 수 있을 것인가가 기준이 되어야 한다.
— 크리스티안 H. 앤더슨, 《길들이기》 319쪽

그럴 의도가 있었는지는 모르겠지만, 앤더슨의 책은 동물권을 반대하는 사람들과 식민지 지배를 긍정하는 사람들에게 선풍적인 인기를 끌었다. 이들에게 앤더슨은 이제 인간이 나아가야 할 길을 선명하게 보여주는 선지자가 되었다. 그리고 앤더슨의 '인어 길들이기'는 인간의 정체성을 확인하는 프로젝트가 되었다.

***

앤더슨이 다시 인터뷰를 재개하자면서 다큐멘터리팀을 부른 것은 태풍이 제주도를 정통으로 관통하는 날 오후였다. 급하게 촬영 장비를 챙기고 호텔 로비에서 말 그대로 '폭풍 속으로' 뛰어들어 차에 올라탔을 때 전화가 왔다. 이미나였다.

"이런 날 인터뷰하러 오시면 아무래도 힘드실 것 같으니 내일로 미루자고 하십니다."

"네? 네… 배려해주셔서 고맙다고 전해주십시오."

다음 날 인터뷰를 다시 요청했지만, 앤더슨은 거절했다. 콜링 준비 때문에 시간이 없다는 이유였다. 그다음 날도 마찬가지였다.

***

　　보통 때는 아무리 바다를 오래 쳐다봐도
그 섬을 찾을 수가 없다. 하지만 날씨가 아주 좋으면
바다에서 섬 하나가 떠오르는 것을 볼 수 있다. 그 섬의
이름은 대관매도다. 신기루처럼 떠 있는 그 섬을 오래전
제주 사람들은 죽어서나 갈 수 있는 저 세계의 섬이라고
생각했을지도 모르겠다.

　　그 대관매도는 지금 인어들의 보금자리로 더 많이
알려져 있다. 약 600여 마리의 인어가 대관매도를 중심으로
서식하는 것으로 추정된다. 이 인어들이 이번 콜링의 주요
목표물이다. 대관매도 앞바다 1킬로미터 지점. 크레인을
실은 바지선이 도착한다. 새벽부터의 긴 여정이었다.

　　오후 2시. 대낮 여름 햇빛에 갑판 위는 한창
달궈져 견디기 힘든 열기를 내뿜는다. 하지만 목에 수건을
걸친 작업자들은 아무렇지 않게 갑판 위를 오가며 작업을
준비한다. 앤더슨이 홈 관계자들에게 뭔가 지시하는 모습이
보인다. 크레인이 굉음을 내며 물속에서 철제 케이지를
완전히 물 밖으로 끌어올린다. 거대한 컨테이너박스인가
싶었는데, 자세히 보니 구멍이 뚫려 있다. 컨테이너 안의
물이 다 쏟아지자, 인부들이 컨테이너박스를 둘러싸고 있던
철제 가림막을 제거하는 작업을 한다. 가림막이 걷히고,
케이지 안에 갇혀 있는 인어들의 모습이 드러난다. 얼굴과
몸에 문신으로 번호가 새겨져 있는 인어들은 한눈에 봐도
공포에 질려 있다.

앤더슨이 손짓으로 촬영팀을 부른다.

"이제 제가 설명을 좀 해드리죠."

잠시 말을 멈추고, 앤더슨은 이미나에게 크레인으로 케이지를 높이 들어올리라고 말한다. 크레인이 케이지를 들어올린다. 이제 케이지는 3미터 위에 매달려 있다.

"케이지 안의 인어들은 모두 이 대관매도 앞에서 포획된 것들입니다. 이렇게 케이지를 높이 올리는 이유는 자기들 고향에 왔으니 두 눈에 잘 담아두라는 의미입니다."

"저건 분명한 학대 아닌가요?"

앤더슨은 잠시 나를 바라보다가, 말을 이었다.

"오늘은 감독님께 질문을 받지 않겠습니다. 콜링은 고도의 집중력을 요하는 작업이거든요. 그러니 제 옆에서 촬영은 하시되 질문은 하지 말아주십시오. 필요한 건 그때그때 제가 말씀드리겠습니다. 나중에 따로 궁금하신 것에 대해 답변해드리도록 하지요. 오늘은 잘 지켜보기만 해주십시오."

인어들은 그렇게 땡볕 아래 50분가량 매달려 있었다. 인어들이 그렇게 매달려 있는 케이지 아래에서 앤더슨과 그의 일행은 식탁을 차려놓고 늦은 점심을 먹었다. 인어들은 탈진했는지 아무 소리도 내지 않았다. 식사를 마친 앤더슨이 손가락으로 아래를 가리키는 신호를 하자, 크레인 기사가 케이지를 다시 20미터 아래 바닷속으로 집어넣었다.

앤더슨은 바지선 선장에게 어군탐지기에 감지되는 움직임이 있는지 물었고, 선장은 특별히 잡히는 건 없다고 보고했다.

그렇게 1시간 30분이 지났다. 인어는 평균 1시간을 물속에서 자유롭게 지낼 수 있지만, 그 이상 숨을 쉬지 않고 견디기는 어렵다. 앤더슨은 수중 드론이 찍고 있는 인어들의 모습을 확인한다. 그중에는 이미 실신한 인어의 모습도 보인다. 무표정하게 물속 상황을 지켜보다 나를 보며 한마디 한다.

"걱정하지 마세요. 아무리 약한 인어도 1시간 50분까지는 버팁니다. 1시간까지는 편안하게 물속에 있다는 뜻이지, 그 이상 있으면 죽는다는 뜻은 아닙니다. 저희가 수없이 콜링을 진행하면서 얻은 노하우예요… 자, 이쯤에서 케이지를 끌어올립시다. 인어들이 콜링을 시작할지 지켜보시죠."

이번에는 인어들이 수면에서 목을 간신히 내밀 수 있을 만큼만 케이지가 올라왔다. 인어들은 컥컥대며 숨을 쉬었다. 시간이 지나고 인어들의 호흡도 가라앉았지만 콜링을 하는 인어는 없었다. 앤더슨이 확성기를 들고 인어들에게 소리를 지르기 시작했다. 저게 인어 언어구나. 앤더슨이 계속 소리쳤지만, 인어들은 반응이 없었다.

이미나가 앤더슨에게 확성기를 건네받아 말을 시작했다. 이미나가 인어 언어 전문가였는지는 몰랐다. 오랜 시간 이미나가 말을 이어갔지만, 그래도 여전히 인어들은 반응이 없었다. 케이지가 다시 바닷속으로 들어가고 같은 일이 세 번 더 반복됐다. 인어들은 여전히 말이 없었다.
　　　　　바지선의 조명이 켜졌다. 네 번째로 케이지가 올라왔을 때, 앤더슨은 고무보트 위에서 대기 중이었다. 카메라감독 한 명이 보트에 동승하고, 나와 나머지 촬영팀, 이미나는 바지선 위에 남아 있었다. 케이지가 올라오자 앤더슨은 고무보트를 케이지 바로 옆으로 붙인 후, 인어들 머리 위에서 연설을 했다. 나이가 많아 보이는 인어 하나가 앤더슨에게 뭐라고 말을 하는 모습이 보였다. 앤더슨은 무표정하게 늙은 인어를 쳐다보았다.
　　　　　도저히 참을 수가 없어서 나는 이미나에게 인어가 무슨 말을 했는지 물었다. 하지만 돌아온 것은 이미나의 비명이었다. 고개를 돌리니 늙은 인어의 목에 작살이 꽂혀 있는 게 보였다. 피가 물속으로 퍼지고, 냄새를 맡은 상어떼가 몰려들기 시작했다. 앤더슨은 무심히 그 광경을 지켜보다, 다른 작살로 다른 인어의 어깨를 찔렀다. 인어들이 콜링을 시작했다.

　　　　　*　*　*

　　　　　다음 날 앤더슨으로부터 인터뷰를 하자고 연락이 왔다. 인터뷰를 바지선에서 진행하는 조건이었다. 바지선에 도착했을 때 케이지는 올라와 있었고, 인어들은 콜링 중이었다. 작살이 꽂혀 있는 두 인어 사체와 함께.
　　　　　인터뷰는 바지선 내에 따로 마련된 앤더슨의 방에서 이루어졌다. 인터뷰 전 이미나는 주의사항을 설명하면서 오늘은 특별히 어떤 질문도 할 수 있다고 덧붙였다.

"이제 '길들이기'에 대해 질문할 차례네요. 선생님 책의 비판자들은 공통적으로 길들이기가 '노예 만들기'라고 비판하고 있습니다. 동물이든 인간이든 노예로 삼겠다는 말을 길들이기 철학으로 포장하고 있다고요. 저희 촬영팀은 어제 비인간적으로 진행되는 콜링 과정을 보면서, 선생님 비판자들이 맞다는 생각을 했습니다. 콜링은 인간에 대한 학대고 학살입니다. 이에 대해 어떻게 생각하시는지요?"

무심한 듯 질문을 하려 했지만, 격해지는 감정 때문에 목소리가 떨렸다. 하지만 그런 질문을 듣는 앤더슨의 표정에서는 별다른 반응을 읽어낼 수 없었.

"콜링이 학살이고 학대다… 비인간적으로 진행된다고 방금 말씀하셨는데, 잘 보셨습니다. 콜링은 비인간적인 게 맞아요. 인어는 인간이 아니니까요. 말장난하는 게 아닙니다. 저는 지금 진지합니다. 콜링은 인어를 인간의 길로 인도하는 길들이기의 과정입니다. 어제 보신 것처럼 그 길이 호락호락하지는 않습니다."

흥분하지 않기 위해 나는 잠시 심호흡을 하고 천천히 앤더슨에게 다시 물었다.

"콜링을 할 때 인어를 꼭 그렇게 죽여야 하나요?"

앤더슨은 당연하다는 투로 답했다.

"콜링은 절박함이 담겨 있지 않으면 안 됩니다. 그런 절박함을 끌어내는 방법 중 가장 효율적인 것이…

그런… 교정입니다… 안타깝지만 이것 역시 길들이기의 과정에 수반되는 일일 뿐입니다."

작살로 인어를 죽이는 일을 앤더슨은 '교정'이라고 불렀다. '죽음의 천사'라는 별명이 괜히 붙은 게 아니었군. 어이가 없었지만 나는 계속 질문을 이어나갔다.

"인어를 살해하고 학대한다고 해서 인어가 인간이 될 수는 없다고 생각하는데요. 선생님의 옛 친구 한상구 선생이 강조한 것처럼, 인간은 인간이고 인어는 인어일 뿐입니다. 인어는 인어의 삶을 살아가고 인간은 인간의 삶을 살아갈 뿐입니다. 인간의 기준을 인어에게 강요해서 그들을 학살하고 노예로 만들 권리가 선생님한테 있다고 생각하시나요?"

그 말을 기다렸다는 듯, 앤더슨은 이미나를 자기 앞으로 오게 했다. 뿌듯한 표정을 지으며 그는 말을 이었다.

"미나가 여러 다큐멘터리 감독들 중에서 감독님을 선택하자고 주장했는데, 정말 탁견이었던 것 같아요. 아니면 이런 토론을 영상에 담을 수 있었겠습니까? 그저 받아쓰기만 열심히 했겠지요."

"말씀을 돌리는 것 같은데요."

앤더슨은 일어나서 마사지하듯 이미나의 어깨 위에 두 손을 얹었다.

"이 친구를 잘 아십니까?"

"선생님의 최측근이자, 무엇보다도 인어 언어 전문가죠. 제가 알고 있는 건 여기까지입니다."

그 말을 듣자 앤더슨의 얼굴에 흐뭇해하는 표정이

번졌다.

"6년 전, 한 인어가 여기서 가까운 소관매도에서 포획됐습니다. 그러고 나서 한 달쯤 뒤인가요, 사육사가 제게 놀라운 보고를 해왔습니다. 그 인어가 자신의 말을 따라 한다고요. 저는 급하게 이 사실을 이사회에 보고했고, 이사회의 승인을 받아 그 인어에게 언어를 가르치는 새로운 프로젝트를 시작했습니다."

앤더슨은 비정한 표정으로 이미나의 어깨를 꽉 움켜쥐며 말했다.

"그 프로젝트의 결과물을 여러분은 지금 보고 계십니다."

나와 스태프들 모두 의아한 표정으로 앤더슨과 이미나를 쳐다보았다.

"무슨 말씀이신지?"

"6년 전 포획된 인어가 바로 이 친구입니다. 인간의 길을 걷게 된 최초의 인어지요. 단순한 따라쟁이가 아닌, 자신의 생각을 공유하고 진정으로 '대화'라는 걸 할 수 있는 인어입니다. 심지어 이 친구는 현재 언어학을 공부하고 있죠. 미나는 자신들의 언어를 인간에게 설명해주는 최초의 인어가 될 겁니다. 우리는 미나를 모델 삼아 더 많은 인어를 인간의 길로 이끌 겁니다. 그게 제가 말하는 길들이기입니다."

이미나는 무표정하게 앤더슨의 말을 듣고 있었다.

"그럼 미나 씨에게 묻겠습니다. 미나 씨는 앤더슨

씨의 '길들이기'에 동의하십니까?"

"네, 동의합니다. 우리 모두에게는 새로운 계몽이 필요합니다."

누가 들어도 성의 없어 보이는, 차갑고 딱딱한 말투의 대답이었다.

"길들이기에 동의하신다니, 하나만 더 묻겠습니다. 미나 씨는 자유로운 인간입니까? 아니면 앤더슨 씨, 아니 홈 소유의 가축입니까?"

표정의 변화가 있는지 살폈지만, 이미나는 특별히 내 질문에 동요하는 것 같지 않았다.

잠시 후 이미나가 답했다.

"저는 우리 인어들이 인간들에게 일방적으로 길들여지는 것이라고 생각하지 않습니다. 우리 인어들도 인간들을 길들이겠지요. 서로가 서로를 길들이는 것이죠. 인류와 함께하는 다른 많은 동물처럼요. 길들여지지 않으면 우리 종족은 사냥당하다가 멸종하는 길밖에 남아 있지 않아요."

* * *

콜링 마지막 날. 귀덕포구 안에는 130여 마리의 인어가 갇혀 있다. 포구 일대는 인어들의 콜링 소리로 가득하다. 130여 마리의 인어가 한꺼번에 부르는 콜링의 느낌을 다큐멘터리 영상과 음성으로는 아무리 노력해도 재현할 수 없을 것이다. 몸 전체가 진동하는 느낌을 따라가다

보면 아찔한 절벽 위에 서 있는 것 같기도 하고, 가슴이 저릿저릿해지기도 한다. 마음을 뒤숭숭하게 만드는 콜링을 듣다 보면 물속으로 뛰어들어 정말로 인어들을 구하러 가고 싶어진다. 실제로 환각을 일으켜 물에 뛰어드는 경우도 있어서 홈의 직원들은 대부분 외부 소리가 차단되는 헤드폰을 쓰고 있다.

앤더슨과 이미나가 탄 어선은 포구 밖에서 콜링에 반응하는 인어들이 몰려오기를 기다리고 있다. 어군탐지기에 잡히는 형상을 봐서는 대략 300마리의 인어가 포구 근처 바다 밑바닥에 숨어 있는 것으로 파악된다. 하지만 아직 포구 안으로 진입하는 인어는 없다.

뭔가 기분이 좋았는지 앤더슨은 이미나에게 혀 차는 소리, 쉿쉿거리는 소리를 내며 말한다. 인어 언어인 듯하다. 하지만 이미나는 앤더슨에게 퉁명스럽게 한국어로 대답한다. "좀 더 기다려야 한다고 했잖아요."

콜링이 시작된 지 2시간이 지났지만, 외부의 인어들은 계속 지켜만 보고 있다. 초조해진 앤더슨이 이미나에게 화를 낸다. 이미나는 계속 더 기다려야 한다는 말만 되풀이한다. 앤더슨은 더는 못 참겠는지 무전기를 잡고 "코드 E!"라고 외친다. 포구 안 고무보트에 탄 홈 직원들이 포구 안의 인어들에게 전기충격을 가하기 시작한다. 인어들은 더 처절하게 콜링을 한다.

하지만 외부의 인어들은 여전히 포구 안으로 진입하지 않는다. 앤더슨은 평소답지 않게 극도로 흥분해서 우리로서는 해석할 수 없는 소리를 지른다. 인어 언어다.

앤더슨은 어선을 포구 안으로 진입시킨다. 그러고는 작살을 들어 입구 쪽에 있는 인어들을 찌르기 시작한다. 하나, 둘, 셋, 넷… 구호를 외치면서.

　　　　앤더슨은 작살에 찔린 인어들의 목에 밧줄을 묶고 어선 선미에 매달아놓게 한다. 고통에 몸부림치는 인어들의 몸에서 피가 뿜어져 나온다. 앤더슨은 얼굴에 그 피를 뒤집어쓴 채 중얼거린다. "이래도 안 들어올 거야? 이래도?" 그러고는 인어들의 콜링을 따라 부른다.

　　　　갑자기 콜링이 멈춘다. 인어들이 자신들의 콜링에 다른 리듬과 소리가 섞인 것을 알아챈 것이다. 잠깐의 정적. 그러다 이미나가 고음의 소리를 내지른다. 앤더슨이 의아해하면서 몸을 돌렸을 때, 이미나가 던진 작살이 앤더슨의 가슴에 꽂힌다. 앤더슨은 그대로 물속으로 꼬꾸라진다.

　　　　포구 밖에 있던 인어들이 포구 안으로 몰려들어온다. 물 위로 튀어오른 인어들의 손에는 녹슨 식칼이 들려 있다. 물속에서는 수십의 인어가 그물망에 달려들어 엉성한 칼로 그물을 끊어낸다. 물 위로 튀어오른 인어들은 보트 위에 서 있던 홈 직원들의 멱살을 잡아 물속으로 끌어들인다. 직원들은 전기충격을 가하고 총을 쏘기도 했지만, 압도적으로 많은 수의 인어들을 당해낼 수 없다. 홈 직원들은 모두 꼼짝없이 물속으로 끌려들어간다.

　　　　이미나는 전동휠체어에 앉아 이 모든 광경을 가만히 지켜보다, 조용히 일본어 시를 읊는다.

ある日友達が呼ぶ声(어느 날 친구가 부르는 소리)
足音が声を追いかける(발자국 소리가 목소리를 쫓아가네)

* * *

〈사이고노코 연보〉

한국명 이미나. 본명 사이고노코. 1945년 일본 우에노동물원에서 출생. 슌스케가 우에노동물원에서 탈출시킨 두 인어의 자식으로 추정됨. 슌스케와 사이고노코의 부모는 외딴 무인도에서 은둔 생활을 함. 이 시기 슌스케는 인어가 잡은 해산물을 파는 일로 생계를 유지했는데, 사이고노코는 성장 과정에서 자연스럽게 슌스케에게 일본어를 배웠음. 나중에 확인된 사실이지만, 사이고노코는 슌스케에게 홈스쿨링 형식으로 고등학교 수준의 교육까지 받았음. 1967년 슌스케가 지병으로 숨을 거두면서 사이고노코의 가족은 소관매도로 돌아가기로 결정. 1968년 어선에 포획당할 뻔하는 등 우여곡절 끝에 소관매도의 친척 무리에 합류. 이후의 삶은 평탄했던 것으로 보임.

이런 평화는 2000년대 들어 본격적으로 시작된 인어 밀렵꾼들의 사냥, 그리고 홈의 콜링에 의해 깨짐. 이 시기 사이고노코가 속한 인어 무리 중 3분의 2가 죽거나 포획됨. 특히 사이고노코가 낳은 두 자식의 실종(훗날 둘은 홈에서 실험 대상으로 고통받다가 폐기처분당한 것으로 드러남)은 사이고노코로 하여금 콜링 학살을 기획하게 하는 결정적인 동기가 됨.

2022년 사이고노코는 대관매도 앞바다에서 일부러 포획됨. 이때 사이고노코는 자신이 이미 인간의 언어를 할 줄 안다는 사실을 숨기고 철저히 연기를 함. 앤더슨이 사이고노코의 인간화 프로젝트를 수행하려는 목적으로 사이고노코의 다리 인대를 끊어버림. 이후 사이고노코는 물속에서 유영할 수도 없게 됨.

2024년, 대학 졸업생 수준의 성취를 보여줌. 이후 언어학 석사 과정 수료(앤더슨의 인어 인간화 프로그램의 일환이었음). 이를 두고 앤더슨은 '길들이기에 의한 도약의 순간'이라고 자찬하였음. 이후 앤더슨의 비서 역할을 하면서 앤더슨의 전폭적인 신임을 얻음. 이후 홈에서 수행하는 콜링 기획 과정에 개입. 2027년 12월, 홈이 소유한 인어들이 모두 참여하는 최대 규모의 콜링을 수행할 것을 제안. 동시에 이 과정을 보여줄 수 있는 다큐멘터리 제작 제안.

2028년 9월, 최대 규모 콜링 마지막 날 앤더슨을 작살로 살해. 콜링 학살 사건 발생(인어가 더 많이 희생되었지만 언론에서는 '인어에 의한 콜링 학살 사건'으로 명명) 배 위 휠체어에 앉아 모든 것을 지켜본 후, 해양경찰에 의해 포획.

***

'콜링 학살'이라고 불리는 그날의 사건으로 홈

직원과 어민들을 포함 인간 37명, 인어 64개체가 목숨을
잃었다. 콜링에 참여한 나머지 인어는 모두 탈출했다.
(홈은 현재 대형 수족관에 전시 중이던 15개체, 병들어서
콜링에 참여하지 못한 6개체 등 총 21개체의 인어만 보유하고
있음.) 인간 중 유일한 실종자는 앤더슨으로, 그의 시신은
어디에서도 발견되지 않았다.

     이미나는 이 학살의 기획자로 지목되었다.
정부는 이미나에 대한 재판을 진행하려고 했지만, 홈은
이미나가 인어이기 때문에 홈 소유의 가축이라고 주장했다.
이미나를 인간으로서 재판에 세우려는 정부와 법적으로
가축이니 '살처분'하겠다는 홈 사이의 법정 공방은 3년을
끌었다. 그리고 지난달 대법원은 이미나가 '가축'이라는 최종
판결을 내렸다. 홈은 바로 이미나를 인도받아 살처분한 후
폐기하려 했지만, 국제사회와 시민단체들의 강력한 저항에
맞닥뜨렸다. 결국 홈은 '인도적' 살처분을 하고 시민단체의
사체 인수를 허락한다는 의사를 밝혔다. 정부는 이미나를
2032년 2월 27일 홈 측에 인도했다.

    ***

  3년의 법정 공방 기간에 이미나는 화성
외국인보호소에 감금되어 있었다. 우리 촬영팀은 여러
차례 이미나와 인터뷰를 진행했다. 그중 일부를 소개한다.
인터뷰는 일본어로 진행되었다(일본어 통역: 가사하라 메이).

〈인터뷰 4-1-3〉

"앤더슨이 당신의 다리를 못쓰게 만들면서 한 말이 있었나요?"

"물고기로 돌아갈 생각은 다시는 하지 말라고 하더군요. 기어서라도 인간의 길을 가야 한다고요. 그 전에는 앤더슨을 설득할 수 있지 않을까, 희망을 갖기도 했습니다. 하지만 그날 사건 이후로 깨달았습니다. 돌이킬 수 없다는 것을요."

〈인터뷰 7-6-3〉

"죽음이 두렵지는 않습니까?"

"두렵지 않아요. 다만 가축으로 죽게 된다면 분할 것 같아요. 우리 인어들은 인간이 아니지만 그렇다고 가축도 아니거든요. 앤더슨은 우리의 언어를 언급하며 우리가 인간들보다 열등하다고 했지만, 그건 착각이었어요."

"앤더슨은 인어의 언어에는 영어의 'of'와 같이 소유를 나타내는 표현이 없다고 했죠. 그래서 물질문명을 발달시킬 수 없었다고 설명하기도 했고요."

"인어의 언어에 소유를 나타내는 특정한 단어나 표현이 없는 것은 맞습니다. 하지만 또 없는 것도 아니에요. 있지만 없기도 하고, 없지만 있기도 합니다. 유령 같은 것이죠."

"잘 이해가 안 되는데요."

"인어 언어의 소유 표현은 두 단어 사이의 성조로 구현됩니다. 앞의 단어가 올라가는 성조였다가 뒤의 단어가 갑자기 뚝 떨어지면 두 단어 사이에 소유의 표현이 숨어 있다는 뜻이죠. 유령이어서 보이지 않지만 분명히 존재하는 유령입니다. 부정 표현도 마찬가지로 성조의 차이를 이용해 나타냅니다. 앤더슨은 콜링의 의미를 '와라, 와라, 도와라'라고 설명했는데, 이것도 착각이었어요. 성조가 달라지면 '오지 마라, 오지 마라, 돕지 마라'라는 뜻으로 변합니다. 인어들은 자신으로 인해 다른 인어까지 위험에 처하게 될 때 이렇게 말하죠. 마지막 콜링 때 많은 인어가 돕지 않고 지켜만 본 것도 귀덕포구 안의 인어들이 계속해서 오지 말라고 외쳤기 때문이었어요."

"앤더슨은 그 유령을 찾지 못한 거네요."

"저희는 또 다른 유령도 가지고 있어요. 앤더슨이 규명했다면서 발표한 인어 언어의 음운 체계는 사실 엉망이었죠. 인어들은 바람의 세기, 조수간만의 차, 파도의 방향, 섬이나 암초 같은 주변 지형 등을 고려해서 말을 합니다. 바다에서 환경이 변하면 말소리도 변하는 것이죠. 그뿐 아니라 우리 인어들은 초음파와 같은 인간 언어가 아닌 커뮤니케이션 채널도 함께 이용합니다. 앤더슨은 믿지 않으려 했죠. 인어의 언어가 인간의 언어보다 더 복잡하고 다양하다는, 그리고 더 많은 걸 전달할 수 있다는 걸."

〈인터뷰 11-4-9〉

"당신은 당신과 당신의 일족이 인간이라고 생각하십니까?"

이미나는 잠시 내 눈을 바라보다 웃으면서 내게

한국어로 되물었다.

"당신은 당신 스스로를 인간이라고 생각하십니까?"

"질문을 잘 이해 못하겠네요. 당연히 저는 저를 인간이라고 생각합니다."

"호주 헌법은 호주라는 나라가 주인 없는 땅에 세워졌다는 논리 아래 만들어졌다죠. 그래서 호주 헌법에 따르면 호주 원주민은 인간이 아닌 존재가 되고요. 인간을 인간이라고 부르지도 못하는 당신들이, 우리보고 인간이라고 생각하는지 묻다니, 좀 우습군요."

* * *

그리고 어제, 2032년 2월 29일 오후 6시. 홈은 이미나가 전기충격을 통해 인도적으로 살처분되었다는 성명을 발표했다. 이미나의 사체는 약속대로 시민단체에 인계되었다.

* * *

비밀리에 새벽에 출항한 배는 소관매도 1킬로미터 전방에서 닻을 내린다. 조금만 있으면 어스름한 기운이 다 걷히고 해가 뜰 것이다. 프리다이버 둘이 이미나의 사체를 안고 물속으로 들어간다. 이제 우리는 이미나를 데리러 올 인어들을 맞이할 준비를 한다. 배 위의 스피커,

수중 스피커에서 미나의 콜링이 퍼져나간다. 홈 측에 신변이 넘겨지기 전에 우리에게 부탁해 녹음한 것이다. 이미나의 유언이 무슨 의미인지 해독할 길은 없다. 하지만 정신이 아득해질 정도로 슬픔이 차오르게 만드는 소리다. 이미나는 자신의 콜링이 울릴 때 꼭 귀를 막으라고 당부했다. 이미나의 경고대로 우리는 귀마개를 한다. 사위가 조용해지고 얼굴에 닿는 바람만 선명해진다. 멀리 하얀 물결이 이는 것이 보인다. 인어들이다.

일러두기

1. 오구라 신페이(小倉進平)는 경성제국대학 교수로 조선어방언학의 기초를 마련한 언어학자다. 1914년 방언 조사를 위해 제주를 찾은 바 있다.
2. 카메룬 바밀레케어(Bamileke)의 방언인 방강테어(Bangante)는 실제로 'of'의 의미를 나타내는 단어가 없는 대신 성조로 이를 나타낸다(니컬러스 에번스, 김기혁·호정은 옮김, 《아무도 모르는 사이에 죽다》 글항아리, 2018, 128쪽 참조).
3. 아시아코리끼 코식이, 아프리카회색앵무새 알렉스, 보스턴동물원의 물개 후퍼, 호주 오리 리퍼의 사례는 모두 실재했던 것으로, 톰 머스틸의 《고래와 대화하는 방법》(에이도스, 2023)에 소개된 내용을 참조한 것이다.
4. 2023년 10월 14일, 호주 원주민을 '최초의 호주인'으로 인정하자는 헌법 개정안이 부결되었다. 기존 호주 헌법에 따르면 호주 원주민들은 토착 동물에 불과하다.
5. 이 글에 나온 지명은 모두 실재하는 장소들이다.

5장 꿈의 형태

이것은 형태에 관한 이야기다.

***

어제 나타난 건 20세기 초 유럽 어느 카바레에서 일할 법한 젊은 무희였다. 오늘 제일 먼저 나타난 건 한 남자다. 남자는 거대한 뿔이 달린 투구를 쓰고, 두꺼운 겨울 망토를 입고 있다. 한 손에 자신의 키만 한 장검을 들고 있는 걸로 보아, 그의 신분은 고대 전쟁터의 전사일 것이다. 전사의 발밑에는 긴 얼굴의 늙은 남자가 색소폰을 불고 있다. 치렁치렁한 낡은 양복은 그가 하는 연주의 일부다. 늙은 남자를 쳐다보는 많은 관객의 뒷모습이 함께 보인다. 늙은 남자의 오른쪽에는 그의 연주를 지루한 듯 쳐다보는 고양이 한 마리가 보인다.

그들은 보통 욕실 벽에서 나타난다. 정확히 말해 그들의 거주지는 어두운 회색 톤 바탕에 하얀 선들이 거칠게 그어진 타일 위다. 때로는 거실 벽지 패턴에서 예고 없이 등장하기도 한다. 욕실에서 양치를 하다가 멍하니 타일들을 바라볼 때도 그들은 모습을 드러낸다. 그럴 때마다 나는 내가 크로키를 할 수 있다면, 그래서 그들이 내게 찾아왔음을 증명할 수 있다면 얼마나 좋을까 생각하곤 한다. 다음에 이 자리에 서서 양치를 할 때는 그들의 흔적을 찾을 수 없을 것이기 때문이다. 무희와, 전사와, 색소폰 부는 남자 대신 다음에는 내가 처음 보는 사람들과 풍경이 내 눈앞의 벽을 채울 것이다.

이를테면 내게 벽은 환상을 만들어내는 극장이다. 내가 어떤 종교에 빠져 있는 광신도라면 벽 위에 출몰하는 형상들을 신의 계시라고 착각했을지도 모르겠다. 숨은그림찾기를 통해 신의 메시지를 해석하려고 노력했을 수도 있다. 그러나 나는 이것이 실제 그 형상과는 관계없는 시각적 자극에서 어떤 패턴을 찾아내려는 파레이돌리아(pareidolia) 현상이라는 것을 안다. 햄버거를 베어물었는데 먹고 남은 햄버거에서 예수의 형상이 나왔다고 주장한다거나, 구름에서 용이나 악마의 형상을 보는 것, 바닷가 돌기둥을 코끼리나 돌아오지 않는 남편을 기다리는 여인의 형상이라고 말하는 것도 파레이돌리아다.

유럽 회화의 전통에는 이런 파레이돌리아 현상을 활용하는 양식이 있다. 바로 '인형풍경(anthropomorphiclandscape)'[1]이라고 불리는 풍경화다. 어떤 그림의 인형풍경은 노골적으로 인물의 모습을 드러내기도 하는 반면, 또 다른 그림에서는 나무줄기를 이용한 실루엣으로 사람 얼굴의 옆모습을 은밀하게 숨겨놓기도 한다. 나의 극장, 나의 벽들도 내게 이런 인형풍경을 보여준다. 그러나 유럽의 풍경화와는 달리 내 벽의 풍경화는 두 번 감상할 수 없다. 그런 점에서 벽에서 나타나는 형상들은 유럽의 풍경화보다 잠 속에서 찾아왔다가 아침이면 흔적 없이 증발하는 꿈에 더 가깝다.

***

벽 속의 사람들과 풍경들은 어디에서 왔을까?

로마의 시인 오비디우스라면 이를 설명하기 위해 바람의 신 아이올로스의 딸이자 트라키스 왕 케익스의 아내인 알키오네(Alcyone)가 물총새로 변신하게 된 사연을 풀어놓을 것이다.

케익스는 신탁을 듣기 위해 항해에 나섰다가 죽음을 맞이하고, 이를 모르는 알키오네는 남편을 위해 기도를 드린다. 헤라 여신은 알키오네를 불쌍히 여겨 전령의 신 이리스에게 잠의 신 힙노스를 찾아가도록 명한다. 이리스는 힙노스에게 꿈의 신을 알키오네에게 보내 케익스가 난파당했음을 알리라고 전한다. 힙노스는 인간의 흉내를 내는 모르페우스(**Morph**eus), 동물의 흉내를 내는 포베토르, 사물의 흉내를 내는 판타소스, 세 꿈의 신 중 맏아들인 모르페우스를 알키오네에게 보낸다.

모르페우스가 물에 빠져 죽은 케익스의 형상으로 알키오네 앞에 나타나 케익스의 죽음을 알리자 알키오네는 그 충격으로 바다에 몸을 던진다. 그러나 바다에 닿기 전 알키오네는 물총새가 되어 바다 위를 날아다닌다. 이 물총새가 죽은 케익스의 입술에 부리를 맞추자 케익스도 물총새로 변신한다. 신들이 알키오네와 케익스를 물총새로 변신시킨 것이다.

신화는 신들의 이야기가 아니다. 신화는 신들과 만물이 어떻게 몸을 바꿨는지, 그래서 지금 이 세상이 왜 이 모습을 갖췄는지에 대한 설명이다. 즉, 신화는 모두 자신의 형태(**morph**)로부터 탈주(**meta**)해 다른 존재가 되는 이야기, 곧 변신(變身)의 이야기다. 오비디우스가 그리스와 로마의 신화에 대한 자신의 서사시를 '변신 이야기'(Metamorphoses)라고 이름 붙인 까닭이다.

동시에 신화는 기억에 대한 이야기다. 신화는 기억하라고 이야기한다. 저 형상을 가진 존재가 어떤 사연을 거쳐 그렇게 되었는지. 바다 위를 날아다니는 물총새가 왜 물총새가 되었는지, 저들이 왜 바람신의 외손들인지. 그러니까 신화는 신들의 이야기가 아니다. 변화하는 보통의 인간과 모든 사물에 대한 기억, 그것이 신화다.

알키오네의 일화도 오비디우스가 노래한 수많은 변신 이야기, 자신의 형태로부터 탈주하는 이야기 중 하나다. 하지만 이 일화는 특별한 점이 있다. 바로 '형태'에 대해 직접 말하고 있다는 것이다. 이 이야기 속에서 꿈은 곧 형태를 말한다. 잠의 신의 세 아들이 꿈의 신일 수 있는 이유는 이들이 각각 인간과 동물, 사물의 형태를 만들어낼 줄 알기 때문이다. 이들 꿈의 신들은 언제나 제 형태에서 탈주하는 변신의 귀재들이다. 내가 고대 그리스인이나 로마인이라면 멍하니 벽을 바라보는 내게 이들 세 꿈의 신이 찾아와 여러 형상을 만들어 보여줬다고 생각할 것이다. 무정형의 벽은 자신의 형태에서 탈출해 무희, 전사, 색소포니스트의 형상을 얻는다.

***

물이 눈이 되는 것은 꿈인가? 씨앗이 나무가

되는 것은 꿈인가? 본래의 형태에서 탈주해 새로운 형상을 얻는다는 점에서, 물이 눈이 되는 것은 꿈이다. 씨앗이 나무가 되는 것도 꿈이다. 그러나 동시에 그것들은 꿈이 아니다. 꿈과 달리 이 형상들은 헛되이 한순간에 사라지는 환영이 아니기 때문이다.

거의 무한한 종류의, 그것도 매우 복잡하고 정교한 패턴을 보여주는 눈송이를 보고 있으면, 이것이 우연한 무질서의 결과물이라고 단정하기가 어려워진다. 생명체처럼 자라나는 눈송이의 결정을 관찰하고 있노라면, 이것이 신이 어떤 메시지를 전하는 게 아닐까 하는 의구심을 품게 될 수도 있다. 그러나 눈송이의 다양한 결정 모양은 육각형을 이루고 있는 물 분자의 구조, 수증기의 밀도, 눈송이가 만들어질 때의 온도와 습도 등 다양한 물리적 조건에 의해 결정된다. 과학자들은 자연계가 보여주는 경이로운 패턴들을 형태학(**morph**ology)이라는 이름으로 연구한다. 형태학 연구자들은 형상을 만드는 꿈의 신을 추적하는 학문을 하는 셈이다.

**

말소리에도 형태가 있는가?

눈송이의 육각형 결정처럼, 레고 장난감의 조각처럼? 더 이상 나눌 수 없고, 합쳐지면 더 큰 형태를 만드는?

***

형태를 찾는다는 것은 경계를 구분하는 일이다. 밤하늘의 별들 사이를 가상의 선분으로 이으면 쌍둥이, 게, 양, 염소 등 온갖 형상이 드러난다. 말소리에서 형태를 찾는 것도 마찬가지다. 하지만 모르는 언어의 소리를 듣는 사람은 그 언어에서 아무것도 분간해내지 못할 것이다. 예를 들어, 한국인 래퍼가 영어 랩을 하던 중에 '하늘바다가을'이라는 가사를 넣었다고 생각해보자. 한국어를 모르는 이들에게 이 말들은 의미 없는 소리의 나열일 뿐이다.

그러나 이 래퍼의 노래를 듣는 한국인들에게는 형상을 부여하는 꿈의 신(Morpheus)이 현현한다. 그리하여 무정형의 소리 덩어리를 단숨에 세 개의 조각으로 분리해낸다. 한국인들은 아무런 어려움 없이 소리의 연쇄체에서 어디가 경계인지를 알고, 이를 바탕으로 '하늘', '바다', '가을'이라는 형태를 추출해내는 것이다.

이때 소리의 경계 구분은 의미를 중심으로 한다. 한국인 화자들에게 '늘바'나 '하늘바', '다가을'은 의미를 갖지 않는다. 이처럼 의미는 소리의 경계를 지어 소리 덩어리에 육체를 부여한다.

그렇다면 [하늘], [바다], [가을]이라는 음성과 그 의미들은 단단하게 결합되어 있는 것일까? '하늘바다가을'이라는 음성이 한국인 래퍼의 목소리가 아닌, 하늘 어딘가에서 신의 육성으로 지상에 울려퍼졌다고 상상해보자. 지상의 사람들은 신이 자신들 각자의 언어로 말을 했다고 우길 것이다. 이른바 청각에 대한 파레이돌리아라고 할 수 있는 몬더그린(mondegreen) 현상이다. 'all by myself'라는 노래 가사를 '오빠 만세'라고 우기는 개그가 바로 몬더그린 현상을 이용한 대표적인 예다.

이런 현상을 통해 알 수 있는 사실이 있다. 그것은 우리가 음성의 물리적 실체를 있는 그대로 인지하지 않는다는 점이다. 물리적 실체에 기반하고 있기는 하지만 우리가 듣는 것은 있는 그대로의 음성이 아닌 일종의 청각 이미지다. 이것은 무슨 말인가? 물리적 음성을 들을 때 우리는 우리가 처한 맥락과 기억을 개입시킨다는 뜻이다. 그 결과물이 청각 이미지이다. 예를 들어보자.

어느 커피숍 계산대 앞에서 두 남성이 메뉴를 고르고 있다. 시끌시끌한 매장 안, 한 남자가 다른 남자에게 묻는다. "뭐 마실래?" "어? 난 아무거나." 이 대화를 지켜보던 점원은 이렇게 대답한다. "아, 아메리카노요?" '아무거나'라는 남성의 음성은 점원에게 너무나 선명하게 '아메리카노'로 들린다. 이처럼 다른 맥락과 기대, 기억은 동일한 물리적 음성을 다른 의미를 가진 청각 이미지로 변환시킨다.

이렇게 불안정하기는 하지만, 우리는 하나의 청각 이미지와 하나의 의미가 의심할 여지 없이 단단히 결합되어 있다고 여기고 이를 '단어'라고 부른다. 그런데 막상 '단어'가 무엇인지 정의하려고 하면 말문이 막힌다. 사실 언어학자들에게도 단어가 무엇인지 정의 내리는 것은 쉬운 일이 아니다. 그렇지만 '단어'의 뜻을 설명할 수 없을지라도,

사람들은 어떤 말이 단어인지는 손쉽게 분간할 수 있다. 언어인류학자 에드워드 사피어(Edward Sapir)도 20세기 초 미국 원주민들의 언어를 조사하면서 이를 확인했다. 사피어가 조사한 원주민들은 단어의 개념을 몰랐지만 별 어려움 없이 자신들의 발화에서 단어들을 쉽게 분리해냈다.

이렇게 보면, 단어는 언어의 가장 기본적인 레고 조각, 눈의 결정체에 해당한다고 봐야 할 것 같다. 그러나 사피어가 조사한 누트카어(Nootka) 단어를 살펴보면 상황이 그렇게 간단치 않음을 알 수 있다.

inikwihl'minih'isit

이제 이 '단어'의 의미를 살펴보자. 이 단어는 '여러 개의 작은 불들이 집 안에서 타오르고 있었다'라는 뜻을 가지고 있다.[2] 누트카어로는 이 의미를 하나의 단어로 표현할 수 있지만, 다른 언어에서는 이를 문장으로 나타낼 수밖에 없다. 단어를 하나의 소리와 하나의 의미의 결합체라고 생각하는 이들에게 이 누트카어 단어는 납득할 수 없는 이상한 꿈이다.

혹자는 누트카어가 특이한 언어이며 보편적이지 않은 현상이라고 치부할 수도 있다. 그렇다면 다음 사례는 어떤가?

pkwykdaptandapyapg

이 말은 파푸아어의 일종인 칼람어(Kalam)로,

'마사지'라는 의미를 갖는다.[3] 칼람어 화자에게 이 말은 하나의 '단어'로 인식될 것이다. 단어에 대한 정의 중 가장 흔한 것은 '자립적으로 사용할 수 있는 가장 작은 언어 단위'인데, 이 말은 단어는 구체적인 의사소통 상황에서, 즉 말하는 사람이나 듣는 사람 사이에서 '단독'으로 사용될 수 있는 언어 단위라는 뜻이다(이 언어 단위가 더 쪼개진다면 그 쪼개진 부분으로는 의사소통하기가 불가능하다). pkwykdaptandapyapg도 이런 조건에 부합하는 '단어'다.

그렇지만 단어가 언어의 형태를 만들어내는 기본 단위일까? 이 단어를 찬찬히 뜯어보면 그렇지 않다는 것을 알게 된다. 이 단어의 내부는 이렇게 구성되어 있다.

pk(때리다) — wyk(문지르다) — d(쥐다) — ap(오다) — tan(오르다) — d(쥐다) — ap(오다) — yap(내리다) — g(하다)

이 단어는 칼람어 화자의 의사소통 상황에서 혼자 사용될 수 있는 가장 작은 의미 단위에 해당한다. 그러나 이 단어는 의미를 가진 더 작은 단위로 쪼개질 수 있다. '단어'는 말하는 사람과 듣는 사람 모두에게 자명한 것이지만 언어의 형태를 만들어내는 레고 조각이나 눈의 결정체는 아니다. 단어는 모르페우스가 형태를 만들 때 사용하는 꿈의 원소가 될 자격이 부족하다.

언어학자들은 형태론(**morph**ology)이라는 이름 아래서 그 원소를 찾는다. 그렇다면 언어학자들이 단어 대신 선택한 꿈의 원소는 무엇일까? 그들이 찾아낸 원소는 '형태소(morpheme)'다.

형태소. 의미를 가진 최소의 언어 단위. 의미가 남아 있을 때까지 쪼개고 쪼갠 조각. '바다'에서 '바'와 '다'는 아무런 의미가 없기에 형태소가 될 수 없다. 하지만 '바다'는 의미를 갖고 있기 때문에 형태소가 된다. '바다가 깊다'라는 문장에서 조사 '가'와 '-다'도 각각 주어의 자격을 나타내고 문장의 종결을 표시하는 문법적 의미를 지닌 형태소다.

***

칼람어 화자나 누트카어 화자들처럼, 한반도에 거주해온 사람들도 오랫동안 자신들이 하는 말의 형태를 눈으로 확인해본 적이 없었다. 정확히는 그런 것이 가능한지 상상하지도 못했다. 그러나 뛰어난 언어학자가 국가의 최고권력자라는, 게다가 그가 지독한 워커홀릭이라는, 누구도 예상치 못한 우연이 겹치면서, 그리고 그 우연의 주인공이 자신이 가진 학자로서의 역량, 정치가로서의 역량을 총동원해 문자를 발명하고 이를 자신의 신민들에게 보급하면서, 이 땅의 사람들은 자신들이 하는 말의 형상을 시각화하는 방법을 얻게 되었다.

이 워커홀릭 왕이 15세기 당시까지 축적된 언어학적 지식을 집약해 만든 문자는 과하다 싶을 정도로 작동이 잘 되는 고사양 장치다. 세상의 어떤 소리든 있는 그대로 받아쓸 수 있다고 자랑할 정도다. 물론 이는 순진한

착각이지만 이 문자가 한국어의 말소리를 효과적으로
받아쓸 수 있다는 것은 분명한 사실이다.

그 예를 드러 보게따. 마따, 덥따, 조따, 조타, 할타,
업따, 꿀타, 안따. 이러케.

잠시만 워커홀릭 왕과 그가 만든 고사양 장치에
대한 감탄을 멈추고 이걸 생각해보자. 소리나는 그대로를
표기한 위 예들은 한국어 말소리의 '진짜' 형상인가?

물론 우리는 위의 예들처럼 한국어를 표기하지
않는다는 사실을 안다. 그렇다면 이런 질문이 떠오를 것이다.
왜 지금은 위 예들처럼 표기하지 않는가? 지금 쓰고 있는 이
글의 표기 방식, 이 형태는 어디서부터 시작된 것인가?

* * *

맡다, 덮다, 좇다, 좋다, 핥다, 없다, 꿇다, 앉다.
그리고 락원, 너성, 로동.

꿈에서 형태로 전이된 흔적들.

* * *

우리는 [마따]를 '맡다'로, [덥따]를 '덮다'로,
[할타]를 '핥다'로 표기한다. 하지만 생각해보자. '맡-', '덮-',

'핥-'을 단독으로 소리냈을 때 종성 'ㅌ', 'ㅍ', 'ㄾ'의 소리를 들어본 적이 있는가? 아니면, 이 소리들을 단독으로 발음해본 적은? 이 소리들은 발음할 수도 들을 수도 없는 소리, 이 세상에 존재하지 않는 소리들이다. 100여 년 전에 이런 글자들은 받침으로 쓰이지 않았다. 그런데 지금은 이 받침들을 쓰는 게 자명한 일이 되었다. 그사이에 무슨 일이 일어난 것일까?

* * *

1876년, 조선의 관료들은 '조약'이라는 말이 무엇을 뜻하는지도 모른 채 일본과 강화도조약을 맺는다. 그렇게 그때까지 조선을 지탱하고 있던 단단한 형상이 무너진다. 그리고 그 자리를 채울 새로운 형상들이 일본과 서양에서 들어오기 시작한다. 세상이 형태를 가늠할 수 없는 곳으로 변해버렸던 그해 11월, 국어 이데올로기의 성자(Saint)로 추앙받는 주시경[4]이 태어난다. 이 아이는 자라서 말소리의 형태를 붙잡는 꿈을 꾸게 된다.

* * *

그의 이력을 정리한 표를 본다. 1876년 출생. 1914년 사망. 그는 짧은 인생을 살았지만, 언제나 분주했고 좌충우돌했다. 그는 선박 항해 기술을 배우고 측량술을 익혔다. 신문의 교열을 보기도 했고 기자 일도 했다. 수학과 물리를 배우는 학생인 동시에 온갖 과목을 가르치는 교사이기도 했다.

　　　　　이 표를 보다 보면 이상한 부분이 하나 있다. 1901~1904년, 무려 4년간이 공백으로 비어 있는 것이다. 이전의 활발한 활동과 비교하면 이상한 일이다. 마치 전력으로 달리던 사람이 갑자기 바닥에 드러누워 버린 느낌이다.

　　　　　1905년, 그는 침묵을 깨고 《국문문법》을 펴낸다. 그 모든 것이 되고 싶었던 남자는 이제 누구나 알고 있고 누구나 할 수 있다고 생각하는 조선말을 연구하는 사람이 된다. 무엇이 그 남자를 이렇게 만들었나?

　　　　　언어사상사 연구자 김병문은 이 공백의 시기에 주시경이 했다고 알려진 유일한 활동에 주목한다. 그 활동이란 외국인들에게 조선어를 가르친 일이다.

　　　＊＊＊

　　　　　외국인들에게 처음으로 한국어를 가르칠 때 받는 느낌을 뭐라고 표현하면 좋을까? 여러 표현이 있겠지만 나는 '난파당하다'라는 말이 제일 먼저 떠오른다. 자신이 너무나 잘 알고 있는 바다에서 항해하다 난파당한 느낌. 내가 잘 알던 바다는 내가 전혀 모르는 곳이 된다.

　　　　　난파당한 사람들은 자신이 한국어 화자지만 한국어에 대해서 하나도 모른다는 사실을 제일 먼저 깨닫는다. 왜 '가다'는 '가요'가 되고, '읽다'는 '읽어요'가 되고,

'공부하다'는 '공부해요'가 되는가? 왜 '가하요'나 '읽아요'나 '공부하요'가 되면 안 돼요? 한국어 교사로 훈련받지 않은 이들에게 그 이유를 납득하기 쉽게 알려달라고 하면 머리가 아득해질 것이다.

      나의 모어가 외국어가 될 때 너무나 당연해서 보이지 않던 것들이 갑자기 낯선 모습을 드러낸다. 더 큰 문제는 그런 낯선 모습이 어디서부터 만들어졌는지 설명하기 쉽지 않다는 것이다. 이런 난감함은 발음에서부터 대화를 가르칠 때까지 계속 반복된다.

      김병문은 주시경도 이런 과정을 겪었을 것이라고 추측한다. 그리고 주시경은 외국인들에게 조선어를 가르치는 과정에서 '타자의 시선'을 획득했을 것이라고 말한다. 즉, 주시경이 타자의 시선을 통해 조선어를 바라볼 수 있게 되었고, 이것이 조선어에서 새로운 사실을 발견하는 계기가 되었을 것이라는 이야기다. 아닌 게 아니라, 실제로 주시경은 《국문문법》에서 '상접변음(相接變音)'이라 이름 붙인 발견을 증언하고 있다. 그중 한 구절을 소개한다.

      ㄱ이 ㄴ이나 ㄹ이나 ㅁ 우에셔는 ㅇ으로 변ㅎ느니라.

      우리는 백(百)을 [백]이라고 발음한다. 그런데 백년(百年)이라는 말은 [뱅년]이라고 발음한다. 모어 화자들은 이 발음을 자동적으로 수행하며, 따라서 그 과정을 아예 인식하지도 못한다. 이는 자전거를 타는 것과도 유사하다. 자전거를 능숙하게 탈 줄 아는 사람은 자전거를 탈

때 자전거의 핸들이나 페달을 의식하지 않는다. 자전거를 탈 때는 몸에 체화된 암묵적 지식이 작동하기 때문이다. 그러나 비모어 화자에게 이런 현상은 기이하다. 따라서 설명을 요구하게 된다.

매일 자전거로 출퇴근하는 이는 자신이 직장에 도착했을 때 어떤 과정을 거쳐서 사무실에 앉아 있는지 기억하지 못할 것이다. 더 나아가 그의 자전거가 어떻게 생겼는지, 어떤 방식으로 작동하는지 설명하라고 요구받으면 난감해할 것이다. 그런 요구를 받은 사람은 자신은 그저 자전거를 탈 뿐이며, 어떤 과정을 거쳐서 자전거를 타는지 모른다고 답할 것이다. 그러나 자전거 타는 법을 가르치는 사람의 경우는 다르다. 그는 가르치는 과정에서 전혀 의식하지 못했던 자전거의 형태와 기능을 새삼스럽게 인식하게 된다. 모어를 외국어로 가르칠 때 우리는 같은 일을 겪게 된다.

주시경이 타자의 시선을 갖게 되자 아무것도 없는 하얀 벽 같던 모어의 세계가 전에는 몰랐던 낯선 풍경을 드러내기 시작했다. 왜 '백'은 [백]이었다가 '백년'에서는 [뱅]으로 발음되는가? 우리는 이 질문에 대한 답을 알고 있다. '자음동화'라는 개념으로 알려진 이 현상은 오늘날 뻔한 상식처럼 취급된다. 그러나 주시경 이전에는 이런 음운의 변화에 대해 질문을 던지는 이도, 이 질문에 답하는 이도 없었다.

꿈을 꾸는 사람은 그 꿈이 아무리 기괴하고

비현실적이더라도 그 꿈을 이상하다고 여기지 않는다.
그러나 자신이 꿈을 꾸고 있다는 사실을 자각하면 얘기는
달라진다. 주시경은 자신이 모어라는 꿈을 꾸고 있다는 것을
자각하게 되었다. 그리하여 그 꿈의 형태를 관찰하게 되었다.

* * *

맡다, 덮다, 좇다, 좋다, 핥다, 없다, 끓다, 앉다,

당신이 근대 개화기 조선에서 조선어를 공부하는
외국인이라면, 그리고 공책에 위 단어들을 썼다면, 당신은
오류를 범했다고 지적당할 것이다. 당신의 조선어 선생님은
말할 것이다. 조선어에 '없'이라는 글자는 없다고. 왜냐고
물으면 선생님은 이렇게 답할 것이다. 이건 발음할 수도 없는
괴상한 글자라고.

* * *

타자의 시선이라는 렌즈를 통해 모어를
들여다보았을 때 모어가 보여주는 변화와 그 변화의
규칙성을 확인한 주시경이 얼마나 흥분했을지는 추측하기
어렵지 않다. 그러나 주시경은 거기서 멈추지 않는다. 그는
음운의 규칙적인 변동을 가능하게 하는 조건이 무엇인지
궁리하기 시작한다. 그리고 그 궁리 끝에 그가 찾아낸 것은
변동이 일어나기 전 본래의 음, 즉 본음이다.

문제는 그 본래의 음이라는 것이 물리적으로 감지되지 않는다는 점이다. 실제 언어 현실에서 우리는 본음을 확인할 길이 없다. '갇-'에서 'ㅌ', '핥-'에서 'ㅌ' 소리는 종성으로 발음할 수 없다. 발음할 수 없기 때문에 들을 수도 없다. 그렇다면 주시경은 없는 것을 있다고 우기는 것인가? 아니라면 그 존재를 어떻게 확인할 수 있나? 이 본음의 존재는 같아[가타], 핥아[할타]와 같이 다음 음절의 초성을 통해서 확인된다. 구체적으로 들을 수 없어 추상적인 층위에 머무르지만 분명 존재하는 것, 이것이 주시경이 말하는 본음이다.

이 본음이라는 개념을 통해 주시경은 자신만의 변신 이야기(Meta**morph**oses)를 쓰기 시작한다. 오비디우스는 《변신 이야기》에서 말한다. 당신이 보고 있는 물총새는 본래 물총새가 아니라고. 물총새의 형상에서는 보이지 않고 감지할 수도 없지만, 물총새는 바람신의 딸이자 트라키스의 왕비인 알키오네라고. 물총새는 알키오네의 변신, 즉 자신의 본래 형태로부터 탈주해서 새로운 몸을 얻은 결과물이라고.

마찬가지로 주시경에게 우리가 구체적으로 경험하는 말소리들은 본음이 변신한 결과물일 뿐이다. 다시 말해, 우리가 말하고 듣는 말소리들은 그 말소리가 가진 본래 형태에서 탈주해 새로운 형태로 드러난 것이기에 그 자체가 진짜 형태는 아니다. 이런 입장에서 보면, 음운의 변화를 그대로 표기에 반영하는 것은 트라키스의 왕비를 소개하면 알키오네가 아닌 물총새를 보여주는 일이나 마찬가지다.

따라서 그것은 적절치 않다. 본음의 형태가 선명히 드러나기 위해서는 경계가 명확해야 한다. 그러나 말소리의 변화를 그대로 표기에 반영하는 경우 이런 경계가 흐려진다. 예를 들어 '같-'에다 관형형 전성어미 '-은'을 결합시킨 말을 '갓흔'이라고 표기한다면 그 원래의 형태(주시경은 이를 '원체'라고 불렀다)를 알아볼 수 없을 것이다. 이런 이유로 주시경은 표기를 할 때 그 경계를 분명히 알아볼 수 있도록, 즉 원체가 드러나도록 '같은'과 같이 표기할 것을 주장한다.

  주시경이 본래의 음이자 원래의 형태라고 주장하는 '같-'이나 '핥-'은 의미를 가지고 있다. 그리고 이 형태를 더 쪼개는 경우 그 의미는 사라진다. 다시 말해, 주시경이 말하는 본음/원체는 꿈의 신 모르페우스가 형태를 만들어낼 때 사용하는 '꿈의 원소', 형태소인 것이다.

  타자의 시선을 통한 주시경의 발견은 결국 형태소를 그대로 살려서 표기에 반영하자는 주장으로 귀결되었다. 형태주의라고 불리는 주시경의 꿈은 당시 일반 언중에게는 받아들이기 어려운, 과격한 주장이었다. 대부분의 언어권에서 표기법은 역사적으로 쌓여온 관습을 따르며, 당시 조선의 언중들도 한글 창제 이후 쌓여온 나름의 관습에 의한 표기법을 사용하고 있었기 때문이다. 주시경의 주장은 이런 관습을 하루아침에 버리라는 말과도 같았다.

* * *

근대 국민국가는 같은 영토에서 자신들만의 고유한 언어를 쓰는 하나의 민족이라는 환상 속에서 탄생했다. 주시경도 같은 환상을 가졌다. 1910년에 출간된 《국어문법》 서문에서 그는 이렇게 말한다.

> 우리나라는 아세아 동쪽 온대에 있으며 북으로 신령스러운 장백산이 특히 빼어나고 동, 서, 남으로 삼면의 바다가 둘러싼 반도이니 (······) 하늘이 이 땅의 경계를 정하고 우리 인종을 낳고 그 음(音)을 명시하시니 이 땅에서 우리 인종이 그 음을 발하여 언어를 만들고 그 언어로 사상을 위에 이르게 하여 장백산 사방에 번창하더니 오랜 세월을 거쳐 단군 성조께서 개국하신 이래 신성한 정교를 사천여 년간 전하니 이것이 천연 특성의 우리 국어다.[5]

근대 국민국가라는 환상이 제대로 작동하기 위해서는 '언어'의 역할이 중요하다. 국가의 모든 구성원이 동일한 언어를 사용한다는 믿음. 이 믿음이 환상을 실재로 바꾸는 마법의 주문이기 때문이다. 이 때문에 근대국가의 탄생 과정에서 언어는 국가와 민족을 가능하게 하는 특별한 존재로 호명되곤 했다.

하지만 주시경이 말하는 '국어'는 도대체 어디에 있나? 잠깐 정신을 차리고 둘러보면 각 지역마다, 각 계층마다 다른 말들을 하고 있는데…. 김병문은 본음/

원체를 구분해 표기하는 것, 다시 말해 형태소의 원형을 밝혀 표기하는 것이 '국어 문법의 사상을 인도'할 것이라는 주시경의 발언에 주목한다.

김병문은 주시경이 자신이 제시한 표기 원리인 본음/원체로부터 '국어'를 도출했다고 설명한다. 이것은 무슨 말인가? 앞서 설명했듯이, 본음/원체는 실제 발화 상황에서는 감지되지 않는 '추상적인 층위'의 존재들이다. 현실에서는 각양각색의 사람들이 각자 다르게 말하지만, 그들이 하는 말의 추상적 층위는 같다는 말이 된다. 다시 말해서, 모두가 같은 말을 공유하는 것이다. 모두가 공유하는 추상적 층위의 말, 이것이 국어다.

어떤 공동체가 같은 언어를 쓰면서 특정 지역에 오래전부터 터를 잡고 살아왔다는 것, 그것은 이 공동체를 독립된 국가로 인정할 수 있는 근거가 된다. 나라가 주권을 잃고 식민지로 몰락하는 것을 목도한 주시경에게도 표기법은 단순히 말을 글자로 옮기는 차원이 아니라, 독립된 국가를 가능하게 하는 국어를 만들어낼 수 있는가 여부를 가늠하는 문제, 주권 국가임을 증명하는 근거를 만들어내는 문제가 되었을 것이다.

***

현재 우리가 사용하고 있는 표기법은 절대적 진리도 아니고 과학적 법칙에 의해 결정된 것도 아니다. 지금 한국의 표기법은 근대 계몽기부터 시작된, 표기법을 둘러싼 헤게모니 경쟁의 결과물이다. 신문지상에 표기법 관련 토론 내용이 상세히 보도될 정도로 표기법은 당시 사회의 큰 관심사였다.

　　　　근대 국민국가의 조건인 균질한 언어공동체를 구축하려고 할 때 다양한 변이가 존재하는 구어를 통일시키기는 불가능하다. 그러나 표기법을 통해 공통의 문어를 만들어가는 것은 가능한 일이다. 그렇다면 어떤 표기법이 공통의 문어를 창출하는 데 더 효율적일 것인가? 표기법을 둘러싼 주장은 크게 역사주의, 표음주의, 형태주의로 나뉜다. 역사주의는 표기와 발음이 일치하지 않더라도 혼란을 막기 위해 관습적 표현을 사용해야 한다는 주장이다. 계몽기 당시에는 천(天)을 '텬'으로, 꿈을 '쭘'으로 표기했는데, 이것이 역사적 표기의 예다. 표음주의는 현실 발음을 표기에 그대로 반영해야 한다는 논리다. '같은'을 '갓흔'으로 표기하는 게 그 예다. 그리고 앞서 살펴본 형태주의가 있다.

　　　　　＊＊＊

　　　　형태주의 표기법을 지지하는 이들은 어떤 이유에서 형태주의를 주장했을까? 먼저 역사주의 표기법은 현실 발음과 맞지 않기 때문에 실제 말소리를 반영할 수 없다. 그렇다고 표음주의 표기법을 사용하면 현실의 다양한 변이들을 그대로 반영해야 해서 공통의 문어를 구축하기가 어렵다. 예를 들어, 같은 내용이라도 책을 만든 지역이 다르면 표기도 지역의 언어를 따라 달라질 가능성이 있다. 그에 비해 형태주의 표기법은 현실의 변이들을 반영하지 않기 때문에 공통 문어 창출에 도움이 된다.

      형태주의 표기법을 주장했던 다른 이유는, 이 표기법을 사용하면 '국어 문법의 사상을 인도'할 것이라는 주시경의 주장에서 확인할 수 있다. 발음을 그대로 표기하지 않고 형태소를 밝혀서 적으면 그 말이 명사인지, 동사인지가 분명히 드러난다. 동사나 형용사의 경우 어근이 무엇인지가 분명해지기 때문에 거기에 붙는 어미들의 모습과 그 기능 또한 명확해진다. 형태주의 표기법을 통해서 말 그대로 국어의 문법을 파악할 수 있게 되는 것이다.

      하지만 이런 논리가 처음부터 먹혀들었던 것은 아니다. 형태주의 표기법이 오늘날과 같은 위상을 갖게 되기까지는 많은 우여곡절이 있었다.

* * *

1910년 8월. 조선, 일제에 합병. 합병 이후 일제가 다짜고짜 조선어 탄압 정책을 폈다고 생각하면 오해다. 물론 일제가 1937년부터 조선어 말살 정책을 시행한 것은 사실이다. 그러나 1937년 이전에는 정규 교육과정에서 조선어를 가르치는 정책을 시행했고, 그렇기 때문에 조선총독부는 세 번에 걸쳐 언문철자법을 제정하고 공포하는 일을 했다. 이 일을 일본인 학자들만 한 게 아니다. 이 제정 작업에는 조선어학회 인사들을 비롯한 조선인

학자들이 함께했다.

　　　　1912년. 조선총독부 〈보통학교용 언문철자법〉
제정. 유길준 등 조선인 인사들이 참여한 이 언문철자법은
고유어는 표음주의를 따르되 한자어는 역사적 표기를
따른다는 것을 골자로 한다. 여기에 주시경이 주장한
형태주의가 끼어들 자리는 없었다.

　　　　1914년. 주시경 사망.

　　　　1921년. 조선총독부 〈보통학교용 언문철자법
대요〉 발표. 그러나 이 새 언문철자법도 1912년의
언문철자법에서 크게 벗어나지 못한다.

　　　　1930년. 조선총독부 〈언문철자법〉 제정. 이
작업에 주시경의 제자 다수가 제정위원으로 들어간다. 이때
고유어, 한자어를 막론하고 발음대로 표기한다는 원칙이
만들어진다. 역사주의에 대한 표음주의의 승리였다. 그리고
여기에다 약간의 예외를 인정한다는 내용이 포함된다. 이
'약간의 예외'란 바로 형태주의 표기법의 다른 말이었다.

　　　　1933년. 조선어학회 〈한글 마춤법 통일안〉(이하
〈통일안〉) 발표. 이렇게 주시경의 꿈은 드디어 구체화된다. 이
통일안의 총론 1항은 다음과 같다.

> 한글 마춤법[綴字法]은 표준말을 그 소리대로
> 적되, 語法에 맞도록 함으로써 原則을 삼는다.[6]

　　　여기서 '어법에 맞도록 한다'라는 알쏭달쏭한
표현의 속뜻은 표기할 때 형태소의 원래 모양을 밝혀서

쓰라는 말이다. 주시경이 주장한 바로 그 내용이다. 이렇게 형태주의는 드디어 제 모습을 드러낸다.

하지만 또 다른 조선어 연구단체인 조선어학연구회 인사들에게 이 〈통일안〉은 악몽이었다. 〈통일안〉이 역사적 관습을 무시하고 있으며, 엘리트주의에 빠져 지나치게 추상적이고 난해한 표기법을 강요하고 있고, 이는 민중의 눈높이에 맞지 않는다는 비판이 제기되었다.

이에 조선어학회는 자격도 없는 이름 없는 자들이 시비를 건다며 맞선다. 이 헤게모니 경쟁은 당대의 영향력 있는 지식인들 중 상당수가 조선어학회를 지지함으로써 조선어학회의 승리로 끝난다. 만약 조선어학연구회의 주장이 더 지지를 받았다면 지금 이 글은 사뭇 다른 표기법으로 쓰였을지 모른다.

***

'국어(고쿠고)'라는 개념을 본격적으로 도입해 일본어의 위상을 격상시킨 일본의 언어학자 우에다 가즈토시(上田萬年)는 청일전쟁이 벌어진 1894년 '국어와 국가'라는 제목의 강연을 한다. 이 강연에서 그는 일본어를 '일본인의 정신적인 혈액'이며, '일본의 국체는 이 정신적인 혈액으로 유지'된다고 주장한다.

'일본어'와 '일본인'을 '한국어'와 '한국인'으로 교체하고 싶겠지만, 우리에게는 우리만의 비유가 있다. 한국의 경우 국어에 대한 단골 비유는 '민족의 혼을 담는 그릇'이다. '올바르지 않은' 언어 사용은 이 그릇을 더럽히거나 깨뜨리는 것이다. 이는 민족과 국가에 불경한 짓을 저지르는 일과도 같다.

하지만 이 정도는 아무것도 아니다. 인도 남부에 위치한 주 타밀나두('타밀인의 땅'이라는 뜻). 이곳의 타밀 민족주의자들에게 타밀어는 혈액이나 그릇에 비유할 수 있는 대상이 아니다. 이들에게 타밀어는 '아름다운 여인'이자 '어머니'다. 1964년 1월 24일, 친나사미(Chinnasami)라는 젊은 남자가 동네 아이들과 사람들에게 사탕을 나눠준다. 갑작스러운 이벤트에 의아한 동네 촌로가 무슨 일인지 묻자 친나사미는 밝은 목소리로 이렇게 답한다.

"오늘, 힌디어는 죽음을 맞이하고, 나의 타밀어는 영생을 얻을 것입니다."

다음 날 그는 '어머니 타밀어'를 위해 자신의 몸을 불사른다. 힌디어를 인도의 유일한 공용어로 만들려는 인도 중앙정부의 정책에 대한 항의였다. 친나사미는 타밀어를 위해 자신을 희생하기로 결심하고 '타밀어'에게 보내는 편지를 쓴다.

> 타밀어이시여, 당신을 살리기 위해 저는 죽습니다. 그들(인도 중앙정부)은 당신을 죽이기 위해 수정안을 만들었습니다. 저는 전쟁터로 나갈 것입니다. 그리고 오전 11시에 소멸의 길을 갈 것입니다. 이 모습을 지켜보십시오. 그리하여 타밀나두의 사람들에게 왜 힌디어인지, 무엇을

위한 힌디어인지 묻게 하십시오.

　　타밀어의 제단에 몸을 바친 순교자는 친나사미 하나가 아니었다. 어머니 타밀어에게 자신을 바치는 이들이 계속 나타났고, 인도 정부는 결국 힌디어를 인도의 유일한 공용어로 지정하려는 정책을 포기하게 된다. 타밀나두의 타밀 민족주의자들이 꿈꾸던 인도로부터의 독립은 실패했지만, 원래 다양한 언어가 공존하던 타밀나두는 어머니 타밀어의 온전한 땅이 되었다.

　　이처럼 근대국가로 가는 길목의 사회에서 언어는 '민족의 혈액', '민족혼을 담는 그릇', '자애로운 어머니'와 같은 신성한 존재가 된다. 그리고 이런 언어를 연구하거나 숭배하는 사람들은 이 신성한 존재를 위해 삶을 희생한 성자나 순교자의 권위를 부여받는다.

　　조선어 연구자들의 경우 자신의 몸을 국어 신을 위한 제물로 직접 바치지는 않았다. 하지만 이들을 순교자의 반열에 올리는 사건이 일어난다. '조선어학회 사건'이 그것이다.

　　1945년 8월 15일, 함흥형무소에 투옥되었던 조선어학회 인사들이 석방된다. 이때 최현배, 정인승, 이희승이 사람들의 부축을 받으며 걸어 나오고 이극로는 들것에 실려 나왔다. 이 드라마틱한 장면은 '민족혼을 담는 그릇'인 국어를 위해, 조국을 위해 희생한 순교자라는 상징을 조선어학회 인사들에게 부여한다. 그런 순교자들이 주장하는 형태주의 표기법에 감히 반기를 들 사람은 없었다. 단 한 사람을 빼고는.

* * *

전쟁 직후인 1954년, 이승만은 〈표기법 간소화 공동안〉을 발표한다. 어려운 조선어학회의 형태주의 표기법 대신 구한말 표음주의적 표기법으로 돌아가자는 것이 주요 골자였다. 1949년에도 이승만은 같은 내용의 개정안을 내놓은 바가 있었다. 구한말 조선 사회의 표기법에 익숙했던 이승만에게 수십 년 만에 귀국해 마주하게 된 한국의 언어 풍경은 정말로 견디기 어려운 것이었던 모양이다.

그리고 같은 해인 1954년, '중공군 50만 명보다 더 무서운 이적소설'이라고 비난받은 소설이 출간된다. 정비석의 《자유부인》이다. 이 소설에서 흥미로운 점은 자유부인 오선영의 남편이 '소장 한글학자'라는 점이다. 《자유부인》에서 문법학자인 장태연 교수는 절대권력자인 이승만의 표기법 개혁에 양심을 걸고 반대하는 인물로 그려진다.

국가 최고권력자 이승만이 제시한 방안은 사실상의 명령이었다. 하지만 이 명령은 학자들의 강력한 반발 때문에 관철되지 못한다. 어렵게 자리를 잡은 형태주의 표기법이 대통령의 개입으로 한순간에 폐기되고, 다시 과거의 원점으로 돌아가는 것을 형태주의 표기법을 지지하는 국어학자들은 용납할 수 없었을 것이다. 그렇다고 해도, 전쟁 직후의 서슬 퍼런 대통령의 명이었다. 그러나 국어학자들은 민족을 위해 일제에 최후까지 저항한 순교자들이라는 상징을 가지고 있었다. 이런 상징을 가진 자들이 대들었으니 이승만도 어쩌지 못했을 것이다.

다시 《자유부인》 이야기로 돌아가자. 소설 속에서 자유부인의 스캔들은 지금 봐도 이 이야기를 어떻게 수습하려고 하나 싶을 정도로 아찔하다. 자유부인 오선영을 유혹해 춤바람이 나게 하는 대상은 무려 남편의 제자인 신춘호다. 그런데 이 신춘호는 오선영의 조카딸과 사랑에 빠져 미국으로 떠나버린다. 분노한 오선영은 자신이 근무하는 양장점의 사장 이월선의 남편인 한태석과 가까워지게 되지만, 이월선의 방해로 한태석과의 관계도 끝나고 만다. 이렇게 막 나가던 자유부인을 다시 정숙한 부인으로 개과천선시킨 것은 다름 아닌 장태연이었다.

오선영은 장태연이 국회의사당 한글공청회에서 대통령이 주장하는 표음주의 표기법에 맞서 연설하는 모습을 훔쳐보게 된다. 이 장면에서 작가는 장태연을 그냥 언어를 연구하는 학자로 소개하지 않는다. 장태연은 '민족의 말과 글을 연구하는 이'로 그려진다. 더 나아가 작가는 직접적으로 장태연의 모습을 '순교자'에 비유한다("순교자처럼 비장한 태도"). 청중의 열렬한 호응을 받으며 영웅적으로 연설하는 남편의 모습을 보고 오선영은 존경심을 갖게 된다. 이를테면 오선영은 남편이 대통령에 맞서 연설을 하는 모습에서 민족을 위해 자신을 희생하는 영웅의 모습을 본 것이다. 그 영웅에게 자유부인이 용서를 받음으로써 이 소설은 끝난다.

소설의 배경이 된 소위 '한글 파동' 사태는 1955년 9월 9일 법안이 철회되면서 마무리된다. 이렇게 '형태주의 표기법'은 가정에서도, 국가권력에 대해서도 승리를 거두게 된다.

***

1946년 북한. 김일성의 북조선공산당과 김두봉의 조선신민당이 합당해 북조선'로'동당이 만들어진다. (훗날 북조선로동당은 남조선로동당과 합쳐져 '로'동당이 된다.) 같은 해 〈'로'동신문〉이 창간된다.

오늘날 우리는 '로동'이라는 말에서 바로 북한을 떠올린다. 요컨대 두음법칙의 적용 여부는 남과 북을 가르는 상징이다. 그러나 1946년 북한에서도 두음법칙은 일반적으로 적용되는 현상이었다. 당시 북한 사람들에게도 '로동당'과 '로동신문'은 매우 낯설게 느껴졌을 것이다. 그래서 두음법칙을 적용하지 않은 당명과 기관지명을 사용한 것은 대담한 시도처럼 보인다.

이타가키 류타(板垣竜太)는 이런 당명 사용이 김두봉의 신념이 반영된 결과라고 설명한다.[7] 김두봉. 중국에서 활동한 독립운동가이자 혁명가, 해방 이후 북한 정권의 2인자 자리까지 오르고, 권력투쟁에서 패배해 1958년 숙청되기까지 그야말로 권력의 핵심이었던 인물.

그런데 김두봉의 정체성을 규정하는 또 다른 이력이 있다.
그는 주시경의 직계 제자이자, 《깁더 조선말본》이라는
문법서를 쓰기도 한 언어학자였다.

　　　　　김두봉은 1933년의 〈한글 마춤법 통일안〉이
어정쩡한 상태라고 보았다. 그는 소리나는 대로 쓰라는
표음주의 규정과 어법에 맞게 쓰라는 형태주의 규정이
어색하게 동거하고 있는 형국이 마음에 들지 않았다.
김두봉의 영향 아래 북한의 언어정책은 표음주의와의
어색한 동거를 거부하고 형태주의를 더 철저하게
밀어붙인다. '노동'이 '로동'이 된 것도 이런 이유였다.
변화하는 음이 아니라 형태소가 원래 가진 소리를 시각화해
표기해야 하는 형태주의 표기법을 철저히 따르자면 원래
발음이 '로'인 '勞'는 어두에서도 '로'로 고정시켜 표기해야
하기 때문이다.

　　　　　1948년, 북한은 '조선어 신철자법'을 발표한다.
두음법칙의 폐기를 명시한 철자법으로, 이로써 북한은
'노동'을 '로동'으로 표기하는 근거를 갖게 된다. 북한의
새 표기법은 이쯤에서 멈추지 않았다. 형태주의를 철저히
관철시키려는 의지는 '걷다'나 '곱다'와 같이 원형으로
표기가 되지 않는 말들을 위해 여섯 개의 새로운 글자까지
만들어서 제시하기에 이른다. 예를 들어, '걷다'에서 '걷-'과
'-으면'이 만나는 경우, 원형을 밝혀서 쓰려면 '걷으면'이라고
써야 한다. 그러나 실제 발음과는 거리가 너무 멀기 때문에
'걷으면'이 아니라 '걸으면'으로 표기하게 된다. 북한의
언어학자들은 이 문제에 대해 다른 문자를 도입하는

방법으로 형태주의 표기법을 철저히 적용하려 했다. '걷다'의 경우는 '걷다', '걷어', '걷으면' 등으로 표기하는 식이다.

사회의 전 영역에서 '혁명'이 진행되는 와중에 새로운 표기법을 내놓는 것은 일견 한가해 보이는 일일 수 있다. 그러나 사회를 혁명하는 것과 언어를 '혁명'하는 것은 같은 일이었다. 혁명을 성공시키려면 대중들에게 사회주의 사상을 전파해야 하는데, 당시의 문맹률은 너무 높았다. 따라서 문맹을 줄이기 위해서도, 출판물의 언어를 통일시키기 위해서도 표기법의 정비가 필수적이었던 것이다.

무엇보다도 북한의 언어학자들은 민족의 '공통어'를 아직 창출하지 못했다고 판단하고 있었다. 공통어를 가진 균질한 언어공동체를 가능하게 하기 위한 방법 중 하나는 언어의 규범화다. 이 규범화의 핵심에는 표기법이 놓여 있다. 이것이 혼란스러운 혁명의 와중에 북한의 언어학자들이 철자법에 집착했던 이유다.

주시경의 꿈은 이렇듯 북한에서 더 완벽하게 이루어졌다.

***

오비디우스의 《변신 이야기》를 읽는다. 구어의 세계에서 사람들은 다른 발음, 다른 억양, 다른 어휘, 다른 표현으로 말한다. 그러나 《변신 이야기》의 어떤 번역본을 읽든 그 책을 번역한 사람의 출신 지역을 확인할 수 없다.

이는 주시경의 표기 원리에서 시작된 형태주의가 수많은 우연과 곡절 끝에 끝내 살아남았음을 증명하는 것이다. 이렇게 '없다'를 [읍따]라고 발음하는 사람도 글을 쓸 때는 '없다'로 표기하는 세상이 되었다. 그렇게 한국어 문어의 세계는 균질한 언어공동체가 되었다.

  모어의 진짜 형태를 발견했다고 믿은 주시경이 100년 전에 상상했던 꿈은 이렇게 실현되었다. 그 꿈은 변신에 대한 욕망이었다. 봉건사회와 식민지라는 형태에서 탈주해 독립된 근대국가라는 새로운 형태를 만들고자 했던 이 꿈은 100여 년 전에 꿀 수밖에 없었던, 그리고 꾸어야 했던 꿈이다. 하지만 동시에 이 꿈은 100여 년 전의 너무 오래된 꿈이다.

  이 글을 쓸 때 사용한 표기법, 이 글자들 하나하나는 꿈의 형태다. 그리고 이 꿈은 국가기관인 국립국어원이 규율한다. 그렇게 '국어'로 호명되는 균질한 언어공동체라는 상상 아래 국가는 다양한 언어의 모습을 재단하고 검열한다. 그 과정에서 공통의 언어규범 아래 들어갈 수 없는 목소리들은 은폐되고 억압된다.

  오래된 꿈은 이렇게 다른 꿈을 억압하는 꿈이 되었다. 이제 이 꿈에서도 탈주할 때가 되었다.

  ***

이것은 형태에 대한 이야기인가?

아니다.

이것은 꿈에 대한 이야기다.

6장 실험의 재구성

이 실험에 관한 이야기는 그리스인 사이에서도 유명하며,
약간씩 바뀌어서 전해지기도 한다. 예를 들면,
당시 프삼티크 1세가 아이들을 맡긴 것은
양치기가 아니라 혀가 잘린 여인이었다는 식이다.
― 헤로도토스,《페르시아 전쟁사》

정오의 태양 아래 황야는 그저 눈이 멀 듯 하얗다. 산양떼도 멀리 떠나버린 황야에서 들리는 것이라고는 버스럭거리는 마른 바람 소리뿐이다. 이곳, 황야의 지배자는 한낮의 빛처럼 쏟아지는 침묵. 세상이 끝날 때까지 영원히 지속될 것 같은 침묵이다.

그리스 용병 지휘관 디오니시우스는 가장 높은 둔덕에 올라 황야를 바라본다. 나일강 삼각주 서쪽에 위치한 수도 사이스(Sais)에서도 서쪽으로 나흘을 꼬박 걸어야 겨우 닿을 수 있는 곳. 이집트인들에게 서쪽 땅은 저승의 영역이니, 여기라면 혼돈의 신 누(Nu)의 아내이자 저승의 여주인 니트(Nit)가 기꺼이 거하는 곳이리라.

디오니시우스는 새벽에 사라진 부하 트락스의 흔적을 찾는 중이다. 트락스가 사라진 것은 이번이 처음은 아니었다. 황야의 침묵은 서서히 트락스의 영혼을 무너뜨리고 있었다. 한 달 전쯤에 트락스는 반나절을 걸어가 닿은 어느 돌산 앞에서 몇 시간 동안 소리를 지르다 밤이 다 돼서야 막사로 돌아왔다. 또 그 돌산을 찾아갔겠군. 디오니시우스는 트락스의 목숨을 직접 거둬야 하는 상황이 올까 봐 두렵다. 그나마 잘 견디고 있는 다른 부하들이 트락스 때문에 동요한다면, 디오니시우스도 어쩔 수 없는 선택을 해야 할 것이다.

지평선 너머에서 트락스의 흔적을 찾다가 디오니시우스는 고개를 돌려 황야의 한가운데에 있는 삼각형을 바라본다. 이 삼각형은 세 개의 움막으로 이루어져 있다. 제일 작은 움막은 아이들이 살고 있는 곳이고,

그 움막에서 왼쪽으로 서른다섯 걸음 떨어진 곳에는 양치기들과 유모, 산양들의 보금자리인 헛간이 있다. 그리고 삼각형의 마지막 꼭짓점은 디오니시우스와 그의 부하들이 머물고 있는 막사다.

    헛간에서 두 개의 점이 나오더니 막사로 움직인다. 양치기 카메스와 유모 나누일 것이다. 두 점이 막사 앞에 도착하자 막사에서 점이 하나 나온다. 디오니시우스의 부하인 디스콜루스다. 디스콜루스는 카메스와 나누의 입에 재갈을 물릴 것이다. 이윽고 세 개의 점은 아이들이 머물고 있는 움막으로 이동한다.

    이 황야는 파라오 프삼티크 1세의 거대한 실험실이다. 누가 파라오의 호기심에 불을 붙였는지 모르겠지만, 어느 날부터 파라오는 인류 최초의 언어가 무엇인지 못 견디게 궁금해했다. 파라오는 결국 갓난아이 열 명을 부모로부터 떼어내 양치기들도 찾지 않는 이 황야로 보내버렸다.

    사이스의 시장바닥에서는 파라오가 이 임무를 수행할 양치기들과 유모들의 혀를 잘라버렸다는 소문이 돌았다. 이 소문은 사실이 아니었다. 자비로운 파라오는 혀를 자르는 대신 자신이 고용한 그리스인 용병들에게 양치기와 유모를 감시하는 역할을 맡겼다. 이 실험실의 규칙은 간단하다. 첫째, 어떤 언어도 아이들 앞에서는 금지된다. 둘째, 양치기와 유모는 그리스 용병의 감시 없이 아이들을 돌보지 못한다. 셋째, 양치기와 유모는 아이들을 돌볼 때 언제나 재갈을 물고 있어야 한다. 이 아이들이 옹알이를 끝내고 최초로 내뱉는 말이 있다면, 그것이 바로 인류 최초의 언어일 것이다. 파라오는 내심 그 언어가 이집트어이기를 바라고 있었다. 하지만 파라오의 호기심은 쉽게 해결되지 않았다. 아이들이 첫 단어를 말하기 전에 죽어나갔던 것이다.

처음에 디오니시우스는 파라오의 실험이 왕들이 하는 수많은 놀이 중 하나라고 생각했다. 얼마 가지 않아서 분명 싫증을 내고 다른 놀이를 시작할 것이었다. 하지만 파라오는 예상과 달리 진지했다. 6개월마다 자신을 교체해줄 것을 요청했지만 파라오는 묵묵부답이었다. 대신 이런 답신만 반복해서 전해질 뿐이었다.

짐을 대신할 자, 오직 그대뿐이다. 그리하여 그대에게 명하노니, 짐을 대신해 호루스의 눈이 되어 지켜보라.

4년이 흘렀지만 디오니시우스는 여전히 최초의 단어를 기다리는 임무를 수행 중이다. 이제 부하들에게서 팔랑크스 전투대형을 갖춰 일사분란하게 적과 싸우는 그리스 중장보병의 모습은 찾을 수 없다. 그리스 중장보병의 상징인 호플론 방패와 갑옷, 투구, 정강이받이, 그리고 긴 창은 막사 한구석에 아무렇게나 버려져 있다. 파라오가 이곳을 찾는다면 누가 양치기고 누가 그리스 중장보병인지 구분하지 못할 것이다. 하지만 디오니시우스는 부하들이 지금까지 버텨준 것이 용하다고 생각했다.

트락스가 문제였다. 트락스는 막사의 모닥불

앞에서 쉴 새 없이 중얼거렸다.

"대장님, 저 아이들이 말이라는 걸 할 것 같습니까? 세푸와 레는 그저 짐승의 영혼만을 가지고 있어요. 제가 저 아이들과 매일 놀아봐서 잘 알아요. 저 아이들에게는 인간의 영혼이 없습니다. 고양이의 영혼이라면 모를까. 세푸와 레가 어떤 말이든 영원히 하지 않으면 우리는 저 아이들과 평생 여기서 썩어야 할 겁니다. 만약, 저 아이들이 죽으면 어떻게 될까요? 파라오는 또 갓난아이들을 이곳으로 보낼 거예요. 그러고 또 명령하겠죠. 호루스의 눈으로 지켜보라고. 이렇게든 저렇게든 우리는 여기서 영원히 나갈 수 없을 거예요."

제일 처음 키운 열 명의 아이는 모두 죽었다. 두 번째로 데려온 아이들도 모두 죽었다. 전장에서 마주친 수많은 죽음에도 눈 한 번 껌뻑하지 않던 트락스는 이상하게도 아이들이 죽어나갈 때마다 괴로워했다. 세 번째로 움막에 온 일곱 명의 아이 중 다섯이 세상을 떠났고, 지금은 세푸와 레라는 이름의 두 아이만 남았다. 그 아이들이 살아남은 것은 트락스 때문인지도 모른다. 금지되어 있지만, 트락스는 디오니시우스의 묵인 아래 움막에서 두 아이와 놀아주었던 것이다.

"대장님, 대장님! 걱정하지 마세요. 아이들과 놀 때는 저는 인간의 말소리 비슷한 건 절대로 입 밖으로 내지 않으니까. 아이들이 만약 그리스어를 하게 된다면 당장 저부터 의심받고 내 머리부터 날아갈 거라는 거 저도 잘 알아요. 양치기들이 아이들에게 이집트어를 가르쳐서 우리를 해방시켜 주면 좋겠어요… 하지만 잘 안 될 거예요. 저들은 도박을 할 생각이 없으니까요."

디오니시우스는 트락스의 입에 재갈을 물리고 움막 출입도 막고 싶었다. 하지만 양치기들이나 유모보다도 아이들이 더 좋아하는 건 트락스였다. 양치기나 유모들은 아이들을 가축처럼 대했다. 양치기들이 사랑하는 건 산양이었지 아이들이 아니었다. 트락스가 보살피지 않는다면 두 아이도 곧 세상을 떠날 것이다.

트락스는 저녁이 다 돼서야 돌아왔다. 정신이 반쯤 나가 있었다. 어디를 갔었는지 물어도 대답이 없는 트락스에게 디오니시우스는 빵을 내밀며 속삭이듯 말했다.

"먹어보게. 이건 베코스, 베코스야. 베코스는 이집트어가 아니네. 자네도 알다시피 그리스인들이 쓰는 말도 아니지. 저기 바다 건너 아나톨리아 땅 프리기아인들의 말이라네. 세푸와 레가 이 빵을 좋아할지 모르겠군."

트락스는 잠시 디오니시우스의 눈을 쳐다보았다. 그러고는 중얼거렸다.

"베코스."

"그래, 베코스."

'베코스'를 중얼거리며 허겁지겁 빵을 먹는 트락스를 보며 디오니시우스가 물었다.

"그런데, 트락스. 이 이름은 우리 모두를 죽일 수도 있네. 누군가 그 대가를 치르지 않는다면 말일세. 그러니까, 이 빵의 이름이 아이들의 혀로부터 저절로 피어났다는 것을,

이 황야의 무시무시한 침묵 속에서 피어났다는 것을 어떻게 보증하겠나?"

트락스는 잠시 디오니시우스를 멍하니 바라보다 이내 스키포스잔에 담긴 포도주를 들이켰다.

한 달 뒤. 아이들의 점심을 챙기러 갔던 디스콜루스가 황급히 디오니시우스를 찾았다.

"아이들이 뭔가 말을 하는 것 같은데, 뭐라고 하는지 잘 모르겠습니다. 카메스의 눈치를 보니 이집트어도 아닌 것 같습니다."

"호들갑 떨지 말고, 카메스에게 아이들이 어떤 소리를 내는지 계속 지켜보라고 하게. 자네도 들어보고. 다만, 그 아이들 앞에서 그 소리를 따라 하면 안 되네. 그냥 조용히 입 모양만 따라 하도록 하게. 파라오 앞에서 그 말소리를 전달할 수 있도록."

디오니시우스는 이어서 다른 부하들에게 명했다.

"너희는 지금 당장 채비를 하고 사이스로 가서 이 소식을 파라오께 전해라. 아이들의 입으로부터 최초의 단어가 도착했다고. 양치기의 입에 그 단어를 담아 곧 찾아뵙겠다고 전해라."

다음 날 새벽. 경비병 둘이 트락스가 사라졌다고 디오니시우스에게 보고했다. 경비병들은 트락스의 침상에서 헝겊에 둘둘 말린 물건을 가져왔다. 헝겊을 풀자, 검게 변색된 작은 덩어리가 보였다.

그건 트락스의 혀였다.

* * *

2017년 카이로. 고대 이집트의 수도였던 헬리오폴리스 유적지 근처 빈민가의 황무지에서 거대한 석상이 발견된다. 높이 9미터, 무게 3톤에 이르는 석상이 진흙 속에서 모습을 드러낸 것이다. 석상의 주인공은 기원전 7세기에 살았던 프삼티크 1세(프사메티코스)였다.

'파라오' 하면 떠오르는 람세스 2세와 달리 프삼티크 1세는 잘 알려지지 않은 인물이다. 프삼티크 1세도 람세스 2세만큼 이집트의 치세를 이룬 군주지만, 그보다는 인류 최초의 심리실험 진행자, 그리고 역사상 가장 오래된 아동학대 범죄의 기획자로 유명하다.

프삼티크 1세가 인류 최초의 언어가 무엇인지 알기 위해 갓난아기를 가둬 키운 이 실험의 내용은 헤로도토스의 《페르시아 전쟁사》에 아주 간략히 실려 있다.[1] 헤로도토스의 기록에 따르면, 아이들은 2년이 되자 '베코스'라는 말을 반복하기 시작했다. 프삼티크 1세는 '베코스'가 어느 나라의 말인지 수소문했고, 결국 지금의 튀르키예 지역에 있던 프리기아의 언어이며, 빵이라는 뜻을 가졌다는 것을 알게 된다. 이를 통해 프삼티크 1세는 프리기아어가 인류 최초의 언어라고 믿게 되었다.

갓난아이들을 감금한 후 말을 하지 않고 키우는 이야기가 충격적이었던지 헤로도토스는 당시 그리스인들에게 이 일화가 유명했다고 전한다. 그러면서 양치기가 아닌 혀가 잘린 여인이 아이를 키웠다는 둥 다양한 버전의 이야기가 존재한다고 덧붙인다.

이 이야기는 절대권력을 가진 군주들이 저지른 수많은 기행과 악행 중 하나로 넘겨버릴 수 있지만, 내 머릿속에서는 나도 모르게 이 실험에 대한 '사건의 재구성'이 진행되고 있었다. 그러니까 헤로도토스의 이야기를 읽은 후 언어학자로서 납득할 수 있는 또 다른 버전의 이야기를 만들어야 했던 것이다. 그것이 비록 한낱 백일몽에 불과한 가상의 이야기일지라도 말이다.[2]

무엇보다도 프삼티크 1세의 실험은 내게 단어와 관련된 많은 의문을 불러일으킨다. 단어는 무엇인가? 사물과 같은 것인가? 단어를 안다는 것은 무엇을 의미하는가? 누군가에게 말을 하지 않는다는 것은 무슨 의미인가? 인간만이 단어를 이해하고 사용할 수 있는가? 아니면 동물도 단어를 이해하고 사용할 수 있는가? 등등의 의문 말이다. 이런 질문들은 결국 하나의 내용으로 귀결된다. '단어를 말한다는 것은 무엇을 의미하는가?'

***

이런 질문에 답하기 위해 만든 백일몽을 하나하나 되짚어보자. 프삼티크 1세의 실험에서 먼저 고민해야 할 부분은 파라오다. 일단 9미터가 넘는 자기 석상을 만들

정도의 권력을 가진 파라오가 소박하게(?) 양치기한테
알아서 아동 감금 실험을 수행하라고 했다는 게 믿기 어렵다.
양치기나 유모가 제대로 실험을 수행하고 있는지 철저하게
감시하는 인원들이 있었을 것이고, 당시 높은 유아사망률을
고려할 때 지속적으로 실험 재료인 아이들을 납치해서
공급하는 조직이 필요했을 것이다. 이집트어를 못하는
그리스 용병들이 이런 일을 수행하기에 딱이지 않았을까.
(당시 이집트에서는 그리스 용병부대를 활용하는 경우가
많았는데, 심지어 이집트의 그리스 용병과 이집트의 적국에
고용된 그리스 용병들끼리 전투를 벌이는 일도 있었다.)

프삼티크 1세의 실험 결과를 납득하기 어려운
또 다른 이유는, 숲속에서 동물들과 자라다 발견되거나,
부모에게 감금되어 유년기에 언어를 접하지 못한 채
방치되었던 아동들의 사례 때문이다. 이들은 인류 최초의
언어를 말하기는커녕 제대로 언어를 습득하지 못하고
비극적인 삶을 살았다. 유명한 사례로 1797년 남프랑스에서
발견된 늑대소년 빅토르와 1970년대 미국에서 아버지에
의해 12년 동안 감금당했다가 발견된 지니가 있다. 이 둘은
발견된 후 언어교육을 받았지만 모두 제대로 된 언어를
구사하지 못했다.

* * *

프삼티크 1세의 실험은 세 가지를 전제하고 있다.
첫째, 인류의 언어가 공통의 조상 언어에서 출발했다는

전제다. 이 전제에 따르면, 모두가 평화롭고 행복하게 살던 오래전 황금시대, 인류는 단 하나의 언어를 사용하며 살고 있었다. 그런데 시간이 흐르면서 언어는 분열되었고, 결국 각기 다른 여러 개의 언어가 되어버렸다.

둘째, 인간은 태어날 때 이미 황금시대의 언어를 있는 그대로 '내장'하고 있다는 전제다. (그 언어가 어디에 어떻게 저장되어 있다가, 어떻게 본래 형태 그대로 아이들에게 전달되는지는 모른다.) 이 경우 다른 언어 환경에 오염되는 일만 막는다면, 이 아이들은 인류 공통의 언어, 순수한 언어를 말하게 될 것이다. 아이들이 발화한 '베코스'라는 말이 현재 튀르키예 지역인 아나톨리아에 존재했던 프리기아 왕국의 언어라는 것을 확인하는 과정에서 프삼티크 1세는 자신의 전제가 맞았음을 확신했을 것이다.

셋째, 아이들은 외부 환경에서 주어지는 자극이 없어도 때가 되면 '알아서' 언어를 사용하게 된다는 전제다. 마치 바다거북 새끼가 특별한 배움 없이도 물에 닿자마자 바로 헤엄을 치는 것처럼. 이 가정에 따르면, 인간의 언어 능력은 선천적으로 부여받는 것이며, 따라서 어느 시기가 되면 자동적으로 발현된다.

*　*　*

프삼티크 1세는 아이들이 첫 단어를 발화하자 실험을 그만두었는데, 앞서 소개한 세 가지 전제를 믿는 사람들은 땅을 치며 안타까워할지도 모르겠다. 아득히 먼 과거, 인간 언어의 본래 모습을 발견할 기회를 영영 놓쳤다면서 말이다. 하지만 대부분의 사람은 이 실험을 어리석은 왕이 황당한 믿음에 따라 벌인 기이한 실험이라고 여길 것이다. 특히 20세기 초중반까지 주류 이론이었던 행동주의 심리학의 관점에서 보면 이런 반응은 당연한 것이었다.

행동주의에서는 언어 학습이 자극과 반응, 그리고 강화라는 피드백 고리에 의해 이루어지는 것으로 본다. 흔히 행동주의를 종소리로 개에게 침을 흘리게 하는, 단순한 행동의 학습만을 설명하는 것이라고 오해하지만, 스키너 같은 행동주의 심리학자들은 동물들에게 복잡한 행위를 가르치는 것이 가능하다는 것을 실험을 통해 증명한 바 있다. 그러니 언어 학습과 같이 고도로 복잡한 행위도 같은 메커니즘을 가진 것으로 여긴 것은 당연하다.

행동주의 심리학은 제2차 세계대전 당시 전장으로 투입되는 미군들을 위해 만들어진 외국어 교수법의 토대가 된다. 그 교수법이란 일명 '아미 메소드(army method)'라고도 불리는 '청각구두식 교수법(audio-lingual method)'이다. 뭔가 심오한 방법 같지만, 우리는 이미 이 교수법에 대해서 잘 알고 있다. 외국어를 배울 때 교사가 학생들에게 끊임없이 반복하는 주문 '자, 듣고 따라 하세요!'가 바로 청각구두식 교수법에서 사용하는 전형적인 기법이다.

빈 서판(tabula rasa). 행동주의자들은 아이들은 아무것도 쓰여 있지 않은 백지와도 같은 상태로 태어난다고 여긴다. 아이들이 빈 서판을 채워나가기 위해서는 경험을 통과해야 한다. 프삼티크 1세의 실험처럼 아무도 없는 황야에 아이들을 던져두고 몇 년을 기다려도 아이들이 저절로 말을 하는 일은 없을 것이다. 빈 창고에 하얀 칠판을 걸어놓고 몇 년을 기다려도 칠판이 저절로 글자들로 채워지는 일은 없는 것처럼. 행동주의 입장에서 보면 언어적 자극을 못 받은 아이가 말을 한다는 것은 헛소리다. 아이들이 가지고 있는 빈 서판에 보이지 않는 유령이 글을 써두었다는 이야기가 되니까.

* * *

촘스키라는 언어학자가 등장하지 않았다면 앞의 세 가지 전제는 엉뚱한 전제군주의 망상으로만 기억됐을 것이다. 그러나 그 세 전제는 촘스키에 의해 현대언어학의 주류 이론으로 재탄생한다.

먼저 촘스키는 습관에 의해 언어가 학습된다는 행동주의를 비판하는데, 그 근거는 이렇다. 행동주의가 맞다면 아이들은 습득 과정에서 언제나 자신이 모방한 것만 말해야 한다. 하지만 그 모방도 완벽하지 못하기 때문에, 행동주의 관점을 따른다면 아이들은 무작위적인 실수를 저지를 수밖에 없다. 그런데 아이들은 한 번도 들어보지 못한 창의적인 발화를 무한히 생산해내며, 매우 효율적으로 규칙을 습득한다. 무엇보다도 촘스키는 '빈곤한 자극'에도 불구하고 새로운 말을 생산해내는 인간의 언어 능력은 행동주의로 설명할 수 없다고 보았다.

크리올어가 여기에 해당한다. 19세기 하와이 사탕수수농장에 일하러 온 여러 국가 출신의 노동자들처럼, 각기 다른 언어를 사용하는 사람들이 공동체를 이루고 살아가야 하는 경우를 생각해보자. 그들은 몇몇 어휘와 아주 간단한 문법으로 대충 만들어진 언어인 '피진어'를 사용한다. 이 불완전한 언어 피진어는 이 공동체에서 나고 자라나는 아이들을 통해 완벽한 자연언어인 크리올어로 진화하게 된다. 이런 크리올어의 출현을 행동주의 관점에서는 설명하기 어렵다. 아이들이 자라면서 배운 피진어는 그야말로 '빈곤한 자극'의 전형인데, 이런 빈곤한 자극 속에서 완벽한 언어를 만들어냈기 때문이다. 행동주의의 영토는 점점 줄어든다.

촘스키는 이렇게 설명한다. 인간은 빈 서판으로 태어나는 것이 아니라, 이미 선천적으로 언어 능력을 갖고 태어난다고. 그렇지 않으면 아이들이 무서운 속도로 언어를 습득하는 현상을 어떻게 설명할 수 있겠느냐고. 촘스키는 프삼티크 1세가 인류 언어의 기원이라고 여긴 '프리기아어' 자리에 '보편문법'을 끼워넣는다. 촘스키가 말하는 보편문법이란 인간이라면 누구나 동일하게 갖고 태어나는 것이다.

인간 정신 심층에 깔려 있는 추상적 체계인 보편문법은 주위 환경의 언어적 자극에 맞춰 우리가 사용하는 개별 언어로 변형되어 드러난다. 보편문법의 존재를 인정하면, 불완전한 언어인 피진어를 사용하는 부모들 밑에서 자란 아이들이 완벽한 언어를 만들어낼 수 있었던 이유를 설명할 수 있다. 그러니까 아이들은 이미 태어날 때부터 보편문법을 가지고 태어났고, 그 보편문법을 피진어 환경에 맞게 변형시킨 것이 크리올어인 것이다.

    반대로 생각해볼 수도 있다. 촘스키의 주장이 맞다면, 지구상의 어떤 언어든 예컨대 그것이 한국어든 독일어든 우르두어든 상관없이, 그 근원은 모두 보편문법이 된다. 이 때문에 촘스키는 구체적으로 드러난 개별 언어의 현실은 언어학의 연구 대상이 아니라고 보았다. 그가 보기에 언어학자들이 천착해야 하는 진정한 주제는 고도로 추상화된 수학적 체계인 보편문법의 문제였다. 모르긴 몰라도 촘스키는 자신이 언어학을 진정한 과학의 길로 이끌었다고 생각했을 것이다.

    이제 남은 것은 배달부의 문제다. 이 보편문법은 누구의 손에 맡겨졌다가 어떻게 전달되는가? 프삼티크 1세 시절에 이런 일을 할 수 있다고 여겨질 만한 배달부는 신밖에 없었다. 그러나 20세기에는 또 다른 배달부를 생각해볼 수 있었다. 바로 유전자다. 촘스키와 그의 추종자들은 언어가 뇌의 어딘가에 유전적으로 프로그램되어 있다고 주장한다. 이 주장을 인정하면, 아이들이 때가 되면 알아서 언어를 습득하는 이유도 설명이 가능해진다. 인간은 왜 그렇게 언어를 잘 습득하는가? 왜냐하면 인간은 유전적으로 언어 본능이라는 것을 가지고 있기 때문이다. 이런 언어 본능은 다른 동물들에게서는 찾아볼 수 없는 인간만의 것이다.

촘스키가 보기에 언어는 인간과 동물을 구분하는 거대한 벽이다.

언어는 정말로 인간 유전자에 새겨져 있는가? 이 주장은 검증할 수 없는 질문으로 남아 있었다. 그러다 2001년 옥스퍼드 과학자팀이 KE라는 영국의 가족들에 대한 연구 결과를 발표하면서, 언어 유전자에 대한 논쟁은 새로운 국면을 맞이한다. 심각한 언어장애가 있는 이 영국인 가족들의 유전자를 검사한 결과, FOXP2라는 유전자에 문제가 있다고 밝힌 것이다. 이 발표에 고무된 일부 학자들은 FOXP2를 '문법유전자'라고 주장하기 시작했다. 촘스키의 주장이 드디어 증명됐다고 생각한 것이다. 이 연구 결과는 가설로만 머물던 아인슈타인의 상대성이론이 사실임을 증명한 1919년 에딩턴의 일식 관측과 비견될 만했다.

그러나 반전이 일어난다. 문법유전자 FOXP2는 인간에게만 존재하는 것이 아니라 쥐나 카나리아 같은 동물에게도 있으며, 쥐의 발성이나 새의 노래에 개입한다는 사실이 밝혀진 것이다. 옥스퍼드팀의 발표는 에딩턴의 일식 관측이 아니었다. 오히려 인간과 동물의 차이를 강조하던 촘스키의 주장은 입지가 좁아지게 된다. 의사소통과 관련해서 인간이 다른 동물들과 공동의 유전적 기반을 갖고 있다는 것이 밝혀졌기 때문이다. 그렇다면 자연스럽게 이런 질문을 던져볼 수 있을 것이다. 인간이 아닌 동물은 단어를 이해하고 사용할 수 있는가?

* * *

'영장류를 이용한 실험적 의료 및 수술 연구소(Laboratory for Experimental Medicine and Surgery in Primates, 이하 LEMSIP)'라는 긴 이름을 가진 연구소가 있다. 1995년 미국 ABC방송국의 주선으로 로저 파우츠(Roger Fouts)라는 과학자가 13년간 LEMSIP에서 살고 있는 한 침팬지를 찾아가 미국 수어로 말을 건넸다. "안녕, 부이!" 그러자 침팬지가 수어로 대답했다. "부이, 부이, 나 부이야." "그래, 넌 부이, 넌 부이야." "먹을 걸 줘, 로저!"[3]

기원전 7세기 이집트의 파라오는 사람의 아이를 가지고 실험을 할 수 있었다. 20세기의 과학자들은 사람의 아이를 실험 대상으로 삼을 수 없었다. 과학자들은 사람 아이의 대체제를 찾는다. 과학자들이 찾은 대체제는 침팬지나 보노보 같은 유인원들이었다. 하지만 침팬지가 인간의 말을 하도록 가르치려는 초기의 시도는 실패로 끝난다. 침팬지 같은 영장류의 발성기관은 인간의 그것과는 달랐기 때문에 인간과 같은 소리를 내는 것 자체가 원천적으로 불가능했다.

1970년대 오클라호마주에 있는 영장류연구소에서 근무하던 부부 과학자 앨런과 베아트릭스 가드너(Allen and Beatrix Gardner)는 초기 영장류 언어 연구의 문제점을 깨닫고 암컷 침팬지 와쇼에게 미국 수어를 가르친다. 이 시도는 성공적이어서 와쇼는 수백 개의 기호를 배우며 일약 화제의 중심이 된다. 이 프로젝트는 다른 침팬지들을 대상으로 확대되었다. 로저 파우츠는 가드너 부부의 제자였고, 부이는 와쇼 이후 수어를 익힌 어린 침팬지들 중 하나였다. 당시 부이의 수어 학습도 성공적이어서 수년간 50개 정도의 단어를 익힐 정도였다.

그러다 파우츠는 영장류 감옥의 간수와 같은 역할을 하고 있다는 생각에 양심의 가책을 느끼고 연구소를 떠나게 된다. 하지만 파우츠가 가르치던 대부분의 침팬지는 영장류연구소에 그대로 남았다. 1982년, 영장류연구소는 부이를 비롯한 20여 마리의 침팬지를 LEMSIP에 팔아넘긴다.

1995년, ABC에서 부이와의 만남을 주선하겠다고 제안했을 때 파우츠는 부이를 구할 수 있지 않을까 하는 생각으로 제안에 응한다. 실제로 부이와의 만남이 TV로 방영된 지 5개월 후 부이는 LEMSIP의 감옥에서 벗어날 수 있었다. 시청자들의 격렬한 항의 덕분이었다.

***

13년 동안 인간과 대화를 하지 못했고, LEMSIP에서 그저 생체실험 대상으로만 취급받았지만, 부이는 수어를 기억하고 있었다. 그렇다면 유인원에게 언어를 가르치는 프로젝트는 성공이었다고 할 수 있지 않을까? 그렇다고 자신 있게 답하고 싶지만, 여전히 뭔가 부족한 부분이 있다. 사실 와쇼나 부이는 인간의 진정한 대화 상대라고 하기에는 무리가 있었다. 물론 파우츠와 부이의 대화("먹을 걸 줘, 로저!")에서도 확인할 수 있듯이, 와쇼와 부이는 먹이나 자신이 원하는 것을 요구할 때는 언어를 성공적으로 사용했다. 그러나 거기까지였다. 그들은 요구할 줄은 알았지만 상대방의 말을 들을 줄은 몰랐다. 유인원 언어 연구자인 수 새비지 럼보(Sue Savage-Rumbaugh)는 와쇼의 언어가 '일방통행로'였다고 지적한다.

여기서 잠깐, 부이가 수년 동안 50여 개의 단어를 익혔다는 사실을 다시 상기해보자. 인간이 아닌 동물이 50여 개의 단어를 학습했다는 사실 자체가 대단해 보일 수 있지만, 하루에 수십 개의 단어를 습득하는 인간 아이와 비교하면 수년의 노력을 기울인 결과가 너무나 보잘것없다는 것을 알 수 있다. 게다가 의사소통의 양상도 일방향적이다. 무엇이 문제였던 걸까? 인간의 언어를 학습할 수 있는 침팬지의 능력에 한계가 있다는 것을 의미하는 것일까? 아니면 교육 방식의 문제였던 것일까?

수 새비지 럼보는 언어를 직접적으로 교육하는 방식이 문제라는 것을 밝혀냈다. 침팬지들은 특정 기호와 의미를 연결시키는 훈련을 수없이 반복해야 했다. 교실에 앉아서 외국어를 배울 때 '자, 듣고 따라 하세요'를 지겹도록 반복하는 것을 생각하면 된다. 수 새비지 럼보도 수년 동안 마타타라는 보노보를 같은 방식으로 가르쳤지만 성공적이지 못했다. 그러던 어느 날 깨달음의 순간이 찾아온다. 마타타의 새끼 칸지가 기호를 사용해서 수 새비지 럼보에게 말을 건 것이다. 칸지는 어미 마타타의 수업을 옆에서 지켜보기만 했을 뿐 직접적으로 교육을 받은 건 아니었다. 이후 보노보들은 생활 속에서 상호작용할 때 풍부하게 언어를 노출시키는 방식으로 교육받게 된다. 그 결과, 칸지는 와쇼나 부이의 한계를 뛰어넘어 수백 개의 문장을 이해할 뿐만 아니라 새로운 단어를 만들고, 새로운 상황에 대응해 문장을 만드는 능력을 갖게 되었다.

***

다시 고대 이집트로 돌아가보자. 프삼티크 1세의 아이들은 어떻게 '베코스'라는 말을 하게 되었을까? 아이들은 평균적으로 생후 1년이 지났을 때 첫 단어를 발화하게 된다. 그런데 이집트의 아이들이 베코스라는 말을 한 것은 생후 2년 정도의 시기였다. 이 차이를 어떻게 설명해야 할까?

우선 첫 단어가 출현하기 전에도 아이들과 성인들이 일명 '원시대화'라고 불리는 의사소통을 한다는 점을 이해할 필요가 있다. 아이들은 자신의 호흡, 표정, 억양, 제스처 등을 통해 성인들과 소통한다. 예를 들어, 아이들은 두 손을 위로 쭉 뻗는 동작을 하는데 이는 자신을 안아달라는 의사를 표현하는 것이다. 이처럼 아이들을 보살피는 과정에서 성인들과 아이들은 끊임없이 상호작용을 한다.

만약 이집트 아이들을 키우는 양치기나 유모가 침묵 속에서 어떤 상호작용도 하지 않고 밥만 먹였다면 어땠을까? 아이들은 이런 원시대화를 할 기회를 원천적으로 박탈당했을 것이다. 그러나 그렇게 철저히 상호작용을 차단했을 가능성은 적다. 우는 아이를 생각해보자. 아이가 계속 울 때 아무런 조치를 취하지 않고 울음을 그칠 때까지 그냥 방치하는 경우도 생각해볼 수 있다. 그러나 그런 식으로 아이들을 관리했을 경우, 살아남는 아이는 거의 없었을 것이다.

파라오가 내건 조건은 말을 하지 말라는 것이었지, 아이들을 돌보지 말라는 것은 아니었다. 우는 아이를 달래기 위해 양치기나 유모는 일단 아이를 안고 눈을 맞추고 어르거나 하는 행동을 했을 것이다. 말은 금지되어 있었지만, 이 과정에서 다양한 억양이나 표정 등을 통한 원시대화가 이루어졌을 수 있다. 하지만 원시대화는 언어 자극의 부재를 보완하지 못한다. 언어 습득이 진행되기 위해서는 궁극적으로 언어 자극이 필요한데, 프삼티크 1세의 아이들은 이런 언어를 제공받지 못했다. 결국 이런 언어 자극의 부재는 첫 단어의 출현을 다른 아이들에 비해 1년이나 더 걸리게 만든 원인으로 작용했을 것이다.

* * *

현대의 연구자들은 프삼티크 1세처럼 남의 아이를 납치해 실험하는 대신, 자신이 아이들을 키우면서 관찰하는 방식을 취한다. 육아를 하는 과정에서 아이들의 발화를 수집하고 이를 분석하는 것이다. MIT 교수 데브 로이(Deb Roy)도 아이를 둘러싼 환경이 어떻게 언어를 만들어내는지 탐구하기 위해 자신과 가족의 삶을 통째로 녹화하는 실험을 감행했다. '스피치홈(speechhome)'이라 이름 붙인 프로젝트에서 데브 로이는 자신의 아들이 태어나 자기 집 현관문을 들어오는 순간부터 이후 3년 동안 모든 순간을 집안 곳곳에 설치된 11대의 특수 카메라, 14개의 녹음기로 기록했다. 데브 로이 스스로 '세계 최대의 홈비디오'라고 이름 붙인 이 녹화 자료에는 양육자들과 아이가 상호작용하는 과정이 모두 기록되었는데, 놀라운 점은 단어들이 출현하는 시점과 상호작용의 양상을 시간의 흐름에 따라 추적할 수 있다는 점이다.

    TED 강연 영상에서 데브 로이는 아들이 양육자들과 '물'과 관련된 상호작용을 하는 장면들을 편집해 연결한 음성 자료를 들려준다. 물을 '가가'라고 부르던 아이는 긴 여정 끝에 '워터'라는 단어를 만들어낸다.[4] 이 자료는 '워터'라는 발음에 도달하기 위해서 아이가 '가가'라는 원시단어를 '물'을 가리키는 의미로 사용하는 단계를 거쳐야 한다는 것을 보여준다. 이 단계를 생략하고 아이가 '워터'라는 단어를 탄생시킬 수는 없다. 이 부분에서 이런 생각이 떠오른다. 프삼티크 1세의 아이들은 이런 원시단어를 발화할 기회가 있었을까?

    데브 로이는 양육자들의 발화 길이와 아이의 단어 습득 관계를 보여주는 그래프를 제시한다. 행동주의 관점에서 보면, 아이들이 단어를 습득하기 위해서는 더 많은 자극이 필요하다. 그렇다면 어른들의 발화는 아이들이 단어를 습득하는 시점까지 점점 더 길어져야 한다. 그러나 그래프는 정반대의 패턴을 보여준다.

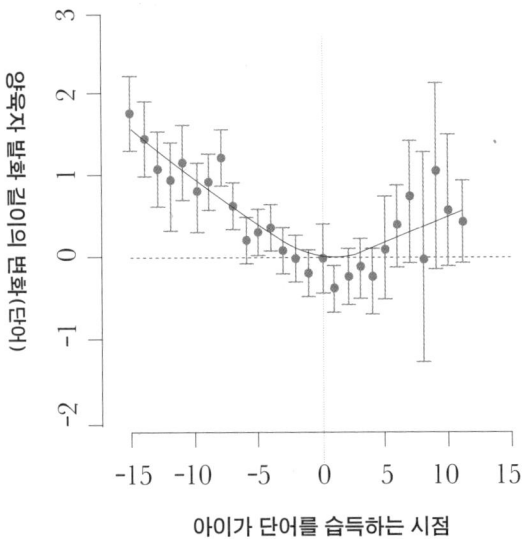

양육자의 발화 길이와 아이의 단어 습득 관계

그래프를 보면 어른들이 아이들이 단어를 습득하는 시점까지 체계적으로 어른들의 발화 길이가 줄어든다는 것을 확인할 수 있다. 발화의 길이는 아이가 단어를 습득하는 시점까지 계속 줄어든다. 아이가 '가가'라고 말을 할 때 어른들은 아이에게 피드백을 한다. 이때 어른들은 발화의 길이를 아이에 맞춰 체계적으로 줄여나가는데, 이런 피드백이 수없이 반복되면서 아이는 결국 '워터'라는 단어를 말할 수 있게 된다. (촘스키는 '빈곤한 자극'을 이야기했지만, 이렇게 양육자와 아이 사이에 끊임없는 피드백 고리가 작동하는 것을 보면 그의 주장이 틀렸다는 것을 알 수 있다.) 아이가 단어를 습득한 후 어른들의 발화는 다시 길어진다. 데브 로이는 모든 단어의 습득에서 이 과정이 무의식적이지만 '체계적'으로 나타난다고 설명한다.

    이어서 데브 로이가 보여주는 것은 '단어 풍경'이다. 단어 풍경은 집안 각 장소에서 이루어지는 상호작용 및 단어 사용의 양상과 그 빈도를 시각화한 것으로, 이를 통해 양육자와 아이가 어떻게 사회를 만들어가는지 보여준다.[5] 예를 들어, 현관 앞에서 외출하는 어른과 배웅하는 어른이 발화하는 '안녕'이라는 말이 쌓이고 쌓여서 높은 산을 이룬다. 아이는 현관 앞에서 외출하는 양육자와 상호작용하는 과정에서 '안녕'이라는 말을 듣게 된다. 아이는 '안녕'이 어떤 의미를 갖고, 언제 어느 상황에서 누구에게 어떤 방식으로 사용하는지를 관찰한다. 더 나아가 '안녕'이라는 의미를 가진 원시단어의 산출을 시도하고 그 산출에 대한 양육자들의 반응 또한 확인한다. 그런 과정을 반복하다 결국 아이는 현관 앞에서 '안녕'이라는 단어를 탄생시키게 될 것이다.

    데브 로이는 아이가 언어적 환경에서 배우지만, 어른들도 아이에게 배운다고 설명한다. 이 설명에서 우리는 인간이 단어를 산출하고 이해하는 것이 단순히 지시 대상과 소리를 연결할 줄 아는 것만이 아니라는 것을 확인하게 된다. 단어는 화자가 보내고 청자가 받는 물건이 아니고, 단어를 익힌다는 것은 화자와 청자 사이에 물건 주고받기를 연습하는 것이 아니다. 단어를 익히는 것은 양육자와 아이가 서로를 조율하며 새로운 사회, 새로운 세계를 만들어가는 과정이고, 단어는 그 과정의 산물이다.

*　*　*

파라오의 아이들이 '베코스'라고 말했다는 기록이, 양치기들의 공모에 의해 거짓으로 보고된 것이 아니라 실제로 있었던 사실이며, 베코스가 단순한 따라 하기가 아니라 아이들이 분명한 의도를 가지고 일관성 있게 산출한 첫 번째 단어인 초어(한국 아이들은 '엄마', '아빠', '맘마', '물' 등을 초어로 산출한다)라는 두 가지 전제하에 파라오의 실험을 다시 생각해보자.

지금까지의 설명에서도 알 수 있겠지만, 아이들이 어느 날 갑자기 신의 계시를 받은 것처럼 이 단어를 말하는 것은 불가능하다. 일단 이 아이들은 양육자에게 보살핌을 받는 과정에서 원시대화를 했을 가능성이 있다. 이는 극단적으로 열악한 환경이지만 발화를 제외한 다양한 방식으로 아이들과 지속적인 상호작용을 했다는 이야기다.

그러다 파라오의 명령을 어기기로 결심한 누군가에 의해 '베코스'라는 단어가 선정되고, 그 후 이 단어가 아이들에게 반복적으로 노출되었을 것이다. 그런데 이때의 노출은 단순하게 베코스라는 음성과 빵이라는 지시 대상을 연결해 인지하도록 하는 단순 반복이 아니었을 것이다. 그 '누군가'는 아이들과 빵과 관련된 상호작용을 지속적으로 하면서 자연스럽게 베코스라는 단어를 사용했을 것이다.

*　*　*

프삼티크 1세는 자신이 실존했던 인물임을 거대한 석상으로 증명했다. 그러나 그가 수행한 실험의 비밀은 영원히 확인할 길이 없다. 다만 가능성이 크다고 여겨지는 것은 이런 것이다. 베코스라는 말을 한 아이들을 누군가가 안아줬을 거라는 것. 그리고 그 아이들에게 배가 고픈지, 빵을 먹고 싶은지, 빵이 맛있는지, 더 먹고 싶은지 묻고 반응을 관찰했을 거라는 것. 아이들도 그 누군가의 의도를 읽고 그에 맞춰 반응했을 거라는 것. 그렇게 그들만의 작은 사회를 만들었을 거라는 것. 그리고 그 흔적이 베코스라는 단어라는 것.

로저 파우츠는 카메라 앞에서 부이에게 말을 걸고 부이가 감정을 가진 존재, 다정하고 똑똑한 아이와 같은 면모를 가진 존재임을 부각시킴으로써 결국 부이를 감옥에서 탈출시킬 수 있었다. 자신의 책에서 파우츠는 자신이 과학자의 가장 중요한 규칙인 '연구 대상을 사랑하지 말라'는 금기를 어겼다고 말한다.[6] 하지만 이 규칙을 어김으로써 파우츠는 자신이 사랑하는 대상을 버렸다는 죄책감에서 벗어날 수 있었다.

2,700여 년 전, 고대 이집트. 파라오의 명령에 의해 죄 없이 감금된 아이들에게 베코스라는 말을 가르치기로 결심한 누군가도 파우츠와 같은 길을 걸은 것인지도 모르겠다. '연구 대상을 사랑하지 말라'는 규칙을

깨는 길 말이다. 어쩌면 베코스라는 단어는 그 깨진 규칙의 증거일지도 모른다.

7장 테라 인코그니타

1. 나무 지도 — 우미비크, 아마살리크

1880년 어느 날. 아마살리크(Ammassalik)의 하늘은 이미 어둑해졌다. 카약의 머리를 돌려 집으로 돌아가는 길, 사냥을 나올 때는 없었던 유빙이 길을 막고 있다. 우미비크(Umivik) 출신 이누이트 남자는 바다코끼리떼처럼 촘촘히 붙어 있는 유빙들 때문에 변해버린 풍경을 훑어본다. 저 유빙들을 뚫고 이 해역을 통과하는 것은 불가능하다. 그렇게 남자는 자신이 가장 잘 알던 공간에서 길을 잃고 추방당한다. 남자는 아무렇지 않게 팔을 뻗어 카약 바닥에 던져져 있던 넓적한 나무판을 들어올린다. 그러고는 나무에 새겨진 굴곡들을 장갑 낀 손으로 더듬는다.

이 나무판은 지도다. 보는 지도가 아니라 만지는 지도인 이 나무판은 추방당한 남자를 익숙한 자신의 세계로 이끌어줄 유일한 통로다. 눈비에 젖어도 사용할 수 있고, 바다에 떨어뜨려도 금방 떠오르는 이 지도를 이용해 이누이트들은 시시각각 변하는 북극의 바다를 항해한다.

남자는 그린란드 남동부의 아마살리크섬 해안을 더듬는다. 정확히 말해 그가 손가락으로 찾는 것은 아마살리크의 군도 사이에서 표류 중인 자신의 카약이다. 어둠 속에서 희미한 해안가의 경계를 찾아내고, 바람의 방향을 느끼고, 물길의 흐름을 읽어본다. 그러고는 장갑 낀 손끝으로 나뭇결의 각도와 작은 상처, 살짝 튀어나온 돌기들의 의미를 읽어낸다.

마침내 남자는 나무 지도 속에서 유빙에 떠밀려 표류하는 자신을 발견한다. 나무 지도는 근처 해변에 낡은 헛간이 있다는 것도 가르쳐준다. 서두르면 유빙에 바다가 닫히기 전 은신처에 닿을 수 있을 것이다. 남자는 노를 저어 오늘 밤 그의 거처가 될 해변으로 향한다.

우미비크에서 1880년대에 만들어졌다고 추정되는 이 나무 지도에는 21세기 아마살리크의 모습은 없다. 아마살리크는 지금 녹아 없어지고 있는 중이기 때문이다. 2000년대 후반 아마살리크는 녹아내리는 빙하의 모습이 찍히는 장소로 뉴스에 등장했다. 하지만 지금은 그나마 남은 빙하마저 녹아버렸는지 더 이상 뉴스에도 등장하지 않는다. 우미비크의 나무 지도는 빙하가 녹기 전 아마살리크의 모습을 담은 유일한 기록인지도 모른다. 손의 감각만으로 과거의 세계를 읽어내고 복원할 이누이트들은 이제 없다. 그렇게 나무 지도의 세계, 빙하가 녹기 전 아마살리크 땅은 이제는 알 수 없는 미지의 땅, 테라 인코그니타(Terra Incognita)가 되었다.

2. 단어 지도 — 스트레스

"그래서, 제가 참다참다 대학원 동기들에게 그렇게 말했어요. '야! 나도 그 스트레스 좀 같이 받아보자!'"
중국 옌볜의 대학에서 교수로 근무하는

지석(가명)은 한중 수교 후 처음으로 한국 땅을 밟은 조선족 1세대 유학생이다. 어느 식사 자리에서 지석은 대학원에 들어가서 겪었던 일화를 들려주었다.

"한국이 낯설기도 하고 옌볜 조선어도 한국어와 달라서 좀 애를 먹기도 했는데, 금방 적응했어요. 사람들하고도 친해지고. 그런데 내가 모르는 이상한 말 하나 때문에 미치겠더라고. 나만 빼고 내 동기들은 모두 스트레스를 받는다는 거예요. 실험을 하면서 다들 매일 스트레스 받는다고 난리인데, 생각해보니 나만 못 받는 거라. 그래서 이 친구들이 나를 따돌리나, 이런 생각을 했어요. 그러다가 결국 말했죠. 너희들 받는 스트레스 나도 좀 같이 받자고."

지석에게 '스트레스'라는 말은 이누이트 남자가 바닷길에서 만난 유빙과도 같은 것이다. 유빙이 이누이트 남자에게 익숙한 공간을 미지의 공간으로 변화시켰듯이, 스트레스라는 말의 의미를 몰랐던 지석은 자신이 알고 있다고 생각했던 한국어 대화의 공간이 갑자기 불가해한 공간으로 변하는 것을 목격한다. 그에게 스트레스와 관련된 대화는 미지의 땅, 테라 인코그니타가 된다. 이 상황에서 벗어나기 위해 그는 스트레스의 '의미'를 찾아야 한다. 그런데 이 스트레스의 의미는 어디에 있는가?

'의미'가 무엇인지 생각할 때마다 나는 지도를 떠올린다. 단어는 내게 공간이기 때문이다. 텅 비어 있는 공간이 아니라 무수히 많은 관계로 구성된 영역. 그러니까 단어는 지도다. 그 지도가 보여주는 무수한 지형과 풍경, 그들 사이에서 생겨나는 역동적인 관계.

하지만 사전적 의미에서는 이런 지형을 읽어내기가 힘들다. 스트레스의 사전적 의미를 살펴보자.

스트레스: 적응하기 어려운 환경에 처할 때 느끼는 심리적·신체적 긴장 상태.

이런 사전적 의미를 파악하면 스트레스의 의미를 아는 것일까? 언어 표현이 외부의 사태를 그대로 반영한다는 객관주의적 입장을 가진 구조언어학이나 생성언어학에서는 그렇다고 본다. 이 객관주의적 입장은 다른 말로 본질주의라고 할 수 있다. 본질주의적 관점에서는 스트레스라는 실재가 분명히 존재한다. 즉, 스트레스의 명확한 원인이 외부에 있고 이런 조건이 갖춰졌을 때 스트레스를 전담해서 느끼는 부분이 뇌 어딘가에 분명히 존재한다고 믿는다. 그리고 단어는 그 실재를 그대로 반영한다. 이런 관점에서는 언어 사용자가 단어의 의미에 개입할 여지는 없다.

객관주의적 입장에서는 단어 내부에 고정적인 의미가 숨겨져 있다고 믿는다. 물질을 원자 단위나 분자 단위로 분해할 수 있듯이 단어의 의미도 이항대립하는 의미 자질들의 결합이라고 여기는 것과 같은 이치다. 예를 들어, '아이'의 의미는 [인간+, 성인-]이라는 의미 자질로 분석해서 이해할 수 있다는 것이다.

또한 객관주의적 입장에서는 단어 내부 구성 요소들의 의미를 결합하면 그 의미를 파악할 수 있다고 주장한다. '합성성의 원리'라고 부르는 이 주장에 따르면 '감기약'은 '감기'라는 증상과 '약'이라는 치료제의 의미가 합성되어 '감기를 치료하는 약'이라는 의미를 갖게 된다. 그러나 합성성의 원리로는 해석되지 않는 것들이 더 많다. 예를 들어, '쥐약'은 쥐를 치료하는 약이 아닌 쥐를 죽이는 약이며, '구두약'도 구두를 치료하는 약이 아니라 구두를 윤나게 하는 데 사용되는 제품을 가리킨다. 이처럼 단어 내부의 사전적인 의미만을 가지고 단어의 의미를 파악하는 것은 불가능하다. 즉, 구두약의 의미를 안다는 것은 구두는 광이 나도록 닦아서 신는 신발이며, 구두에 광을 내기 위해서는 그 용도로 만들어진 제품을 이용해야 하고, 이 제품은 약국이 아닌 상점에서 구입해야 한다는 사실 등등을 아는 것이다.

사전적 의미를 중시하는 객관주의의 한계 때문에 인지언어학에서는 의미에 대한 주관주의적 입장을 취한다. 인지언어학에서는 의미란 본래 백과사전적이며, 단어는 이런 백과사전적 지식에 접근할 수 있는 지점일 뿐이라고 설명한다. 즉, 단어는 듣는 사람의 지식 연결망의 특정 지역을 활성화하도록 하고, 사용 문맥마다 서로 다른 지역이 서로 다른 정도로 활성화되도록 하는 도구다.[1]

이런 입장에서 보면, 스트레스라는 말을 난생처음 접하는 사람이 스트레스의 사전적 정의를 읽고서 스트레스의 의미를 이해하게 되는 것은 불가능하다.

스트레스라는 말을 이해하기 위해서는 언어 사용자가 '몸소' 스트레스라는 말을 중심으로 구성되어 있는 다양한 삶의 지형을 통과해야 하기 때문이다. 다시 말해, 스트레스라는 말 자체에는 의미가 없다. 스트레스라는 말의 의미를 이해하려면 이 단어가 품고 있는 지도를 확보해야 한다.

　　　스트레스라는 단어 지도가 보여주는 풍경은 대강 이럴 것이다.

　　　이 지도의 북쪽에는 스트레스를 받는 수많은 장소가 펼쳐져 있다. 회의 중인 직장 사무실, 무미건조한 수업이 진행되고 있는 교실, 차와 사람이 뒤엉켜 있는 복잡한 거리, 잊을 만하면 날아오는 각종 청구서가 쌓여 있는 식탁 위 등.

　　　남쪽에는 스트레스를 주는 구체적인 상황들이 그려져 있을 것이다. 쉴 새 없이 울리는 SNS 메신저, 극한의 더위나 추위 견디기, 이해할 수 없는 시험 문제 풀기, 산더미처럼 쌓여 있는 설거지, 잠을 청하려고 하는데 시끄럽게 코를 고는 가족, 좋아하는 음식을 파는 식당에 갔는데 내 앞에서 재료가 떨어지는 장면 등.

　　　동쪽으로 눈길을 옮겨보자. 이 구역에는 스트레스를 주는 사람들이 모여 있다. 방문을 닫고 들어가버린 사춘기 자녀, 웃는 얼굴로 실적을 더 올리라고 독촉하는 직장 상사, 문자를 보내도 답이 없는 연인, 길 한가운데 앉아 시끄럽게 떠드는 취객 등.

　　　서쪽에는 스트레스를 받았을 때 취하는

행동들('아, 스트레스 받는다!', '스트레스 땜에 짜증나니까 나 건들지 마'라고 말하기 등), 스트레스를 받고 있는 사람 앞에서 취해야 하는 행동들(위로하기, 자기도 스트레스 받는다고 말하기, 스트레스 주는 사람 같이 험담하기 등)처럼 스트레스와 관련된 다양한 행동들의 목록이 묘사되어 있다.

그리고 지도의 중심. 이 부분에는 근육의 경직, 답답함, 가슴 떨림, 불규칙한 호흡, 졸음, 짜증 같은 스트레스 받을 때 느낄 수 있는 신체의 증상들과 다양한 감정들이 설명되어 있을 것이다.

이처럼 스트레스라는 단어 지도가 보여주는 지형의 풍경은 다양하고도 복잡하다. 스트레스의 의미는 말 속에 숨겨져 있는 것이 아니라 스트레스라는 단어를 둘러싼 많은 개념과 행위들이 만들어내는 복잡한 지형 속에 있다.

지석이 '스트레스'라는 말을 이해하게 된 것은 사전적 의미를 통해서가 아니다. 그가 이 단어를 이해할 수 있었던 것은 유학생활 도중 주위 사람들과 나눈 수많은 대화와 관찰을 통해 스트레스를 둘러싼 지형을 익혔기 때문이다. 어느 순간, 지석은 스트레스가 주기도 하고 받기도 하는 것이지만 여러 사람이 같이 사이좋게 나눠 받는 것은 아니라는 사실을 깨달았을 것이다. 그렇게 그는 스트레스라는 말을 들을 때 자신의 정신 공간 속에서 스트레스라는 단어의 지도를 펼칠 수 있게 되었을 것이다.

단어 내부에는 의미의 희미한 흔적만 있을 뿐 진짜 의미가 없다. 단어는 이누이트족의 나무판처럼 그 단어를 둘러싼 세계를 보여주는 지도, 접속 지점으로서만 기능할 뿐이다. 진짜 의미란 언어 사용자가 그 지도를 읽어낼 때 비로소 생겨난다.

3. 코르테스 지도 — 테노치티틀란

테노치티틀란(Tenōchtitlan). 선인장의 땅. 신이 보낸 독수리가 건설할 도시의 위치를 알려주었다는 전설이 전해 내려오는 곳. 아즈텍제국의 수도였지만 지금은 그저 멕시코시티의 폐허로만 남은 곳.

아즈텍제국을 멸망시킨 후 에르난 코르테스는 자신이 정복한 도시의 지도를 그려 스페인 국왕 카를 5세에게 보낸다. 지도 속에서 도시는 호수 위에 떠 있고, 도시의 중앙에는 대규모 인신공양이 이루어지던 사원의 모습이 정사각형 안에 그려져 있다. 호수 위에는 카누를 타고 있는 사람들의 모습이 보인다. 아즈텍의 수도라고는 하지만 이 지도 속에 그려져 있는 집들은 빨간 지붕의 유럽 집들을 닮아 있다. 어쩌면 코르테스는 카를 5세에게 자신이 이탈리아 베네치아 같은 도시를 정복했노라고 자랑하고 싶었는지도 모른다.

하지만 이렇게 말하는 게 더 정확할 것이다. 당시 이 지도의 제작자에게는 '아즈텍인의 도시'라는 개념이 아직 형성되지 않았기 때문에 어쩔 수 없이 자신의 머릿속에 있는 유럽 도시의 이미지와 지식(대표적으로 베네치아)을 바탕으로 테노치티틀란의 풍경을 바라본 것이라고. 다시 말해, 이 지도는 있는 그대로의 테노치티틀란을 묘사한 게 아니라, '당시 유럽인이 도시에 대해 가지고 있는 지식 체계'라는 필터를 거쳐 재구성한 결과물이다.

여기서 '재구성'이라는 말을 보고 지도 제작자가 의도적으로 유럽인의 눈을 통해 테노치티틀란의 풍경을 묘사했다고 생각해서는 안 된다. 지도 제작자가 유럽인의 눈을 통해 아즈텍인들의 도시를 그린 이유는 그의 인지 체계가 '항상성'을 유지하려고 했기 때문이다. 즉, 우리가 어떤 사물과 조우했을 때 우리는 기존의 사물을 인지할 때 사용하던 인지 체계를 그대로 동원하려 하지, 새로운 인지 체계를 만들어서 적용하려고 하지 않는다.

이처럼 우리는 외부의 대상을 있는 그대로 바라보지 않는다. 우리는 어떤 개념을 통해서 외부의 자극을 재구성한다. 이 개념을 프레임이라고 해도 좋고, 이 글에서 비유하는 지도라고 말해도 좋다. 어찌 되었건 개념 없이 외부의 대상을 받아들이는 것은 불가능하다. 코르테스의 지도 사례처럼, 어떤 개념이 없다면 자신이 가지고 있는 인지 체계에서 다른 개념이라도 빌려와야 한다.

테노치티틀란의 지도를 만들어야 했던 지도 제작자는 처음 보는 종류의 도시를 지도로 묘사해야 했지만, 지도가 만들어지기 몇 년 전 아즈텍인들이 겪어야 했던 경험에 비하면 그의 당혹스러움은 그야말로 약과였다. 지도 제작자는 적어도 테노치티틀란이 '도시'라는 범주에 속한다는 것은 인식했지만, 아즈텍인들은 평생 듣도보도 못해 뭐라고 불러야 할지 모르는 생명체 앞에서 벌벌 떨기만 해야 했다.

움베르토 에코는 《칸트와 오리너구리》에서 코르테스의 지도가 그려지기 몇 년 전, 그러니까 아즈텍제국의 황제 몬테수마 2세가 침략자들의 소식을 전해들었을 때의 충격을 묘사한다. 전령들은 침략자들이 난생처음 보는 괴물을 타고 다닌다고 황제에게 전한다. 황제는 보고를 받고 혼란에 빠진다. 전령들이 괴물을 '마사틀'이라고 칭한 것이다. 황제의 지식 체계에서 마사틀과 괴물은 함께할 수 없는 범주였다.

이 대목은 전령들이 맞닥뜨린 문제가 무엇이었는지 보여준다. 전령들은 자신들이 목격한 거대한 괴물들을 설명할 방법이 없었다. 이 괴물은 너무나 생경한 존재였기 때문에 아즈텍 사회의 구성원들 중에서는 이 동물이 무엇인지 아는 이가 아무도 없었고, 당연히 이 동물을 어떻게 부르고, 어떻게 다뤄야 하는지에 대한 사회적 합의도 없었다. 이 상황은 스트레스라는 말을 몰라서 스트레스를 받은 지석의 사례와는 다르다. 지석은 모두가 스트레스가 무엇인지 알고 있는 사회에서 홀로 뚝 떨어진 경우였다. 하지만 아즈텍인들 중 그 누구도 자신들 눈앞에 있는 것이 무엇인지 설명할 수 없었다.

결국 전령들은 자신들의 지식 체계에서 괴물과 제일 유사해 보이는 개념을 빌려다 쓰기로 한다. 그들은 괴물을 '사슴'이라는 의미의 나우아틀어 '마사틀'이라고 불렀다. 하지만 이 거대한 마사틀의 진짜 실체는 사슴이 아닌

'말(馬)'이었다. 이 일화에 대해 에코는 아즈텍인들이 '우리는 사슴처럼 보이지만 사슴은 아닌 이러저러한 동물을 하나 보았다'라는 지각 판단을 내렸어야 했을 것이라고 분석한다.

침략자들과 전쟁을 치르는 와중에 아즈텍인들은 괴물 '마사틀'에 대한 개념을 서서히 형성해 나갔다. 여기서 개념을 형성한다는 것은 마사틀이 어떤 먹이를 먹는지(이 괴물은 고기를 먹지 않는다), 어떤 습성이 있는지(이 괴물은 생각보다 유순해서 이유 없이 사람들에게 덤벼들지 않는다. 그러니 이 짐승을 우연히 마주쳤다고 정글에서 재규어를 만난 것처럼 도망칠 필요는 없다), 사람들과 어떤 관계를 갖는지(이 괴물은 길들여서 사람이 타거나 물건을 싣고 다닐 수 있다), 이 동물 앞에서 어떻게 행동해야 하는지(이 괴물의 뒤에 서 있다가는 뒷발길질에 죽을 수 있다)를 알게 된다는 것이다.

이렇게 아즈텍인들은 '괴물 마사틀'에 대한 새로운 지도를 그리다가 결국 마사틀이라는 이름을 포기한다. 그 대신 아즈텍인들은 괴물을 스페인어로 말을 의미하는 카바요(caballo)의 변형인 카우아요(cauayo)나 카와요(kawayo)라는 말로 부르기 시작했다.[2] 아즈텍인들은 마사틀의 지도가 보여주는 풍경과 카바요의 지도가 보여주는 풍경이 전혀 다르다는 것을 깨달았던 것이다.

개화기 조선에서도 비슷한 일이 있었다. 1928년 12월에 발행된 《별건곤》 제16·17호의 〈각개각면 제일 먼저 한 사람〉이라는 코너[3]에서는 단발, 구미 유학, 자동차, 자전거, 양복, 신식 결혼, 과부 결혼, 부인이 상점을 내는 일, 재봉기계

사용, 염색 의복 등 각종 일을 제일 먼저 한 사람들에 대한 이야기가 소개되어 있다.

　　　　그중 눈에 띄는 것은 우리가 익히 알고 있는 한 역사적 인물이 뽐냈던 무시무시한 능력이다. 기사는 1895년 이 인물이 처음으로 한 행위와 그 행위에 대한 당시 조선인들의 반응에 대해 소개하고 있다. 19세기 말 무렵의 조선인들은 이 인물이 서양에 가서 양인의 축지법을 배워서 하루에 몇백 리 몇천 리를 다니며, 대포 소리와 같은 종을 울릴 수 있다고 생각했다. 이 인물에게 축지법을 배운 제자는 남대문을 '마음대로 훌훌 뛰어넘어' 다녔다고 회자된다. 이런 설명만 보면 우리가 전혀 몰랐지만 배트맨과 로빈 같은 슈퍼히어로가 그 시대에 있었던 게 아닐까 생각할 수 있을 것이다.

　　　　이 슈퍼히어로의 정체는 미국으로 망명했다가 다시 조선으로 돌아온 서재필이었고, 그의 축지법을 가능하게 한 물건은 자전거였다. 그리고 그에게 축지법을 배운 제자는 윤치호였다. 당시 조선인들에게 서재필은 귀신의 조화를 부리는 '조화꾼'이었으니, 그가 타고 다니는 탈것의 이름이 '도술로 땅을 줄여 달리는 차'라는 의미의 '축지차'로 불린 것도 이상한 일이 아니었다. 말을 처음 본 아즈텍인들이 두려움에 떨었듯이, 당시 조선인들에게도 축지차는 두려운 존재였다. 서재필과 윤치호가 자전거를 타고 가다 반대파에게 포위당했을 때, 자전거 벨을 한 번 울리자 사람들이 혼비백산 달아났다는 내용이 기사에 소개될 정도였다.

조선인들은 말이나 나귀가 아닌 안경 모양의 탈것을 이용해 빠르게 이동하는 광경, 그것도 거의 묘기처럼 보이는 자전거 타는 모습을 서재필을 통해 처음 접한다. 문제는 19세기 말 조선인들에게 이 사태를 설명할 수 있는 개념이 없었다는 점이다. 때문에 조선인들은 자신들이 이미 알고 있는 지식 체계에서 이 현상을 설명할 수 있는 개념을 가져와야 했다. 그 개념이 '도술'인 축지법이었다. 축지법을 행하는 인물 서재필과 축지법의 도구인 자전거는 당연히 두려움의 대상이 되었다. 물론 자전거에 대한 조선인들의 지식이 쌓이면서 자전거에 대한 환상은 금세 꺼져내렸다. 1928년에 나온 이《별건곤》기사에서는 자전거 이야기는 '3척 동자도 그다지 신통하게 여기지 않을' 거라고 설명하고 있다.

마사틀과 축지차의 사례는 어떤 사회에 존재하지 않았던 사물이 갑자기 출현했을 때, 그 사회의 구성원들이 그 사물에 어떻게 의미를 부여하는지를 보여준다. 말과 자전거의 의미는 아즈텍과 조선 사회에 미지의 영역, 테라 인코그니타였다. 그러나 말과 자전거를 둘러싼 사회구성원들의 행위가 계속 쌓이고 그 정보가 유통되면서, 다시 말해 사회구성원들에게 말과 자전거에 대한 백과사전적 지식이 축적되면서, 말과 자전거는 이해의 영역, 테라 코그니타가 된다.

이처럼 어떤 것을 이해하는 것은 특정 개인이 사전적 의미를 읽어서 해결할 수 있는 문제가 아니다. 이해란 사회 전체가 개입해서 백과사전적 지식을 생산하는 일이다. 그리고 의미는 그 생산 과정에서 발생한다.

4. 지도에 없음 — 전철우사거리

전철우사거리. 당신이 만약 이 거리를 지도 애플리케이션에서 검색한다면 찾을 수 없을 것이다. 이 거리는 공식적으로 존재하지 않는다. 그러나 광주 북구 지역 사람들은 약속을 잡을 때 '전철우사거리'에 있는 어느 식당에서 만나자고 이야기한다. 심지어 상호를 'ㅇㅇ식당 전철우사거리점'이라고 내거는 가게도 있다. 지도에는 그 이름이 없지만 이 거리는 분명 존재한다.

전철우사거리는 광주광역시 북구 용봉로의 음식점 거리 일대를 일컫는다. 오래전 탈북민 출신 사업가 전철우의 프랜차이즈 냉면가게가 있었는데, 그때부터 이 거리 일대는 전철우사거리라고 불렸다. 여기까지 들으면 그 거리의 이름을 전철우사거리로 부르는 것이 크게 문제 될 게 없다고 생각할 것이다. 그런데 상황을 자세히 들여다보면 이 지명을 사용하는 게 마뜩잖다는 것을 알게 된다. 현재 전철우사거리에는 전철우냉면집이 없기 때문이다. 심지어 이 냉면집은 십몇 년 전에 문을 닫았다.

'전철우사거리'의 본래 뜻을 사전적으로 정의할 수 있다면 '광주광역시 북구의 거리로, 전철우냉면집이 위치한 사거리 일대'라고 할 수 있을 것이다. 이때 전철우사거리의 의미를 규정짓는 가장 중요한 정보는 '전철우냉면집'이다. 그런데 냉면집이 없어지면서 '전철우사거리'의 의미 자질은 [광주광역시+, 북구+, 사거리+, 전철우냉면집+]에서, [광주광역시+, 북구+, 사거리+, 전철우 냉면집-]으로 바뀌었다. 하지만 이 거리는 여전히 '전철우사거리'라는 이름으로 불린다. 이는 소년[남성+, 성인-]이 아저씨[남성+, 성인+]로 변했는데도 여전히 소년이라고 부르는 것이나 마찬가지다.

   '의미는 곧 지시 대상'이라는 관점을 가진 형식의미론의 입장에서 보면, 광주 북구 용봉동 일대의 거리가 '전철우사거리'로 불리는 것은 말도 안 되는 소리다. 무엇보다도 형식의미론에서는 지시 내용이 참인지 거짓인지를 따지는 진리조건이 중시된다. '현재 프랑스 왕은 대머리다'라는 말은 의미를 가질 수 없다. 21세기 프랑스에는 왕이 없으며 따라서 이 말은 거짓이기 때문이다. '전철우사거리는 전철우냉면집이 있는 광주 북구의 사거리다'라는 명제의 진리조건도 거짓이기 때문에 의미를 가질 수 없다.

   이처럼 외부의 실재는 변했지만, 오래전 그 실재를 반영했던 언어는 변하지 않고 그대로 남는다. 참이었던 현실은 시간이 흘러 이제 거짓이 된다. 언어가 현실을 그대로 반영해야 한다고 생각하는 사람이라면, 즉 언어의 문자적 의미가 외부 세계의 실재와 일치해야 한다고 생각하는 사람이라면, 그는 거리의 이름을 반드시 바꾸고 싶어 할 것이다.

이런 이유 때문인지는 모르겠지만 전철우사거리를 관할하는 지자체에서도 이 거리의 이름을 바꾸고 싶어 했다. 2018년 지자체는 드디어 거리의 이름을 바꾸겠다고 선언한다. 거리 이름 변경의 주요 명분은 '특색화를 통한 지역 상권 활성화'였지만, 가장 중요한 근거는 거리 이름으로 쓰이고 있는 가게가 오래전 폐업해 없어졌다는 데 있었다. 의미는 곧 지시 대상이라는 논리가 적용된 것이다.

전철우냉면집이 없는 거리의 이름으로 새롭게 선택된 것은 '로고의 거리'였다. '의미=지시 대상'이라는 등식을 관철시키려는 듯 지자체는 예산 1억 원을 들여 원래 전철우냉면집이 있던 자리 옆에 '로고의 거리'라는 문구가 새겨진 3미터 높이의 지주 간판을 세우고, 길바닥이나 벽면에 홍보용 문구 로고를 투사하는 프로젝터를 거리 곳곳에 설치했다. 그렇게 전철우사거리는 프로젝터 조명으로 만든 로고가 밤거리 길바닥에 어른거리는 사거리가 되었다.

야심찬 형식의미론적 프로젝트였지만, 결론적으로 현재 전철우사거리를 '로고의 거리'라고 부르는 이는 아무도 없다. 이 지역 사람들은 대부분 '로고의 거리'라는 이름 자체를 모른다. 전철우사거리는 여전히 전철우사거리다.

'로고의 거리'로 대체되지 않고 전철우사거리라는 이름이 계속 살아남은 이유는, 전철우사거리라는 지명이 '사회적 실재'이기 때문이다. 이 지명이 사회적 실재로 존재한다는 것은 전철우사거리가 있다는 것을 '사실'로 인정하고, 자신들이 의사소통할 때 이 사실을 일종의 공통 상식으로 유통시키는 공동체가 있다는 뜻이다. 언어 표현이 어떤 대상을 지시하는 것은 의미 발생의 전제 조건일 뿐이다. 중요한 것은 의미를 생산하고 수용하고 다시 재생산하는 공동체의 존재다.

　　　　직장을 옮긴 지 얼마 안 돼서 처음 이 거리의 이름을 들었던 때를 기억한다. 기억의 시작은 직장 동료의 전화다. 그는 전철우사거리에 있는 A은행 앞에서 만나 저녁을 먹으러 가자고 했다. 직장 근처의 지리를 잘 몰랐지만 나는 호기롭게 바로 은행 앞으로 가겠다고 했다. 사실 그때는 전철우사거리라는 이름도 정확하게 인지를 못한 상태였다. 그저 거리에 사람 이름이 붙다니 신기하다고 생각했던 게 전부다. 나는 몇 번 지나쳤던 근처 사거리가 동료가 말하는 사람 이름이 붙은 사거리겠거니 하고 확신했다. 그러나 그 확신이 착각이었음을 깨닫는 데는 오래 걸리지 않았다.
　　　　약속 장소에 나갔지만 동료는 나타나지 않았다. 연락도 없이 늦는 동료를 원망하고 있을 때, 다시 전화가 왔다. 잠시 실랑이가 오간 후에야 나는 내가 전철우사거리가 아닌 다른 거리의 A은행 지점 앞에 서 있다는 사실을 깨달았다. 동료는 나에게 자신이 말한 장소가 전철우사거리에 있는 A은행이라고 다시 강조했다. 그제야 나는 전철우사거리가 어디인지 물었고, 동료는 약간 한심해하며 지난번 함께 갔던 샤브샤브 음식점이 있는 곳이라고 대답해주었다. 이런 체험을 통해 나는 공식적 지명으로 인정받지 못하는 '전철우사거리'를 사회적 실재로 인정하는 공동체의 일원이 됐다.

거리의 이름을 사회적 실재로 받아들이는 과정은 우리가 지도를 이해하는 방식과 유사하다. 예를 들어 한국의 지도를 떠올려보자. 한국에서 교육을 받고 자라났다면 한국이라는 국가의 지리적 이미지를 머릿속으로 단번에 그릴 수 있을 것이다. 그런데 여기에 이상한 점이 있다. 우리가 육체로 직접 경험한 공간은 한국이라는 나라의 극히 일부분일 뿐이다. 우리는 단 한 번도 한국 전체 모습을 실제 눈으로 조망한 적이 없다. 그럼에도 우리는 한국이라는 나라의 지리적 이미지를 공유하고, 자신이 살고 있는 도시와 지역을 한국이라는 지리적 이미지의 '부분'으로 이해한다.

다시 강조하지만, 우리는 한국이라는 나라의 지리적 이미지를 우리 자신의 육체를 통해 직접 경험한 적이 없다. 이 이미지는 상상된 것이다. 하지만 우리는 그 이미지를 상상했다고 느끼지 않는다. 오히려 결코 부정할 수 없는 근원적인 사실로 이해한다.

어떻게 이런 일이 가능한 것일까? 이 과정을 이해하기 위해서는 먼저 '국소적 공간'과 '전역적 공간'에 대한 개념을 알아볼 필요가 있다. 와카바야시 미키오(若林幹夫)는 우리의 몸으로 경험하는 공간을 국소적 공간, 이런 국소적 공간을 포함하는 전체를 전역적 공간이라고 부른다. 지도는 이런 전역적 공간의 표현이라고 할 수 있다.

전역적 공간의 특징은 시점이 부재한다는 점이다. 인터넷 지도 서비스에서 자신이 살고 있는 동네의 지도를 찾아보자. 흔히 동네 지도는 하늘에 떠 있는 항공기나 매의 시점에서 그려진 것이라고 생각하기 쉽다. 그러나 실제는 그렇지 않다. 이는 인터넷 지도 서비스에서 제공하는 항공사진 뷰를 살펴보면 바로 확인할 수 있다.

와카바야시 미키오는 지도를 보는 시점이 지도 평면 전체 위에 편재해 있다고 지적한다. 즉, 지도에 나타난 각각의 점은 그 점 위에서 바라보는 이미지를 나타낸 것이다. 예컨대 동네 지도에 나타난 미용실의 모습은 미용실 바로 위에서 바라본 모습을, 슈퍼마켓은 슈퍼마켓 바로 위 시점에서 바라본 모습을 표현한 것이다.

더 나아가 와카바야시 미키오는 지도의 시점은 누구의 것도 아닌 시점이기 때문에 누구든 자신의 시점을 포갤 수 있다는 사실을 상기시킨다. 여기서 '자신의 시점을 포갤 수 있다'라는 표현을 다시 생각해보자. 자신이 살고 있는 동네라는 공간, 그 공간에 대한 개개인의 지각은 모두 다르다. 지도는 특정한 개인의 시각, 예를 들어 동네에서 제일 잘사는 부자의 시각으로 동네의 지리를 표현하는 대신 모든 개개인의 다른 시각을 중첩시킬 수 있다.

와카바야시 미키오는 이처럼 지도의 시점이 사회 내부 특정 구성원의 시점을 초월해 있기 때문에 보편적인 시점이 될 수 있다고 주장한다. '누구의 것도 아니며, 그렇기 때문에 어느 누구의 시점에도 열린 공간이 될 수 있다'는

것이다.[4]

　　　　　이 이미지는 사람들에게 자신의 눈으로 볼 수 없었던 전체 공간을 시각적으로 볼 수 있도록 만든다. 물론 이 감각은 상상된 것이지만, 상상은 어느 순간 지워지고 그 자리에 진짜라는 느낌이 자리 잡는다. 사람들은 이 이미지를 실제로 자신이 바라본 것인 양 경험한다. 이를 통해 사람들의 공간적 경험에 새로운 차원이 더해진다.

　　　　　와카바야시 미키오는 사람들이 육체로 직접 경험하는 국지적인 공간상보다 이렇게 얻은 전역적인 공간상을 더 근원적인 것으로 인식한다고 말한다. 그 이유는 지도의 이미지가 개개인의 육체를 통한 경험을 넘어서는 동시에, 그 각각의 경험들을 모두 포괄하는 이미지이기 때문이다. 즉, 국소적 공간은 자신의 신체에만 귀속되지만 지도를 통해 보이는 전역적 공간은 나와 (나를 모르는) 타인들까지 포괄하는 '우리'의 공간을 제시하기 때문이다.

　　　　　와카바야시 미키오의 표현에 의하면, 지도라는 전역적 공간의 이미지는 "자기를 포함하는 복수의 신체로 이루어진 집합으로서의 '사회'에 속하는 공간의 이미지"로 드러난다. 그는 에밀 뒤르켐의 개념을 빌려 지도로 드러나는 전역적 공간에 대해 다음과 같이 정리한다.

> 여기에서 말하는 전역적 공간상은 사회적으로 공유된 관념을 표상하고 있다는 의미에서 '집합표상'이고, 개인에 외재하는 규범적인 존재이며, 사회적인 경험에 있어서 개인적인

경험에 대하여 선행하는 것으로 나타난다는
의미에서 '사회적 사실'이다.

이렇게 해서 얻은 보편적 시점으로서 지도의
이미지는 단순히 실제 지역의 모습을 대체하는 것이
아닌, 다른 차원의 공간을 보여준다. 이를 설명하기
위해 와카바야시 미키오는 자크 데리다가 제시한
'대리보충(supplément)' 개념을 동원한다. 지도의 이미지는
근원적인 공간의 이미지가 되어 인간의 이해와 경험을
보충한다는 것이다. 우리가 그 이미지를 직접 경험하지
않음에도 말이다. 그럼 어떻게? 와카바야시 미키오의
사고실험을 살짝 변형해서 이를 살펴보자.

우리는 언제 길을 잃는가? 길을 잃었다고 생각할
때는 우리가 위치한 국지적인 위치와 전역적 공간의 관계를
제대로 파악할 수 없을 때다. 즉, '자리매김'이 되지 않을 때
우리는 길을 잃었다고 생각한다.

아마살리크 해역에서 유빙에 갇힌 우미비크
출신 이누이트를 다시 떠올려보자. 그가 길을 잃은 이유는
아마살리크 전체 해역 안에서 자신이 어디쯤 있는지 모르기
때문이다. 전체 해역 안에서 자신의 위치를 확인하기 위해
남자는 아마살리크 전체 해역이 담긴 나무 지도를 더듬는다.
남자는 아마살리크 해역 전체를 직접 조망할 수 없다. 하지만
나무 지도는 남자의 눈을 대신해 아마살리크라는 전역적
공간을 남자에게 제공해준다. 미지의 공간으로 변했던
아마살리크 해역은 남자에게 다시 익숙한 공간이 된다.

또 다른 사고실험을 해보자. 이번에는 길을 잃을 필요가 없다. 당신은 지금 방에 앉아 있다. 당신은 그 방을 너무나 잘 알고 있다. 하지만 문득 당신은 그 방이 어디에 위치해 있는지 모른다는 걸 깨닫는다. 아무리 생각해도 그 방이 어디에 있는지 전혀 떠오르지 않는다. 그렇다면 당신은 공포감에 사로잡힐 것이다. 하지만 그 방이 어떤 아파트 단지에 있고, 그 아파트가 광주라는 도시 안에 있으며, 광주가 한국이라는 국가 안에 있다는 것을 깨닫는다면 공포감은 사라질 것이다. 비록 광주나 한국의 지리적 이미지를 눈으로 직접 확인한 적은 없지만 말이다.

와카바야시 미키오는 이처럼 '개개인이 경험하는 국소적인 공간을 대리보충된 전역적 공간에 자리매김'함으로써 인간이 세계 속에서 확고한 장소를 획득할 수 있다고 말한다. 전역적 공간이 인간을 세계에 존재할 수 있게 하는 토대가 된다는 것이다.

앞에서 다소 길게 지도가 어떻게 사회적 실재가 되는지, 그것이 어떤 의미인지를 설명했다. 그런데 이 설명은 비단 지도에 관련된 것만은 아니다. 지도는 여러 기호의 복합체이고, 언어도 역시 기호라는 점에서, 위 지도에 대한 설명은 언어 표현이 어떻게 의미를 갖는가 하는 문제와 무관하지 않다.

다시 전철우사거리를 걸어보자. 내가 나의 육체로 경험한 전철우사거리에 대한 감각은 빈약하다. 내가 경험한 전철우사거리를 약도로 그린다면 10년 동안 항상

가던 식당과 항상 가던 커피숍, 항상 가던 맥줏집, 세 군데만
덩그러니 그려질 것이다. 내가 전철우사거리를 방문하는
시간은 대부분 저녁이었기 때문에, 나는 전철우사거리를
어두운 밤거리로 더 많이 떠올린다. 그러나 매일 점심을
먹으러 전철우사거리 뒷골목에 있는 찌갯집을 찾는
직장인들에게 이 거리는 훤한 대낮의 거리일 것이다. 차를
몰고 이 거리를 찾는 사람들에게는 주차가 유난히 까다로운
장소일 것이고, 걸어서 이 거리를 다니는 사람들에게는
울퉁불퉁한 보도블록 때문에 걷기 어려운 길로 표상될
것이다. 또 다른 누군가에게는 해 질 녘 성당의 종소리를
들을 수 있는 거리고, 다른 이에게는 밤늦은 시간 취객들이
몰려들어 택시를 잡는 거리일 것이다.

      이처럼 이 공간에 대한 표상은 모두 다르다. 이런
각자의 표상을 언어로 표현하면 무슨 맥줏집이 있는 거리,
뒷골목에 맛있는 찌갯집이 있는 거리, 주차가 어려운 거리,
걷기 힘든 거리 등으로 온갖 거리의 지명이 등장할 것이다.
문제는 내가 타인이 경험한 이 거리의 감각을 가늠할 수
없다는 점이다. 다른 이들도 마찬가지로 내가 경험한 거리를
알지 못한다. 하지만 '전철우사거리'라는 지명은 개개인의
경험을 통합하고 또 넘어서서 집단의 표상을 구축하는
장치의 역할을 한다. 전철우사거리라는 지명은 실제 이
거리를 지시하는 것이 아니다. 그렇다고 이 지명이 과거의
어느 시점, 전철우냉면집이 있던 거리를 지시하는 것도
아니다.

      그렇다면 이 지명은 무엇을 지시하는가?

'전철우사거리'는 그 거리를 오간 수많은 사람의 경험이 중첩되어 만들어진 상상의 사회적 공간을 지시한다. 이 거리와 관련된 수많은 사람의 경험이 전철우사거리라는 이름으로 가시화된 것이다. 전철우사거리라는 지명은 이처럼 '누구의 것도 아니어서 누구의 것일 수도 있는' 전역적 공간의 역할을 수행한다. 그리고 이 상상으로 구성된 전역적 공간은 다른 사람들에게 공유되고 유통되면서 결국 공고한 사회적 실재가 된다.

  '전철우사거리'가 '로고의 거리'로 대체되지 않은 이유는 '로고의 거리'가 지시하는 것이 단순히 말 그대로 '로고가 있는 거리'일 뿐이었기 때문이다. '로고의 거리'가 사회적 실재가 되기 위해서는 많은 사람의 경험이 중첩되어 구성된 상상의 사회적 공간을 지시해야만 했다.

  이런 메커니즘은 전철우사거리 같은 지명만이 아닌, 다른 모든 언어 표현에 적용된다. 예를 들어, '우정'이라는 말은 수많은 사람이 경험한 오만가지 관계를 중첩시킨 공통의 표상이자, 그런 온갖 관계를 자리매김할 수 있는 전역적인 공간이 된다. 그래서 자신이 경험하거나 관찰한 관계를 두고 "이게 무슨 우정이야?", "이런 우정은 다시는 없을 거야"라는 말을 할 수 있는 것이다. 이처럼 우리는 상상된 공통의 표상을 개개인의 경험을 뛰어넘는 전체로서 파악한다.

  인간이 '의미=지시 대상'이라는 도그마를 철두철미하게 실천하는 종이었다면, 전철우냉면집이 거리에서 사라졌을 때, 전철우사거리라는 이름도 간단하게 버려졌을지 모른다. 하지만 이 지명은 사회적 실재로 여전히 살아남았다. 전철우사거리의 사례는 의미란 무엇인가를 단순히 지시하는 것을 넘어, 사회적으로 구축되는 것임을 보여준다.

5. 송라인 — 오스트레일리아

그저 마음씨 좋은 동네 할머니였다. 제주 저지리 본향당의 굿을 전담하는 매인심방이었지만, 드라마나 영화에서 만나는 무당의 모습과는 전혀 딴판이었다. 8월 한여름 더위에 무속신화를 조사하겠다고 음료수 한 박스 들고 다짜고짜 찾아온 대학생들에게 할머니 심방은 난처한 표정을 지었다.

할머니는 종이잔에 어설프게 얼음 몇 조각을 띄운 믹스커피를 내왔다. 젊은 대학생 다섯이 마루에 들어앉아 뿜어내는 열기를 낡은 선풍기는 감당하지 못했다. 달달한 커피를 마시면서 본격적인 실랑이가 벌어졌다. 본풀이를 해달라고? 네. 본풀이는 함부로 하는 게 아니야. 함부로 했다가 큰일 나. 당연히 알죠. 그런데 본풀이를 기록해서 연구하고 나중에 후손들이 볼 수 있게 남기려고요. 소중한 우리 문화잖아요? 어쩌나… 근데 본풀이를 다 풀려면 하루종일 걸려. 무속신화 조사의 의의에 대해서 떠벌렸지만 심방은 여전히 난감한 표정이었다.

그래도 찌는 여름날 땀 흘리며 방문한 우리가

불쌍해 보였는지, 심방은 짧은 본풀이를 해주겠다고 했다. 지금 생각해봐도 무리한 부탁이기는 했다. 서사 무가인 본풀이는 그냥 노래가 아니다. 본풀이를 푼다는 것은 심방이 자신의 육신과 영혼의 에너지를 다 끌어모아 신들을 만나러 가는 영적 여행을 한다는 뜻이다.

  본격적으로 본풀이를 풀기 전, 매인심방은 대학생인 우리의 무사안녕을 기원하는 축원을 해주었다. 그러고 나서 심방의 여행이 시작됐다. 짧다고 했지만 거의 반나절이 걸린 여행이었다. 어떻게 그렇게 긴 무가를 다 기억해서 풀어낼 수 있는지 경이로웠다. 나는 심방의 여행을 쫓아가다 길을 잃었고, 비디오 녹화를 담당한 친구는 깜빡 졸다가 녹화 테이프 교체 시점을 놓치기도 했다.

  본풀이는 간단히 말해 신들의 여행이다. 신들이 가야 했던 길고 험난한 여정을 보여줌으로써, 평범한 존재들이 어떻게 신이 되었는지, 왜 신이 될 수밖에 없었는지를 설명한다. 그런데 이런 본풀이를 들을 때마다 항상 의아하게 여긴 게 하나 있었다. 본풀이를 듣다 보면 신화의 주인공은 너무나 자연스럽게 인간이 머무는 공간에서 신들의 공간으로 넘어가고, 또다시 인간의 공간으로 넘어온다. 예를 들어, 〈세경본풀이〉의 주인공 자청비는 동네 빨래터에서 신들이 사는 천상국에서 온 문도령을 만난다. 인간계와 신계의 인물들이 아무렇지도 않게 빨래터에서 만나는 것이다. 자청비와 문도령은 함께 글공부를 하러 떠나는데, 신계의 인물인 문도령이 인간계로 내려와 유학을 하는 것도 낯설다. 자청비는 저승과 이승의 경계인 서천꽃밭에도 아무렇지 않게 다녀온다. 이 동네에서 저 동네로 마실 가듯 인간계와 신계, 저승과 이승을 넘나드는 이런 공간 감각이 내게는 너무나 이상했다.

이런 공간 감각을 납득할 수 있게 된 것은 보르네오섬에 사는 가쥬 다약족의 지도를 보고 나서였다. 가쥬 다약족의 지도에는 지상의 집과 함께 상계와 하계의 지도가 자세히 그려져 있다. 상계에는 해와 달은 물론, 강과 호수, 죽은 자의 집과 생명수, 제사드리는 곳의 위치가 그려져 있고, 하계의 지도에는 '금이 쌓여 있는 강', 하계의 종족 쟈타의 마을, 수로, 신화 속 물뱀이 사는 운하가 그려져 있다. 가쥬 다약족에게 이런 신화적인 공간은 일상에서 분리돼 있는 것이 아니라, 일상과 함께 공존하는 사회적 실재다. 이에 대해 와카바야시 미키오는 가쥬 다약족 사람들은 수평적인 넓이가 아닌 수직적인 깊이를 지닌 세계를 바라보고 있으며, 지도가 표면적인 세계 배후에 있는 보이지 않는 깊이를 가시화한다고 말한다.[5]

표면적으로 보이는 수평적 넓이와 보이지 않는 수직적 깊이를 통합해 지도라는 사회적 실재로 만든 가장 흥미로운 사례는 오스트레일리아 원주민인 애버리지니의 송라인(songlines)이라는 노래 지도일 것이다. 송라인은 말 그대로 노래로 된 진짜 '지도'다. 본풀이를 푸는 심방이 영적인 여행을 한다면, 송라인을 부르는 애버리지니는 워크어바웃이라는 진짜 여행을 한다. 이 노래 지도를 이용해 오스트레일리아 전역을 종주하는 것도 가능하다. 애버리지니에게 오스트레일리아 전체는 노래로 불릴 수 있는 일종의 악보인 셈이다. 브루스 채트윈(Bruce Chatwin)은 '송라인'이라는 제목의 여행기에서 애버리지니가 노래로 길을 찾는 모습을 다음과 같이 묘사한다.

> 아카디는 단박에 무슨 일인지 깨달았다. 림피가 주머니고양이의 노래를 배운 것은 걷는 속도인 시속 6킬로미터에 맞춰서였다. 그런데 우리는 시속 40킬로미터로 달리고 있었다.
> 아카디가 기어를 최저로 바꿨고, 우리는 걷는 것보다 빠르지 않게 느릿느릿 나아갔다. 림피는 즉시 바뀐 속력에 템포를 맞췄다. 그는 미소를 짓고 있었다. 머리가 앞뒤로 까닥거렸다. 림피 자신이 주머니고양이가 되어 있음을 알 수 있었다.[6]

위 에피소드에서 림피라는 사람은 송라인을 부르면서 길을 찾고 있는 중이다. 그런데 림피는 땅을 관찰하다가 노래 지도가 지형과 맞지 않는다는 것을 알고 당황한다. 아카디라는 인물은 문제의 원인이 자동차의 속도라는 것을 깨닫는다. 림피의 송라인은 걸음의 속도에 맞춰 불러야 지도의 역할을 할 수 있는데, 자동차의 속도로 달리면서 노래를 불렀기 때문에 지형과 노래가 맞지 않았던 것이다. 자동차의 속도를 걷는 속도에 맞춤으로써 림피는 주머니고양이가 되어 다시 제대로 길을 찾을 수 있었다.
송라인은 '꿈의 길(dreaming track)'이라고도 불린다. 위 에피소드에서 림피의 꿈은 주머니고양이다. 애버리지니들의 창세기에 따르면, 진흙 속에 잠들어 있던 조상들은 자신들의 이름을 외치며 깨어났다. "나는 코알라다!", "나는 캥거루다!" 등등. 림피의 조상은 "나는 주머니고양이다!"라고 외치며 깨어났을 것이다. 이 조상들은 오스트레일리아 전역을 돌아다니면서 만물에 이름을 붙여 노래함으로써 만물이 존재하게 했다.

　　　　　송라인은 조상들이 지나가면서 창조해낸 땅의 온갖 지형, 수많은 장소, 특정 공간에서 수행해야 하는 행동양식, 물과 식량을 얻을 수 있는 방법에 대한 정보가 저장되어 있다. 그렇게 송라인을 배우면 실제 그 장소에 가보지 않았더라도 조상들이 걸었던 땅에 대한 지도를 머릿속에 그릴 수 있게 된다.

　　　　　송라인은 단순히 땅의 모양을 묘사하는 지도가 아니다. 송라인은 땅을 창조한다. 즉, 애버리지니는 자신들이 노래하기 전에는 땅이 존재하지 않는다고 믿는다. 그렇기에 애버리지니들에게는 신성한 땅이 계속 존재할 수 있도록 계속 노래해야 하는 의무가 있다. 노래가 잊히면 땅도 죽기 때문이다. 브루스 채트윈은 《송라인》에서 치키버키라는 애버리지니가 인구 감소로 절멸해가는 자기 부족의 노래가 잊힐 것이 두려워, 원수 부족에게 자기 부족의 노래를 전하기로 결심하는 장면을 소개한다. 적에게 자기 부족의 노래를 전하는 것이 조상의 땅이 죽는 최악의 상황보다는 낫다고 판단한 것이다.

　　　　　애버리지니들에게 송라인은 자기 조상들의

창세기지만, 이 노래가 단순히 과거의 신화를 재생하는 것은 아니다. 송라인은 사회적 질서 또한 만들어낸다. 브루스 채트윈은 백인들이 오기 전에 모든 애버리지니가 자기 땅을 가지고 있었다고 설명한다. 송라인이라는 조상의 노래를 물려받는 것은 그 노래가 지나가는 땅을 물려받는 것이기 때문이다. 자신의 송라인을 벗어나서 길을 걷게 되면 불법 침입에 해당한다. 또 송라인은 특정 지역을 방문할 수 있는 권리, 일종의 여권 역할도 수행한다. 송라인은 교역로이기도 해서 애버리지니들은 송라인을 따라 노래와 물건을 거래한다. 송라인은 아무 경계가 없는 자연에 사회적 질서를 부여하고, 그 질서에 맞춰 애버리지니의 삶과 죽음을 조율한다.

6. 단어 지도 — 사회

애버리지니들에게 오스트레일리아라는 땅은 많은 면으로 이루어진 태피스트리 조각보가 아니라, 수많은 노래선으로 구성된 복잡한 그물망으로 표상된다. 그들에게 어떤 지형은 특정 토템 동물 신체의 일부분일 수도 있고, 특정한 음률을 가진 음악일 수도 있다. 외부인들의 눈과 귀에는 아무것도 보이지도 들리지도 않을지 모르지만, 애버리지니들에게는 이는 분명히 실재하는 것이다.

이를 보고 문명화되지 못해 헛것을 보는 미개한 야만인들의 사고방식이라고 폄하할 수도 있다. 하지만 소위 문명화된 현대사회를 들여다보면 절대 눈으로 확인할 수 없는 것을 지도에 명확하게 표시해놓은 것을 확인할 수 있다. 대표적인 것이 국경이다. 국경은 맛볼 수도, 만질 수도, 피부로 느낄 수도, 눈으로 확인할 수도 없다. 그러나 지도는 우리에게 국경이 명백하게 실재한다는 사실을 보여준다. 아무런 표시가 없는 땅을 그냥 걸어갔을 뿐인데도, 체포되거나 죽임을 당할 수 있고, 전쟁을 일으키는 원인이 될 수도 있다.

아프리카 지도를 보면, 일직선으로 성의 없이 그어진 국경선을 확인할 수 있다. 1884년 11월부터 1885년 2월까지 유럽 제국의 관료들은 베를린에 모여 땅 나눠먹기 놀이를 하고 있었다.[7] 그들은 아프리카대륙 곳곳의 지리적 특성이나 그 땅에 살고 있는 종족들, 역사, 문화, 언어에 대한 고려 없이 연필과 자를 이용해 아무 생각 없이 선을 그었다. 유럽이 아프리카를 떠나고 식민 지배는 끝났지만, 그 선은 사라지지 않았다. 오히려 더욱더 공고해졌다. 그 선을 따라 국가라는 보이지 않는 실체가 탄생했기 때문이다. 국경선을 둘러싼 아프리카 국가들의 분쟁은 21세기까지 이어졌.

와카바야시 미키오는 이처럼 지도가 현실을 모방하는 것이 아니라 현실이 지도를 모방한다고 말한다. 더불어 언어적 개념과 마찬가지로 지도 또한 기호를 통해 세계의 양태를 기술하는 개념이라고 말한다. 와카바야시 미키오의 이런 발언은 아래와 같은 문장으로 종합될 수 있을 것이다.

개념이 현실을 만든다.

여기서 잠깐, 브루스 채트윈이 《송라인》에서 아카디와 나눈 대화를 통해 앞서 소개한 애버리지니들의 세계관을 다시 한번 짚어보자.

> 애버리지니는 스스로 직접 보고 노래하기 전에는 땅이 존재한다고 믿지 못했다. 꿈의 시대에 조상들이 노래를 불렀을 때 비로소 땅이 존재하게 되었던 것과 똑같이 말이다.
> "그러니까 땅은 우선 생각 속에 개념으로 존재해야 한다는 건가? 그 후에 노래로 불러야 하고? 그때에야 비로소 존재한다고 할 수 있는 거로군?"
> "맞아요."
> "다시 말해, '존재한다'는 것은 '지각된다'는 것이고?"
> "그렇습니다."[8]

이 대화에서 확인할 수 있듯이, 애버리니지에게 송라인은 단순한 땅의 모사가 아니다. 정확히 그 반대다. 송라인이라는 노래 지도 안에 담겨 있는 수많은 개념이 먼저 있어야, 땅이 생겨날 수 있다.

'개념이 현실을 만든다.' 이 말은 지도뿐만 아니라

언어에도 적용된다. 개념이 현실을 만든다니? 상식과 거리가
먼 이야기처럼 들린다. 지시해야 할 대상(현실)이 있어야
개념이 생기는 것이지, 어떻게 개념이 먼저 있고 나서 지시할
대상이 생긴단 말인가?

무지개를 생각해보자. 당신은 무지개가 여러
가지 다른 색깔로 구분되어 있다고 여길 것이다. 그러나
실제 무지개는 다른 파장을 가진 광선의 연속적 스펙트럼일
따름이다. 이 광선의 스펙트럼에 분명한 색의 경계는 없다.
우리가 무지개의 줄무늬를 볼 수 있는 이유는 그것이 자연에
실재하기 때문이 아니라 우리가 빨강, 주황, 노랑, 초록, 파랑,
남색, 보라색이라는 개념을 가지고 있기 때문이다.

색깔에 대한 개념이 다르면 무지개 색깔띠의
숫자도 달라진다. 미국인들은 무지개 색깔을 여섯 개,
이슬람 문화권에서는 네 개로 인식한다. 과거 조선에서는
무지개 색깔이 다섯 가지라고 생각했다. 우리가 공통적으로
명명백백 '빨갛다'고 생각하는 사물도, 다른 개념을 가지고
있다면 다르게 인식될 수 있다. 실제로 파푸아뉴기니의
베린모족(Berinmo)은 사과를 갈색과 유사하게 경험한다.
이들의 색깔 개념에서는 광선의 스펙트럼을 다르게
구분하기 때문이다.[9]

개념이 현실을 만들어낸다는 사실을 믿지
못하겠다고? 조개껍데기, 맥주, 장정 수십 명이 달라붙어
옮겨야 하는 커다란 원형 돌바퀴, 시커멓게 부식된 동그란
작은 금속, 옛날 사람의 얼굴이 그려진 꾸깃꾸깃한 낡은
종이, 플라스틱 카드, 암호화된 디지털 신호의 공통점을

생각해보라. 이 사물들의 공통점은 찾기 힘들다. 하지만 교환 가치가 있는 '화폐'라는 개념을 떠올린 후, 위에 나열한 사물들을 들여다보라. 이제 이 사물들로 물건을 살 수도 있고, 월급으로 지급할 수도 있다는 말이 납득이 될 것이다. 개념이 현실을 만든다.

외부의 자극에 따라 자연적으로 발생한다고 생각되는 기쁨, 분노 같은 감정도 마찬가지다. 리사 펠드먼 배럿(Lisa Feldman Barrett)은 감정 개념이 있어야 감정을 지각할 수 있다고 주장한다. '공포', '슬픔'에 대한 개념이 없으면 공포나 슬픔을 지각할 수 없다는 것이다. (실제로 타히티인에게는 슬픔이라는 단어가 없다.) 그러면서 그는 필리핀의 일롱고트족(Ilongot)이 경험하는 리제트(liget)라는 감정을 예로 든다. 당신이 리제트라는 감정을 느낀 적은 없을 것이다. 그러나 이 감정은 사람을 사냥하는 호전적인 부족 일롱고트족에게는 분명하게 실재하는 감정이다. '열광적인 공격성의 느낌'이라고 할 수 있는 이 감정은 다른 집단과 경쟁을 벌이는 집단의 일원으로서 위험한 도전을 감행할 때 느끼는 집중, 열정, 활기로 단결심과 소속감을 고취한다. 전쟁에 나가기 전 또는 전쟁을 수행할 때 일롱고트족은 이 '리제트'를 느낄 것이다.

아즈텍인들이 말이라는 동물을 처음 목격했을 때, 조선인들이 자전거라는 물건을 처음 접했을 때를 생각해보자. 아즈텍인과 조선인들은 사람이 탈 수 있는 거대한 동물과 두 바퀴 달린 괴이한 물건이라는 이상한 현실을 마주해야 했다. 듣지도 보지도 못한 현실이었지만 이 현실은 분명한 지시 대상으로 존재했다. 그러나 진공상태에서, 다시 말해 아무런 개념 없이 이 지시 대상을 이해하는 것은 불가능했다. 이해하기 위해 아즈텍인들과 조선인들은 그들이 기존에 가지고 있던 개념을 끌고 와야 했다. 그러자 '거대한 사슴'과 '축지차'라는 현실이 생겨났다. 하지만 백과사전적 지식을 축적하는 과정을 통해 개념은 계속 갱신되었고, 현실도 갱신되었다. 그리고 드디어 '말'과 '자전거'라는 새로운 현실이 만들어졌다.

   이상하게 생긴 거대한 사슴이나 하루에 몇천 리를 달리는 축지차 같은 지시 대상이 아닌, 개념이 먼저 도착하는 경우도 있다. 이 글에서 자주 반복한 '사회'라는 말이 그렇다. 근대의 물결이 밀려들 때, 사회뿐만 아니라 새로운 개념들이 담긴 수많은 단어가 먼저 도착했다. 하지만 이 개념들이 지시하는 대상은 아직 도착하지 않았다.

   동아시아 삼국의 지식인들, 특히 서구에서 전해진 새로운 단어를 가장 먼저 접한 일본의 지식인들은 그 단어들이 어떤 지도를 품고 있는지 파악해야 했다. 'society'라는 단어 지도가 바다를 건너 일본의 지식인들 앞에 펼쳐졌을 때 그들은 어땠을까? 당연히 일본 지식인들은 이 단어가 보여주는 지리를 어떻게 번역해야 할지 몰랐다. 뻔한 소리지만, 번역에 어려움을 겪은 이유는 society에 정확하게 대응하는 일본어 단어가 없었기 때문이다. 그러나 야나부 아키라(柳父章)는 지식인들이 어려움을 느낀 진짜 이유가 따로 있었다고 설명한다. 그의 설명에 따르면, 일본 지식인들이 번역에 어려움을 겪은 이유는, 당시 일본에 society에 대응하는 현실이 없었기 때문이다. 즉, society라는 말이 일본에 당도했을 때, 일본에는 현대적 의미의 사회가 없었다. 인지언어학의 설명처럼 society라는 단어가 접속 지점이라면, 일본에는 이 단어를 통해 접속할 현실 자체가 없었던 셈이다.

언뜻 보면 이해하기 힘든 이야기다. 우리는 태어날 때 어떤 사회의 구성원으로 태어나며, 그 사회 안에서 죽을 때까지 살아간다. 사회는 내가 태어나기 전에도 있었고, 내가 세상을 떠난 후에도 존재할 것이다. 자명한 물리법칙과도 같은 이 말을 어떻게 부정할 수 있겠는가? 그러나 이런 인식은 19세기 말 동아시아인들에게는 결코 자명한 것이 아니었다.

'사회'의 의미를 이해하기 어려웠던 이유는 여러 가지가 있겠지만, 그중 중요한 하나는 '개인'이라는 개념을 이해할 수 없었기 때문이다. 즉, society를 이해하기 위해서는 그와 대비되는 개념인 individual을 이해해야 하는데 이것부터가 쉬운 일이 아니었다. individual은 단순히 '혼자 있는 사람'이라는 뜻이 아니다. '신'과 대응되는 개념이자, '사회'와 대응되는 개념이다. 즉, individual은 신으로부터 독립된 주체인 개인, 사회의 구성 요소지만 동시에 사회로부터 독립된 존재인 개인이라는 개념을 가지고 있다.

언제나 왕이나 주군의 신민으로, 마을 공동체나 가족의 일원으로 살아야 했던 당시 동아시아인들에게

'독립된 주체로서의 개인'이라는 개념은 납득하기 어려운 것이었다. 독립된 '개인'이라는 정체성이 없었기 때문에 일본 사무라이들은 주군의 잘못을 대신해 자신의 목숨을 거침없이 버릴 수 있었다. 이렇게 '개인'이라는 현실이 없는 사회에서 individual의 적절한 번역어를 찾기란 쉽지 않았다. 일본에서 individual을 '혼자', '일신의 품행', '인민각개', '독일개인(獨一個人)', '일개인' 등의 다양한 말로 번역했던 이유다.

        개인의 개념을 이해하기 어려웠으니 사회를 이해하기는 더 어려웠다. 물론 현대의 우리는 모두 사회가 무엇인지 잘 알고 있다. 누군가 한국 사회가 이러저러하다고 이야기할 때, '한국 사회가 뭔가요?', '한국 사회는 어디에 있는 것이죠?' 이렇게 묻지 않을 것이다. 심지어 '이 땅에 사회라는 게 있는가? 학연, 지연, 혈연만 있지!'라고 울분을 토하는 이도 사회의 존재를 의심하지 않는다. 우리는 심지어 한국 사회에 대한 전문가여서 모두 이 사회의 특징과 문제점, 해결 방안에 대해 한마디씩 하고 싶어 한다.

        우리는 한국 사회의 구성원들을 모두 만나본 적이 없어도 나의 가족, 동네, 지역, 직장, 학교, 동호회 등 내가 만난 공동체를 모두 포괄하는 거대한 집단으로서 한국 사회가 존재한다고 생각한다. 상상으로만 그릴 수밖에 없는 한국 사회는 국소적인 공간이 아닌 전역적인 공간에 해당하는 개념이다.

        하지만 19세기 동아시아인들은 전역적 공간으로서의 사회를 상상하기 어려웠다. '개인'인 나는 물론 내가 만나는 모든 집단, 나와 관계가 없는 다른 집단들도 포함하는 society는 나의 지각으로는 확인할 수 없는 존재고, 그렇기 때문에 상상하기도 힘들었다. 내가 가문의 자랑 또는 가문의 수치가 되는 것은 상상할 수 있다. 하지만 내가 그 존재를 지각할 수 없는 '사회'를 위한 무언가가 된다는 것(예를 들면 사회의 귀감 또는 사회적 악)이 어떤 의미인지에 대해서는 도무지 감을 잡을 수 없었을 것이다.

메이지시대 일본, society가 무엇인지 전달하기 위해 지식인들은 다양한 번역어를 제시했다. 예를 들어, 일본의 계몽사상가 후쿠자와 유키치(福澤諭吉)는 '인간 교제', '사귐', '나라', '세상 사람'이라는 번역어를 내놓았다. 이 밖에도 '정부', '동아리', '세속', '동료', '세간', '회사'라는 번역어도 등장했다.[10] 이 수많은 번역어 중에서 마지막까지 살아남은 것이 바로 '사회'다.

본래 중국 고전에서 '사회(社會)'라는 말의 뜻은 향촌의 모임, 제사를 같이 지내는 집단이라는 의미였다. 중국은 물론 일본과 조선에서도 사회는 향촌의 모임이라는 뜻으로 사용돼왔다. 그렇다면 수많은 번역어 중에서 '사회'가 살아남은 이유는 뭘까? 사회라는 말이 원래 많이 쓰였기 때문에? 사실 일본에서는 '교제'나 '세간'이라는 말을 많이 써왔기 때문에, 사용의 편의성을 생각하자면 이 두 단어 중 하나가 society의 번역어로 살아남는 게 타당해 보인다.

한자어 '사회'가 가진 본래의 의미가 society에 가장 가깝기 때문에 '사회'가 살아남았을까? 진실은 정반대에

가깝다. 번역어 '사회'는 본래 있었던 '사회'의 의미를
개량한 것이 아니었다. 그보다는 완전히 분해해 기존의
의미를 지워버린 후 재조립한 신조어나 마찬가지였다.
야나부 아키라는 '사회'라는 말이 오래된 한자어이기는
하지만, 일본에서는 용례를 거의 찾기 어려운 잘 안 쓰이는
한자어였다는 점에 주목한다. 사람들이 이 낯선 한자어에
뭔가 중요한 뜻이 담겨 있을 것이라고 생각해 더 주목했을
거라는 이야기다.

　　　　야나부 아키라는 이처럼 친숙한 단어가 아닌
낯선 한자어가 주는 이와 같은 효과를 '카세트(cassette)
효과'라고 부른다. 카세트는 작은 보석상자를 말하는 것으로,
보석상자를 보면 내용물을 모르는 사람들도 매혹당하는데,
'사회'나 '개인' 같은 한자어를 보고 사람들이 잘은 모르지만
뭔가 중요한 의미가 담겨 있을 거라고 생각하는 카세트
효과를 발휘했다는 것이다.

　　　　'약물 남용이 사회적 문제가 되고 있다'라는
문장을 살펴보자. 그리고 이 문장에서 '사회'를 후쿠자와
유키치가 번역했던 용어로 교체해보자. '인간 교제의 문제',
'사귐의 문제', '세상 사람의 문제'처럼 말이다. 당시의
언중들은 인간 교제, 사귐, 세상 사람이라는 말을 통해
society라는 단어가 가진 의미를 부러 유추하지 않았을
것이다. 언중들에게는 교제는 교제고, 세상 사람은 세상
사람이다. 너무나 명확하기 때문에 일상어 속에 자신들이
모르는 어떤 것이 숨어 있으리라고는 생각하기 힘들다.
하지만 당시 사람들에게는 생경했을 단어 '사회'는 어떤가?

사회라는 단어가 주는 낯섦은 이 단어가 미지의 땅을 숨기고 있다는 사실을 사람들에게 알려준다.

　　　　　미지의 땅이 존재함을 알게 되면, 그 땅을 찾으려는 시도가 일어난다. 기지의 세계를 정확히 표현한다는 원칙을 내세운 프톨레마이오스의 세계도에는 이율배반적이게도 '테라 인코그니타'라는 영역이 새겨져 있었고, 이 환상의 땅은 탐험가들의 항해를 추동했다.

　　　　　'사회'라는 단어, 테라 인코그니타도 마찬가지다. 새로운 단어가 등장했지만, 당시의 언중들은 그 단어가 무엇을 지시하는지 알 수 없었다. 이런 경우 단어가 어떤 지형을 그린 지도인지 알 수 있는 방법은 텍스트에서 사용된 단어의 용법에 주목하는 것이다. 언중들은 단어가 어떤 맥락에서 어떤 방식으로 사용되는지 유추하고, 이 단어를 텍스트 생산에 직접 사용하는 과정을 거치면서 천천히 '사회'라는 '개념'을 형성할 수 있었다. 그렇게 언중들은 사회가 기존에 알고 있던 여러 '아는 집단'과는 다른 차원의 개념이라는 것을 깨닫게 된다. 그리고 이렇게 언중들이 사회라는 단어의 용법을 익히고 적용해 사용하는 과정에서 비로소 새로운 현실인 '사회'가 생겨나게 되었다.

　　　　　사회뿐만이 아니었다. 수많은 미지의 땅, 수많은 개념이 자유, 민족, 권리, 자연, 예술, 문학, 과학 같은 번역어들과 함께 등장했다. 그 옛날 태초에 애버리지니의 조상들이 진흙 속에서 깨어난 후, 만물에 온갖 이름(개념)을 붙이고 돌아다니며 세상을 창조해 나갔듯이, 이들 새로운 번역어와 그에 딸린 개념들은 동아시아의 근대라는 현실을 주조하기 시작했다.

개념이, 그리고 개념을 담은 단어들이 진짜 현실을 만든 것이다.

7. 우로보로스 — '세계'라는 의미

고대 인도인들의 우주관에 따르면, 세상은 거대한 거북이 위에 떠 있다. 거북이 위에는 여섯 마리의 코끼리가 올라가 있고, 이 코끼리들은 대지와 바다를 떠받든다. 대지의 중앙에는 신들이 사는 메루산(Meru)이 솟아 있다.

그 옛날 인도의 어린아이들은 세계와 우주에 대한 이야기를 듣다가 이런 질문을 했을 것이다. "그럼 거북이 아래에는 뭐가 있어요?" 어른들은 이렇게 대답해줬을 것이다. "거대한 뱀이 있단다. 거북이는 거대한 뱀의 똬리 위에 있지." 질문은 계속된다. "그럼 거대한 뱀 아래에는 뭐가 있어요? 그리고 뱀 아래 있는 무언가의 아래에는 또 뭐가 있죠? 그 아래에는 또 뭐가 있고요? 그럼 그 아래에는…?" 이 해결될 수 없는 질문에 답하기 위해 고대 인도인들은 우주를 자기 꼬리를 먹는 뱀으로 형상화했다. 무한히 영겁으로 회귀하는 우주. 세상을 떠받치는 거북이는 이 우주 위에 있다.

자신의 꼬리를 먹는 뱀, 우로보로스(Ouroboros). 스스로 자신을 만들어내고, 자신과 결혼하고, 혼자 임신하고, 스스로를 죽이는 존재. 자기 소멸과 자기 갱신을 영구히 계속하는 힘. 세계를 떠받치고 유지시키며, 생명에 죽음을, 죽음에는 생명을 불어넣는 존재. 움직이지 않는 것처럼 보이지만 끊임없이 움직이는 것. 불교에서는 윤회의 바퀴를, 고대 그리스에서는 '만물은 하나'라는 의미를 상징하는 것.[11]

우로보로스의 형상은 고대 인도뿐만 아니라 다양한 종교와 신화에 등장한다. 문화적 상징들을 찾아보다 우연히 만나게 된 이 형상은 내게 너무나 매혹적이었다. 각종 종교와 신화 속에서 우로보로스가 어떤 의미를 갖는지 알지 못했지만, 처음 볼 때부터 이 형상은 단숨에 내게 세상이 존재하는 방식, 그 비의를 보여주는 것 같았다.

그리고 지금 내게 우로보로스는 개념, 그리고 그 개념과 얽혀 있는 언어가 어떻게 현실을 만들고, 현실이 어떻게 다시 개념과 언어를 만들어가는지, 그 끊임없는 재귀 순환을 보여주는 상징처럼 읽힌다.

언어사전 속의 세상은 얼어붙은 듯 멈춰 있다. 사전 속 세상에 테라 인코그니타는 없다. 그러나 사전 밖 세계는 끊임없이 변하고, 미지의 땅도 계속해서 생겨난다. 새로운 개념이 발생하고,[12] 그 개념에 대한 단어가 만들어진다. '리즈 시절' 같은 신조어들이 계속 출현하는 이유다. 단어는 현실을 만들어내고 현실은 다시 개념으로 순환된다. 자신의 꼬리를 먹어 세상을 창조하는 뱀, 우로보로스는 여기에 있다.

우로보로스의 존재는 '인서울'이라는 말에서도 확인할 수 있다. 인서울. 2000년대 이전에는 존재하지 않았던 말. 2000~2019년 4대 주요 일간지(조선, 동아, 중앙, 한겨레)의 기사를 말뭉치 자료로 구축한 〈물결21 코퍼스〉에서 '인서울'이라는 단어가 처음 등장한 것은 2008년 10월 30일 지방대에 대한 편견을 다룬 〈조선일보〉 기사 단 한 건이었다. 이후 인서울이라는 단어의 출현 빈도는 등락을 거듭하다가, 2019년에는 33건의 기사에서 인서울이라는 단어가 출현한다.

      기사의 내용도 달라졌다. 2008년의 기사에서는 인서울이라는 말이 무엇인지 소개한다(이들 대학들은 '인(in)서울' 대학과 '지방대학'으로 불린다). 그러나 2019년의 기사에서 인서울은 설명할 필요가 없는 공고한 현실이다(인서울이 아니면 수도권 대학이라도 가야 한다). 더 나아가 대학 순위가 아닌 영역까지 인서울의 의미가 확장되는 양상도 보인다(새로운 법 개정을 반영한 '집 없는 김 대리에게 인서울 기회가 왔다'도 좋은 반응을 얻고 있다).

      '인서울'이라는 말을 누가 제일 먼저 했는지는 아무도 모른다. 다만 한 개방형 인터넷 백과사전[13]에 '인서울'의 기원이 소개되어 있다. 그에 따르면, 인서울이라는 말은 1990년대 수험생 사이에서 회자되던 농담에서 시작됐다. 농담의 내용은 이렇다. 서울 안(in)에 있는 대학은 인서울대, 수도권 대학은 서울약대(서울에서 약간 떨어진 대학), 충청권 대학은 서울법대(서울에서 제법 떨어진 대학), 전라 및 경상권 대학은 서울상대(서울에서 상당히 떨어진 대학).

      이 농담을 처음으로 한 사람은, 자신의 농담이

나중에 한국이라는 나라를 얼마나 파괴적으로 변화시킬지 꿈에도 몰랐을 것이다. 학벌사회의 상징인 서울대학교에 대한 욕망이 만든 이 농담은, 그 맥락과 내용은 잊히고 '인서울'이라는 말로만 남았다. 심지어 농담의 핵심이었던 '서울대학교'조차 소거되고 '서울'이라는 지역명만 남아, 말 그대로 '서울 안에 있는 대학'이라는 의미만 갖는, 어떻게 보면 별볼일없는 개념이 되었다.

하지만 이 별볼일없는 개념을 통해 사람들이 '서울 안에 있는 대학'과 '서울 밖에 있는 대학'을 구분하기 시작하자 놀라운 일이 벌어졌다. 곧바로 '서울 안'에는 긍정적인 가치가 부여됐고, '서울 밖'에는 부정적인 가치가 부여됐다. 그렇게 사람들의 머릿속에 가짜 지도가 만들어졌다. 분명 가짜지만 너무나 선명해서 매력적인, 그래서 진짜처럼 여겨지는 지도였다.

제일 먼저 수험생들과 학부모들의 머릿속에 지도가 그려졌다. 한국을 서울 안과 밖으로 나눈 단순한 지도. 그리고 개념이 생겨났다. 좋은 대학과 나쁜 대학의 기준은 오직 그 대학이 서울에 위치하는가 아닌가에 따라 결정된다는 개념. '인서울' 대학에 가지 못하면 낙오자라는 개념도 생겨났다. 이 가짜 지도로 인해 서울 안에 있는 것은 무엇이든 좋고 서울 밖에 있는 것은 나쁘다는 또 다른 개념도 만들어졌다.

부동산 뉴스에서도 '영끌'해서 '인서울'해야 한다는 말이 나온다. 사람들은 점점 더 서울로 모여들고, 더 많은 인프라가 건설되고, 더 많은 투자가 이루어진다. 반대로 지방은 말 그대로 소멸해가는 중이다. 한국은 수많은 도시와 지역들로 구성된 나라가 아니라, 서울과 서울 아닌 지역으로 구성된 나라가 되어가고 있다. 인서울이라는 말이 실제 한국의 지리를 바꾸고 있는 것이다.

   인서울이라는 말은 테라 인코그니타, 미지의 땅에 대한 지도가 아니라, 존재하지 않는 땅에 대한 가짜 지도였다. 하지만 우로보로스라는 자기 꼬리를 먹는 뱀은 가짜 지도를 현실로 만들었다. '인서울'은 이제 진짜 지도, 사회적 실재가 되었다. 그리고 다시 이 지도는 현실을 파괴적으로 재구축하고 있다.

   마파 문디(Mappa Mundi, 세계지도)를 본다. 2,600년 전 점토판에 바빌로니아인들의 세계를 그린 이마고 문디, 아시아와 유럽과 아프리카를 셋으로 나눠 그린 T-O 지도, 지도 맨 위에 천국을 그려놓고 추위로 사람이 살 수 없는 북쪽과 더위로 사람이 살 수 없는 남쪽을 그려넣은 조반니 레아르도의 세계지도, 인어와 용과 이름을 알 수 없는 괴물들이 그려진 제노바 세계지도, 중국과 조선을 중앙에 거대하게 그리고 아프리카를 작게 그려놓은 혼일강리역대국도지도까지.

   이런 세계지도를 만든 사람들은 자신들이 그린 세계를 실제로 본 적이 없다. 그들이 그린 세계는 사실 테라 인코그니타, 미지의 땅이자 상상의 공간이었다. 하지만 지도를 그림으로써 그 상상의 공간은 자신들이 알고 있는 공간이 되었다. 자신이 경험하는 공간을 넘어서서 상상으로밖에 갈 수 없는 공간까지 이해하고, 그 모두를 내가 아는 공간으로 만들려는 욕망. 사람들은 그 욕망에 이끌려 지도를 그려왔고, 그것이 곧 '세계'가 되었다. 그리고 지도에 의해 만들어진 '상상의 세계'를 마음에 품고 사람들은 진짜 세계를 만들었다.

    말도 마찬가지다. 말 하나하나는 모두 마파 문디다. 모든 말은 각자 자기만의 영토를 가지고 있기 때문이다. 우리가 세상에 태어났을 때, 세상의 모든 말은 우리에게 테라 인코그니타였다. 그 미지의 땅을 하나하나 탐험하면서 우리는 우리의 세계를 직조해냈다. 이 직조 과정이 의미를 생산해내는 과정이다. 의미는 말 속에 들어 있지 않다. 의미는 외부에 실재하는 현실을 지시하는 것이 아니다. 의미는 우리 몸 밖에 있지 않다. 말이 사람들을 통과해 세계가 되고, 세계가 다시 사람들을 통과해 말이 되는 이 우로보로스적 순환, 의미는 그 속에 있다. 말이라는 테라 인코그니타를 탐험하며 세계를 만들어내는 우리, 그 우리가 의미의 일부다.

8장 다른 우주의 문법

언어를 상상하는 것은 삶의 형태를 상상하는 것이다.
— 비트겐슈타인,《철학적 고찰》

1. (　)에 가다/오다

(　)에 가다/오다. 세상의 모든 이야기를 한국어교육용 문형으로 요약한다면 바로 이 문형이 될 것이다. 그러니까, 모든 이야기는 주인공이 어디에 갔다가 다시 돌아오는 이야기다. SF소설도 현재의 일상과는 거리가 먼 곳으로 갔다가 돌아오는 이야기라고 할 수 있다. '먼 곳'은 다른 우주에 존재하는 지구일 수도 있고, 은하계 너머일 수도 있으며, 타임머신을 타고 간 과거의 세계일 수도 있다.

SF소설 〈전도서에 바치는 장미〉도 주인공이 우주를 건너 화성으로 갔다가 다시 지구로 돌아오는 이야기다. 주인공 갤린저는 한 시대를 대표하는 천재 시인이자 뛰어난 번역가, 그 누구보다 탁월한 언어학자다. 그는 화성인들의 경전에 사용되는 고등 언어를 파악하라는 임무를 받고 화성에 파견되었다. 그리고… 뭐였더라? 이 작품을 읽은 지 20년도 더 지났고, 줄거리도 잊은 지 오래다. 그렇지만 나는 지금까지도 이 작품을 여기저기 소개하고 다닌다. 그 이유는 소설에 뜬금없이 등장한 아래 문장 때문이다.

> 화성어의 빙빙 돌려 말하기와 복잡한 완곡 어법은 한국어를 능가할 정도였다.[1]

아마도 이 소설의 작가 로저 젤라즈니(Roger Zelazny)는 '화성어'가 지구인의 언어와 완전히 다르지도 그렇다고 비슷하지도 않다는 것을 강조하기 위해 한국어를 들먹였을 것이다. 소설이 출간된 1963년도의 미국 독자들에게 한국어는 너무 낯설지도 그렇다고 익숙하지도 않은, '적당히' 생경한 언어였을 테니 말이다. 중국과 일본 사이에 위치한 작은 나라. 미국이 참전한 전쟁으로 유명한 나라. 하지만 그 나라의 언어에 대해서는 전혀 아는 바 없는.

* * *

"한국어를 유창하게 하는 외국인이 많아졌지만 착각하면 안 돼요. 한국어 학습자에게 한국어는 외계인의 언어나 마찬가지입니다. 그만큼 낯선 언어라고요."
한국어교육학 수업을 할 때 나는 이런 얘기를 꺼내며 〈전도서에 바치는 장미〉의 구절을 소개한다. 정작 소설의 줄거리는 기억 못 하면서.

얼마 전 책장에서 우연히 이 소설을 다시 꺼내들었다. 이번에는 한국어와 관련된 구절이 아니라 다른 내용이 주의를 끌었다. 나의 눈길을 잡아끈 부분은 소설 속에 묘사된 언어 학습 방식이었다.

작가는 이 소설의 주인공이 타고난 언어 천재임을 열심히 떠벌린다. 작가에 따르면, 주인공 갤린저는 "여섯 살 때 히브리어, 그리스어, 라틴어, 아람어를 배우고", "열 살 때는 《일리아드》를 훔쳐"보았다. 《채털리 부인의 사랑》이 아닌 《일리아드》를 훔쳐본 이유를 나로서는 전혀 이해할 수 없지만, 어쨌든 계속 이야기해보자. 그는 아버지에게서 '신의 말씀을 원전 그대로 읽는 방법'을 배웠으며 열네 살이 됐을 때는 프랑스어, 독일어, 스페인어, 라틴어 분야의 우수상장을 받고 학교를 졸업했다. 거기다가 힌두어와 일본어까지 공부했다.

이 정도로 설명하는 것도 부족했는지, 작가는 소설 속 동료 언어학자의 입을 통해 갤린저의 엄청난 언어 학습 능력을 대놓고 광고한다. 동료 언어학자는 다른 동료들에게 갤린저의 능력을 이렇게 설명해준다. "갤린저는 다른 언어학자들이 1년 동안 공부해야 할 내용을 단 3주 만에 해치우는 천재"라고.

하지만 소설 속 주인공이 언어를 학습하는 방식은 천재의 방식이 아닌 단순무식 '노오력'에 가깝다. 갤린저는 화성인 부족장에게 하루 4시간 강습을 받고, 커피와 암페타민을 자기 몸에 들이부으며 14시간 동안 개인 자습을 한다. 갤린저의 전임자도 비슷한 방식으로 화성어를 공부했는데, 그 학습법이란 '골방에 책상다리를 하고 앉아서' 화성어의 문법과 단어를 습득하는 것이었다.

외국어교육학을 조금이라도 공부한 이에게 이 학습 방법이 어떤 언어교수법과 관련 있는지 묻는다면, 그는 시큰둥하게 '문법번역식 교수법'이라고 답할 것이다. 문법번역식 교수법. 언어교수법의 살아 있는 화석. 고대와 중세의 지식인들이 고전을 읽기 위해 사용한 방법. 지금도 세계 곳곳의 외국어 교육 현장에서 몰래, 아니면 은연중에, 또는 대놓고 사용되는 교수법.

여기서 잠깐, 이 소설이 한 언어학자가 태양계의

네 번째 행성인 화성에 갔다 오는 이야기라는 것을 다시 상기해보자. 소설 속 인류는 엄청난 기술력으로 이 머나먼 별에 갈 수 있는 존재가 되었다. 그러나 그들의 언어교수법은 어디에도 가지 못하고, 여전히 고대와 중세에 머물러 있다. SF의 상상력도 인간이 외국어를 가르치고 학습하는 방식은 건드리지 못한 것이다.

    이 아이러니한 교수법이 어떤 방식으로 이루어지는지 우리는 너무나 잘 알고 있다. 문법과 단어를 먼저 익혀라. 그리고 원전을 번역하는 과정을 반복하라. 그러면 어느새 그 언어를 습득할 수 있을 것이다. 이 과정은 한마디로 말하면 학습자를 '걸어다니는 사전', '걸어다니는 문법서'로 만드는 과정이라고 할 수 있다. 실제로 갤린저는 이렇게 말한다.

> 나는 문법과 자주 쓰이는 불규칙 동사들을 완전히 파악하고 있었다. 내가 만들고 있는 사전은 튤립이 자라듯 매일 쑥쑥 자랐고, 곧 꽃을 피우려 하고 있었다.[2]

    문법번역식 교수법은 외국어 문헌의 독해에 특화돼 있다. 화성인들의 경전을 해독하는 임무를 맡은 갤린저에게 이 방법은 가장 적합한 언어교수법이었는지 모른다. 그러나 이 방식은 실제 의사소통 상황에는 별 도움이 되지 않는다. 문법과 단어를 완벽하게 외우고 있는 것과 그 언어를 사용하는 사람들과 소통하는 능력은 별개이기 때문이다. 하지만 여전히 사람들은 언어를 습득한다는 것이 '걸어다니는 사전', '걸어다니는 문법서'가 되는 것이라고 믿는다. 사전의 한 페이지를 찢어 외우고 그렇게 외운 단어들을 자신의 피와 살로 만들기 위해 종이를 씹어먹었다는 한국의 도시괴담은 필경 그런 믿음이 만들어낸 산물일 것이다.

진짜 유인 화성 탐사를 꿈꿀 수 있게 된 21세기. 또 다른 버전의 '걸어다니는 사전'을 만들려는 시도가 이루어지고 있다. '화성 식민지'라는 기괴한 꿈을 팔아서 성공한 일론 머스크라는 희대의 사기꾼이 뇌와 컴퓨터를 연결해 외국어 능력을 순식간에 '업로드'시키는 꿈을 꾸고 있는 것이다. 문제는 단어와 문법을 뇌에 업로드하는 것이 정말로 가능해지더라도, 그것이 언어를 할 줄 아는 것과는 거리가 멀다는 사실이다. 많은 사람이 착각하지만, 언어를 습득한다는 것은 단순히 단어와 문법을 익히는 차원으로 환원되지 않는다. 언어는 자신의 몸을 통과하는 수많은 경험 속에서 습득되는 것이기 때문이다.

경험을 통과하지 않는 한, 우리의 언어는 그 어디에도 갈 수 없다.

2. ( )예요/이에요

당신은 한국어를 배운다. 1일차. 강의실 벽에는 지난 학기 미처 정리하지 못한 한국어 글쓰기 과제가

여기저기 붙어 있다. 처음 보는 얼굴들 틈에서 당신은
어색하게 앉아 있다. 다들 어디서 온 사람들이야? 국적도
나이도 제대로 알 수 없다. 하지만 당신은 묻지 못한다.
당신과 교실에 앉아 있는 사람들 사이에는 공통의 언어가
없기 때문이다.

    수업이 시작된다. 교사인 나는 몇 번의 질문을
통해 금세 교실 안에 현실과 분리된 가상의 세계를
만들어낸다. 아니, 가상이라는 말은 취소하자. 이 세계는
잠시 존재했다가 사라질지언정 분명 실재하는 세계니까.
물론 이 세계는 교실 안에만 존재하는 작디작은 세계다.
그 세계의 시작을 만들어내는 대화는 비교적 쉽다. 교재의
등장인물들처럼 환한 미소를 머금은 채 이름을 묻고, 국적을
묻는다. 이름이 뭐예요? 완이에요. 어느 나라 사람이에요?
태국 사람이에요.

    나는 한국어로 서로의 이름을 묻게 한다. 당신은
마치 인간에게 이름이 있다는 사실을 처음 발견한 사람처럼
동료의 이름을 묻는다. 하지만 당신은 익숙지 않은 억양과
발음이 담긴 동료의 이름을 잘 알아듣지 못할 것이다.
동료들도 당신의 이름을 제대로 발음하지 못한다. 조만간
한국어식 발음으로 자신들의 이름을 말하게 되겠지만, 아직
당신의 이름은 국경을 넘지 못했다. 당신 동료들의 이름도
마찬가지다. 잘 들리지 않고 발음도 서툴러 서로 닿지 못하고
흩어지는 이름들. 모호하고 흐릿한 청각 이미지들. 대신
'예요/이에요'라는 말은 점점 더 선명하게 들린다. 당신의
존재를 증명하는 이름이 희미해질 때, 그것을 붙잡고 있는 건

역설적으로 '예요/이에요'라는 새로 익힌 말이다.

***

내가 크리스마스의 유령이라면 스크루지 대신 갤린저를 이 교실로 데려올 것이다. 갤린저를 죄수로 삼은 크리스마스의 유령인 나의 목표는 이것이다. 다른 세계로의 여행을 통해 갤린저에게 다른 우주의 문법이 아닌 이 우주의 문법을 다시 상상하게 하는 것.

갤린저는 내가 시킨 대화 연습을 하는 대신 이런 걸 따지고 있을지 모른다. '이다'가 조사라고? 그것도 모양이 변하는 활용을 하는 서술격 조사? '이에요'가 어간 '이-'와 종결어미 '-에요'의 결합이라니? 이건 형용모순 같은데? 갤린저는 당황해서 내게 따져볼까 생각할 것이다. 그러다 결국 참지 못한 갤린저는 다른 단어와 문법을 공부하기 위해 뒤도 돌아보지 않고 교실을 떠날 것이다.

교실에는 종종 갤린저 같은 학생들이 나타난다. 갤린저들은 몰래 지금 배우고 있는 내용과는 관계없는 문법책이나 단어집을 펼쳐서 공부한다. 그리고 불심검문하듯 의심의 눈초리로 교사의 설명과 문법서의 내용을 대차대조한다. 갤린저들은 이렇게 생각할지도 모른다. 이름이 뭐예요? 어느 나라 사람이에요? 이렇게 묻고 답한다고? 내가 속한 세계에서 나는 내 이름과 국적을 부러 말할 일이 없고, 다른 사람의 이름을 경찰처럼 캐물을 일도 없어. 이를테면 나는 내가 누군지 증명할 필요가 없다고.

***

　　에일리언(alien). 우주 괴물이 등장하는 영화 제목으로 유명하지만, 사전에 실려 있는 이 단어의 첫 번째 뜻은 '외계인'이 아니라 '외국인 체류자'다. 그렇다. 당신은 에일리언, 외국인 체류자다. 하지만 생경한 세계에 던져진 당신은 자신이 외국인 체류자보다는 외계인에 가깝다고 느낀다.

　　이 세상 모든 외국어 교재의 첫 번째 단원은 외계인을 위한 입국장을 숨겨놓고 있다. 한국어를 화성어와 비교한 〈전도서에 바치는 장미〉를 인용하지 않아도 한국에 도착한 당신은 이미 이곳을 화성처럼 생각한다. 당신은 화성에 도착한 지구인. 당신은 자신이 떠나온 고향 지구를 특별하게 생각하지만, 이곳 화성인들에게 당신은 어차피 외계인일 뿐이다.

　　화성의 입국장에서 당신은 자신이 누군지 끊임없이 확인시켜 줘야 한다. 완이에요. 태국 사람이에요. 미에코예요. 일본 사람이에요. 앤디예요. 미국 사람이에요. 이름과 국적이라는 납작하고 작은 딱지는 당신에 대해 알려주는 것이 거의 없지만, 자동 기계처럼 당신은 이름과 국적을 반복한다.

　　나도 잘 알고 있다. 이름과 국적으로는 당신 삶의 다양한 모습과 그 역사를 보여줄 수 없다는 것을. 단순한 질문을 주고받는 대화가 실제와는 너무나 다르며 심지어 유치해 보이기까지 한다는 점도. 하지만 동시에 나는 언어교육학자들이 시행착오를 통해 얻은 깨달음도 잘 알고 있다. '언어에 대해서'가 아니라 '언어 그 자체를 아는 것'이 중요하다는 것을. 그리고 이는 문법서가 아니라 오직 경험을 통해서만, 즉 사용을 통해서만 가능하다는 사실을.

다른 한편으로, 경험을 통한 습득이 교실 밖에서는 거의 불가능하다는 것도 안다. 교실 밖의 당신에게는 아직 얼굴도 이름도 허락되지 않는다. 당신은 그저 베트남 사람, 일본 사람, 홍콩 사람, 나이지리아 사람, 네덜란드 사람일 뿐. 당신의 얼굴은 특정 인종에 대한 틀에 박힌 스테레오 타입으로만 기억될 것이다. 당신은 화성인들에게 당신의 이름을 말해줄 테지만, 화성인들은 금세 그 이름을 잊을 것이다. 당신에게는 아직 화성에 발을 붙일 수 있는 중력이 허락되지 않았다.

***

어쩌면 화성인들은 당신의 이름을 듣고 하얗고 우아하다며 감탄할지도 모른다. 갤린저라는 이름을 듣고는 하얀 피부의 단단한 근육질을 연상할 수도 있다. 반대로 당신 이름이 어둡다거나 거칠다는 딱지를 붙일지도 모른다. 응우엔? 뭐? 이름이 뭐라고요? 오드게렐 헝거르졸. 이름이 왜 이렇게 길어? 오드게렐은 '별빛'이라는 뜻을 담고 있지만, 화성인들은 그 별빛을 보지 못한다. 이름의 주인이 살고 있는 공간을 옮겨왔을 뿐인데, 그 이름에는 낙인이 찍힌다.

언젠가 당신은 화성인들이 병원이나 관공서에서

어린애를 취급하듯 당신의 이름을 부른다는 것을 깨달을 것이다. 이름이 비속어와 비슷하다며 조롱당할 수도 있다. 투명인간처럼 존재 자체를 부정당할지도 모른다. 예를 들어, 관공서에서 만든 서류에 당신의 이름이 지워진 채로 출력되는 황당한 일을 겪기도 할 것이다(2018년 이전까지 주민등록등본에는 외국인 배우자의 이름이 지워진 채 나왔다). 은행에서는 동의하지도 않았는데 직원이 당신 이름의 일부를 지워버리는 경험도 할 것이다(홍길동이라는 이름을 가졌는데 은행에서 '홍길'까지만 입력했다고 생각해보라. 시스템에서 입력되지 않는다는 이유로 이름을 마음대로 삭제한 것이다. 이 경우 외국인들은 행정서류상의 이름과 금융기관에 등록된 이름이 달라 매번 자신이 같은 사람임을 증명해야 한다.)

그렇게 당신은 깨닫게 될지도 모른다. 당신 이름은 '(　)예요/이에요'의 빈칸에 들어갈 수 있는 자격을 갖춘 이름이 아니라는 것을. 그러다 막다른 골목에 이르면 이런 결심을 할 수도 있다. 당신의 우주가 담긴 이름을 버리고, 3음절로 된 낯선 한국 이름을 얻어 그 안으로 숨어버리겠다는 결심을.

*　*　*

교실 밖 세계. 그 세계에서 우리는 언제 이름을 묻는가? 이 질문에 대한 답변 중 높은 비율을 차지하는 것은 '낯선 사람의 신분을 확인하기 위해'일 것이다. 다시 말해, 이름을 묻는 것은 증명하라는 요구다. 현실 세계에서 이름을 말하라는 요구를 받는 상황에 처했다면, 그 사람은 답을 거부할 권리가 없다. 이름을 말하라고 요구받는 자는 증명되지 않은 사람이기 때문이다. 이런 질문과 대답의 연쇄가 의미하는 것은 증명의 요구와 수용, 그것뿐이다. 묻는 이는 당신이 어떤 사람인지 관심이 없고, 이는 답하는 이도 마찬가지다.

그럼 이것은 어떤가? 너, 이름이 뭐야? 당신 이름이 뭡니까? 이런 물음 뒤에는 다음과 같은 말이 뒤따르기 마련이다. 일을 왜 이따위로 해? 한국어 공동체에서 이름을 묻는다는 것은 비난이나 질책하는 행위를 뜻할 때가 많다. 이런 물음에 대한 답은? 나는 ( )야. 어쩔래? 이런 이름 묻기와 답하기는 비난과 반발의 대화 연속체다.

그것도 아니면 이런 것도 있다. 너, 나 누군지 알아? 나 ( )야. 나 고객이야, 나 사장이야, 나 무슨무슨 위원장이야… 이름을 숨기는 화려하고 괴상한 모자 같은 가짜 이름들. 위악을 떨고 위협하는 모자 이름 말하기.

***

교실 안 세계. 외계인들로만 이루어진 한국어 공동체. 이 공동체는 교실 밖 한국어의 세계와는 다른 중력을 갖고 있다. 이름이 뭐예요? 저는 '( )예요/이에요'. 남들이 보기에 이 질문과 대답의 연쇄는 단순하고 납작하다. 맞다, 현실에서는 쓸모없는 무용한 대화다.

이 무용한 대화는 어린아이들의 말처럼 들린다.
이 또한 맞다. 외계인들에게는 모든 것이 처음이기 때문이다.
그러나 이 대화는 돌봄의 말, 양육자의 말이기도 하다.
외계인들은 서로가 서로에게 양육자가 된다. 그런 돌봄의
공동체가 어디에 있냐고 따질 수도 있지만, 우리는 우리의 첫
번째 말을 그런 돌봄의 공동체 안에서 체득했다.

교실 안 세계에서의 이름 묻기는 증명 요구도,
비난이나 질책도, 위협도 아닌 있는 그대로의 이름 묻기다.
보이는 그대로 투명하게 서로의 존재를 묻고 답하는 대화.
단순한 이름 묻고 답하기는 역설적으로 그 이름을 가진
사람들을 있는 그대로 보여준다. 거기 이름이 있다. 그리고
사람이 있다. 나는 당신의 이름을 듣고 있다. 당신의 존재를
보고 있다. 교실 안에서는 당신의 이름을 어린애처럼 부르지
않는다. 당신 이름을 두고 뒤에서 낄낄거리는 일도 없다.
이곳에서는 한국 이름이라는 방패가 필요하지 않다.

나는 크리스마스의 유령. 나의 죄수 갤린저는
이 공동체를 이해할 수 있을까? 하지만 이내 갤린저에 대한
걱정을 멈추고 학생들이 대화 연습하는 모습을 살펴본다.
수십 번 반복한 덕분인지, 학생들은 이제 동료들의 이름을
제법 제대로 발음하기 시작했다.

이 공동체는 서로의 존재를 듣고 새기는
받아쓰기의 공동체다. 삐뚤빼뚤 서툰 글씨로 쓰이는 이름들.
이제 막 경계를 넘기 시작한 이름들. 점점 자기 이름을 부를
때 특유의 발음과 억양이 사라져 풀이 죽어 있는 것 같지만,
그것은 서로를 위해 자신의 몸을 바꿨다는 증거다. 이름의

주인은 내 앞에서 나의 존재를 묻는 사람을 위해 이름을 변신시킨다. 우리가 아이였을 때 우리의 부모들도 자신들의 말을 변신시켰다. 서로가 서로를 온전한 수수께끼로 대하는 시간. 이름을 묻고 답할수록 서로의 존재는 선명해진다. 서로의 존재가 선명해질수록 이 외계인들은 서로를 잡아당기는 중력이 생겨나고 있음을 느낀다. 그렇게 순수한 환대의 공동체가 만들어진다.

나는 크리스마스의 유령. 나에게 끌려온 갤린저가 교실 한쪽에 입을 다물고 우두커니 서 있는 것을 본다. 그는 이 단순한 문법을 왜 그렇게까지 대화로 연습시키는지 이해하지 못한다. 갤린저에게는 돌봄의 공동체가 생겨나는 게 보이지 않는 것이다.

3. ( )이/가 ( )에 있다① — 옛날옛날 한 옛날에

나는 크리스마스의 유령. 스크루지 대신 갤린저를 데리고 가서 보여주고 싶은 곳이 또 있다. 그곳은 먼 미래의 화성이 아닌, 스탠리 큐브릭의 1968년 작 〈2001, 스페이스 오디세이〉에 묘사된 지구의 과거다.

영화는 먹이와 물을 찾아다니며 살던 수백만 년 전 유인원들의 지루한 일상을 보여준다. 어느 날 유인원들 앞에 거대한 검은 석판, 모노리스(monolith)가 나타난다. 침묵으로 서 있는 모노리스. 외계에서 보내진 이 미지의 존재 앞에서 유인원들은 처음에는 놀라 비명을 지르지만,

이내 그 풍경에 적응한다. 그러던 어느 날, 모노리스 앞을 서성이던 한 유인원이 문득 동물의 뼈를 무기로 사용할 수 있음을 깨닫는다. 모노리스의 영향으로 높은 지능을 갖게 된 유인원 무리는 사냥을 해 고기를 얻고, 자신들과 경쟁하던 다른 무리를 물리친다. 그러다 영화는 한 유인원이 포효하며 허공을 향해 하얀 뼈를 던지는 모습을 보여준다. 하늘로 던져진 뼈는 어느새 우주를 가로지르는 우주선이 되어 있다. 유유히 우주를 비행하는 우주선을 배경으로 요한 슈트라우스 2세의 〈아름답고 푸른 도나우강〉이 흐른다.

 이 영화 속 인류는 이렇게 말할 것이다.

 태초에 모노리스가 있었다.

 영화는 300만 년 전 유인원들이 모노리스를 통해 인류로 진화하고, 그런 인류가 다시 최후의 모노리스를 통해 시공간을 초월한 존재 스타차일드가 되는 과정을 그린다. 이 영화의 원작 소설을 쓴 아서 클라크는 인류가 유인원 친족들과 다른 길을 걷게 된 결정적인 이유를 궁리하던 끝에 '모노리스'라는 아이디어를 생각해냈을 것이다. 아서 클라크는 이렇게 결론 내렸을지도 모른다. 무한한 지혜를 가진 외계의 존재가 인류의 진화를 이끌지 않았다면 어떻게 인류가 여기까지 왔겠는가?

 하지만 인간의 언어는 우리의 몸 안 어딘가에 새겨진 선천적인 생물학적 본능이라고 주장한 노엄 촘스키는 다음과 같이 말할 것이다.

태초에 언어 유전자가 있었다.

또는 이렇게 주장했을지도 모른다.

태초에 보편문법이 있었다.

〈전도서에 바치는 장미〉가 1963년 작품이니, 만약 작가가 1960년대부터 본격적으로 활동한 촘스키의 언어 이론을 제대로 인지하고 있었다면 갤린저라는 인물을 촘스키의 추종자로 묘사했을지 모르겠다. 만약 그랬다면 갤린저는 촘스키의 이론을 근거로 화성인들을 외계 종족이 아니라 지구 밖 행성에서 살게 된 인류의 일원이라고 주장하는 인물로 그려졌을 것이다.

촘스키 언어학의 전도서가 있다면, 그 책은 이렇게 시작될 것이다. '헛되고 헛되도다. 일상의 모든 말이여. 우리가 나누는 모든 대화여. 그것은 찰나의 허상일 뿐. 우리가 귀의하고 찾아내야 할 진리는 보편문법이니라. 실제 생활 속의 말들은 모두 공허한 먼지일 뿐이니, 언어학자들은 그 먼지를 탐하지 말라.'

이처럼 촘스키는 인간의 언어는 제각기 다른 모습을 하고 있지만 그 다양한 인간 언어의 심층에는 보편문법이라는 공통의 언어가 자리 잡고 있다고 주장한다. 그걸 가능하게 하는 것은 어디에 있는지 도무지 확인할 수 없는, 오직 인간만이 가지고 있는 언어 유전자다. (한때 FOXP2라는 유전자가 우리가 찾던 언어 유전자라며 호들갑을 떨었지만, 이것은 인간만 가지고 있는 유전자가 아닌, 소리를 내는 다른 동물도 공유하는 유전자임이 밝혀졌다.) 언어 간 통번역이 가능한 이유도 바로 이 공통의 보편문법이 있기 때문이다. 갤린저도 화성어에 대해서 똑같은 논리를 적용해 이런 주장을 했을 것이다. 통번역이 가능하니 화성인들의 언어도 지구인들의 언어와 같은 보편문법을 가지고 있으며, 이는 바로 화성인들이 지구인의 언어 유전자를 공유한 인류의 일원이라는 증거라고.

촘스키가 말하는 언어 유전자와 보편문법이 정말로 인류의 진화를 이끈 모노리스였을까? 1960년대 이후, 세상을 지배한 촘스키 언어학 추종자들은 그렇게 믿고 있다. 그러나 언어 습득은 유전자의 힘이 아니라 사용에 의해 이루어진다고 주장하는 용법기반 습득론자이자, 영장류 연구를 통해 인간의 인지와 언어의 기원을 탐구하는 마이클 토마셀로(Michael Tomasello)는 촘스키의 전도서를 정면으로 반박한다.

태초에 가리키기가 있었다.

토마셀로는 인류가 언어를 가질 수 있게 된 결정적인 계기를 '가리키기'라는 지시 행위에서 찾는다. 그에 따르면, 가리키기는 인류가 유인원 친족들과는 완전히 다른 길을 걷도록 만들었다.

이상하게 들리겠지만, 인간 이외의 영장류들은 가리키기를 행하지도 이해하지도 못한다. 예를 들어, 두

양동이가 있고 한쪽 양동이에 바나나가 담겨 있는 상황을
생각해보자. 이때 어떤 사람이 손가락으로 왼쪽에 있는
양동이를 가리킨다면? 당신은 손가락으로 가리키는 행위가
'바나나가 왼쪽 양동이에 있다'라는 의미임을 단박에 이해할
것이다.

그러나 침팬지는 아무 반응도 보이지 않는다.
침팬지에게 가리키기는 무의미한 동작이기 때문이다.
그런데 손가락으로 가리키는 것이 아니라, 한쪽 양동이를
향해 사람이 팔 전체를 뻗는 동작을 한다면 어떻게 될까?
침팬지는 재빨리 달려가 양동이를 뒤집는다. 손을 뻗는
행위를 바나나를 가져가려는 동작으로 파악해 바나나를
빼앗기지 않으려 하는 것이다.

침팬지의 의사소통은 '경쟁'을 바탕으로
이루어진다. 반면 인간의 의사소통은 '협력'에 기반한다.
심지어 아직 말을 못하는 아이한테서도 이런 성향을 확인할
수 있다. 토마셀로의 실험에서 생후 12개월 된 아이들은
누군가 물건을 찾고 있는 모습을 보면 손가락으로 가리켰다.
아직 말은 못하지만 손가락으로 '물건이 거기에 있어요'라는
정보를 제공해 타인을 도우려고 하는 것이다.

하지만 그래봤자 제스처 아닌가? 단순한
손가락질이 어떻게 인류에게 언어와 문화를 가져다주었단
말인가? 영화 속 모노리스의 역할을 하기에 가리키기는
너무 하찮은 동작에 불과한 것 아닐까? 이 질문에 답하기
위해서는 먼저 가리키기가 이루어지는 과정을 자세히
뜯어볼 필요가 있다.

***

가리키기가 인류에게 준 것은 다른 '눈'으로 세상을 볼 수 있는 능력이다. 가리키기를 통해 인류는 자신의 관점이 아닌 타인의 관점에서 사태를 바라볼 수 있게 되었다. 앞에서 소개한 '바나나 든 양동이'를 생각해보자. 자신의 관점에만 고착되어 있는 경우 '양동이'는 먹을 것이 담긴 '용기'일 뿐이다. 그러나 협력적인 손가락 지시를 통해 타인의 관점을 얻게 되면 양동이는 용기가 아닌 '장소'가 된다.[3]

이처럼 초기 인류는 가리키기를 통해 관점을 고정하지 않는 기술을 습득함으로써 자신이 직접 경험하는 세계와 사회적 관점에서 보는 세계를 동시에 경험하게 되었다. 토마셀로에 따르면, 이런 관점 교환은 초기 인류에게 주관과 객관을 분리할 수 있는 가능성을 만들어냈고, 단일 시점으로 세계를 보는 유인원들과 달리 다중 시점을 갖게 되는 계기를 제공했다. 무엇보다도 이는 언어 진화의 중요한 전환점이 되었다. 자신만의 관점에서 벗어나 타인의 관점에서 사물을 보게 되면 같은 사물에도 다양한 개념을 부여할 수 있기 때문이다. 플라스틱 생수병을 생각해보자. 마실 수 있는 물이 들어 있는 병이지만, 운동을 좋아하는 사람에게는 훌륭한 아령이 될 수 있고, 환경을 걱정하는 사람들에게는 생태계를 파괴하는 오염원이 될 수 있다는 것을 우리는 안다.

***

무엇보다도 가리키기는 인류에게 다른 사람과 함께 하나의 사물에 공동으로 주의를 기울이는 능력을 부여했다. 다른 이들과 공동으로 주의를 기울이기 위해 인류는 상대방에게 자신의 생각을 보여주는 의사소통 방식을 발전시켜야 했다. 선글라스를 낀 것처럼 눈동자가 어디를 향하는지 알 수 없는 다른 영장류와 달리, 인간은 눈의 안구에 흰자위가 있어서 시선이 어디로 향하는지 상대방에게 그대로 노출된다. 그러니까 인류는 손가락이 아닌 눈으로도 가리키기를 한다. 이를 두고 토마셀로는 '인간의 의사소통 행위는 자신의 마음을 광고하는 것'이라고 말한다.[4]

왜 마음을 광고하는가? 협력적 의사소통 상황에서는 그것이 이득이 되기 때문이다. 경쟁적인 의사소통이 인간의 주된 소통 방식이었다면 시선 노출은 경쟁자들에게 치명적인 약점을 노출하는 셈이 된다. 경쟁자들은 상대의 시선을 보고 '아, 쟤가 저 바나나를 보고 있는 걸 보니, 바나나를 혼자 먹으려고 하는군!'이라고 해석하고 먼저 바나나를 채갈 것이다. 그러나 협력적인 의사소통 상황에서라면 시선 노출은 '저 친구는 나에게 바나나의 위치를 알려주는군. 같이 따먹을 방법을 궁리하자고 제안하는 건가?' 식의 추론을 유도한다.

가리키기를 하는 인간의 눈은 상대방에게

내가 어떻게 생각하는지 추론할 수 있는 단서를 제공한다. 상대방도 나의 마음에 대해 추론한다. 토마셀로가 '사회적 재귀 추론'이라고 부르는 과정이다. 더불어 이 게임의 참여자들은 자신이 상대방에게 어떻게 읽히는지를 생각한다. 사회적인 관점에서 자기 자신을 관찰하는 것이다. 손으로든 눈으로든 가리키기를 할 줄 안다는 것은 서로의 공유 기반을 파악하고, 상대방이 무엇에 흥미를 갖고 있는지를 상대의 관점에서 시뮬레이션하고, 상대방의 시각에 맞춰 표현할 줄 안다는 것이다.

이렇게 가리키기를 통해 인류는 다른 이와 함께 특정 사태에 공동의 주의를 기울이는 능력, 서로의 마음을 읽는 능력, 자기 자신을 관찰하는 능력을 갖게 되었다. 그렇게 가리키기는 서로의 경험을 공유할 수 있는 공간을 만들어냈다. 그리고 그 공간에서 언어가 자라났다. 문법은 언어 유전자의 발현으로 나타난 것이 아니라, '가리키기'로 대표되는 협력적인 의사소통 과정에서 탄생한 것이다.

영화에서 모노리스는 거대한 석판처럼 묘사되지만, 모노리스의 실체는 물질이 아닌 4차원의 초입방체이자, 다른 차원으로 열려 있는 스타게이트다. 〈2001, 스페이스 오디세이〉의 원작 소설에서 주인공 데이비드 보먼은 스타게이트인 모노리스 안으로 진입한 다음 이렇게 외친다.

> "속이 텅 비었어…. 한없이 계속되고 있어…. 그리고…, 세상에…! 별들이 가득 차 있어!"[5]

'( )이/가 ( )에 있어요.' 가리키기라는 동작이 이 문형이 되기까지 수백만 년이 걸렸다. 처음에 가리키기는 그저 단순한 석판, 텅 비어 있는 공간에 불과해 보였다. 그러나 그 공간은 다른 차원으로 이어진 스타게이트였다. 인류는 가리키기라는 모노리스, 서로의 시선과 관심을 공유하는 수많은 경험의 시공간을 통과해 언어와 문화라는 별이 가득한 세계에 당도했다.

나는 크리스마스의 유령. 나는 갤린저에게 인류의 조상들이 통과한 수백만 년의 경험에서 언어가 만들어지는 과정을 지켜보게 한다.

태초에 모노리스가 있었다. 그 모노리스의 이름은 가리키기다.

4. ( )이/가 ( )에 있다② — 세계의 지평선

이쯤에서 크리스마스의 유령인 내가 끌고 다니는 죄수 갤린저에게 무슨 일이 있었는지 설명해야 할 것 같다. 〈전도서에 바치는 장미〉의 내용을 간단하게 정리하면 이렇다. 천재 언어학자 갤린저의 실패담. 소설 속에서 갤린저는 우월한 백인 영웅 그 자체로 그려진다. 키가 작은 화성인 종족을 구원할 운명의 남자. 한 세기를 대표하는 시인이자 언어 천재인 그는 전도서를 화성의 고등 언어로 번역해 들려주면 음울한 종말론적 세계관에 빠져 있는 화성인들을 구할 수 있을 것이라 믿는다. 그러다 어느 날 화성인 족장의 초대로 무희 브락사의 춤을 보게 되고, 브락사를 사랑하게 된다. 브락사는 갤린저의 아이를 갖는데….

여기까지만 보면 〈전도서에 바치는 장미〉는 전형적인 서부영화의 줄거리를 따라가는 것 같다. 이 서부영화는 다음과 같이 진행된다. ① 엄청난 능력을 가진 백인 남성 총잡이가 우연히 가난한 촌락을 지나게 된다. ② 주인공이 그 마을에서 이상한 낌새를 느끼지만 지치고 우울한 표정의 마을 사람들은 마을의 비밀을 말하지 않는다. ③ 그러다가 총잡이는 마을의 절세미녀와 사랑에 빠지고, 악당에게 억압당하고 있는 마을의 현실을 알게 된다. ④ 처음에는 외면하려 하지만 총잡이는 마을 사람들과 힘을 합쳐 악당을 물리친다.

그러나 갤린저는 실패한다. 화성인들을 구원했다고 생각했으나 사실은 이용당한 것이었다. 브락사의 사랑을 얻었다고 믿었으나 브락사는 갤린저를 사랑한 적이 없었다. '헛되고 헛되도다'라는 전도서의 말처럼, 갤린저는 자신이 브락사와 헛된 사랑을 했음에 괴로워한다. 그는 우주선 선실에 들어가 수면제 42알을 먹고 자살을 기도하지만 죽지 못하고 살아남는다.

죄수 갤린저는 이런 일을 겪은 상태로 크리스마스의 유령인 나에게 끌려다니고 있다. 나는 '헛되고 헛되도다'를 중얼거리는 이 처량한 남자에게 이 우주의 문법을 이해했는지 묻는다. 체념한 표정으로 갤린저는 대답한다.

"수없이 많은 경험들을 통과하면서 언어가 만들어졌다는 건 알겠어요. 하지만 문법은 결국 우리의 삶 이전부터 존재했던 것입니다. 문법은 우리 선조들의 삶을 통과하면서 생성된 것이지만, 그렇다고 해서 우리가 겪은 경험에서 만들어진 것은 아니죠. 문법은 우리가 현재 겪는 경험과는 전혀 관계가 없습니다."

"문법은 경험 이전의 선험적인 것이다, 이런 말인가요?"

"당연합니다. 다시 말하지만, 조상들의 경험은 우리의 경험이 아니에요. 그냥 우리에게 먼저 주어진 겁니다. 문법이란 중립적인 거예요. 시간과 공간처럼 말이죠. 우리가 어떤 경험을 하든 물리적인 시간과 공간은 변하지 않잖아요? 시간과 공간이라는 개념처럼 문법에는 순수한 규칙 외에 그 어떤 것도 끼어들 여지가 없습니다."

갤린저는 여전히 촘스키의 그림자에서 벗어나지 못하고 있다.

"문법을 안다고 해서 문법을 사용하는 사람들의 삶을 알 수 있는 건 아니라는 뜻이군요. 문법이란 경험 이전에 존재했던 것이고, 우리의 삶은 지금 여기서 일어나고 있는 사건이니…"

"아닙니다, 저는 다르게 생각해요. 만약 제가 화성인들의 문법과 단어를 정확하게 알고 있다면, 화성인들의 경전에 쓰인 화성인들의 삶과 생각의 방식을 완벽하게 포착할 수 있을 겁니다. 물리적 시간과 공간은 변하지 않기 때문에 대포에서 발사한 포탄의 탄도가 어떤 궤적을 그릴지 미리 알 수 있는 것과 마찬가지예요. 관건은 화성인들의 문법과 단어를 정확하게 파악하는 것이죠. 정확하게만 쓴다면 우리는 의사소통에 실패하지 않을 겁니다."

기운이 빠진 목소리지만 갤린저의 대답에는 주저함이 없다. 하지만 나는 지치지 않는 크리스마스의 유령. 갤린저를 또 다른 세계로 끌고 간다.

먼저 보이는 광경은 5층짜리 건물이다. 1층에는 우체국, 2층에는 서점, 3층에는 회사, 4층에는 식당, 5층에는 영화관이 있다. 그 밑에 한국어로 다음과 같은 문장이 쓰여 있다. 수잔 씨가 우체국에 있어요. 앤디 씨가 서점에 있어요. 한스 씨가 회사에 있어요. 바야르 씨가 식당에 있어요. 미나 씨가 영화관에 있어요. 이곳은 한 한국어 교재 속에 존재하는 가상 세계다. '(   )이/가 (   )에 있어요'라는 문형을 가르치고 배우기 위해 만들어진 세계.

다음으로 보이는 풍경은 침대와 책상이 놓인 누군가의 방이다. 책상 위에는 빨간 머그컵, 노트북, 핸드폰이 있다. 침대 위에는 강아지가 있다. 이 방의 주인은 강아지를 키우며 혼자 살고 있는 젊은 사람일 것이다.

다음 장면. '과잠'을 입은 앤디 씨가 미나 씨에게 대학 구내의 ATM이 어디에 있는지 묻는 모습이 보인다. 장소가 또 바뀐다. 앤디 씨는 어느새 대형 쇼핑몰에 가 있다.

앤디 씨는 행인에게 카페가 어디에 있는지 묻고, 행인은 카페가 1층 아이스크림 가게 왼쪽에 있다고 대답한다. 또 다른 장면에서는 자신이 살고 있는 집을 소개한다. 완 씨는 집이 광화문에 있고, 사라 씨는 집이 현대백화점 뒤에 있고, 가브리엘 씨는 집이 잠실에 있다.

( )이/가 ( )에 있다. 단순해 보이는 문형이지만, 결코 단순하지 않다. 그 이유는 공간이 인간을 규정하기 때문이다. 이 문형은 내 세계의 지평선이 어디인지 보여준다. 내가 위치한 곳, 내 눈앞에 있는 물건들이 놓인 곳, 내가 볼 수 있는 곳, 내가 볼 수 없는 곳, 내가 갈 수 있는 곳, 내가 갈 수 없는 곳… 이런 곳들이 내가 누구인지를 결정한다. 인터넷이라는 네트워크가 인류를 새로운 차원으로 이끌었다고 이야기할 수 있는 것도 이런 이유 때문이다. 인터넷을 건설하면서 인간은 그 전에는 상상할 수 없었던 존재 양태를 습득하게 되었다. 다시 말해, 이제 인간은 '어디에나 있고, 어디에도 없는' 존재가 된 것이다.

'어떤 것이 어디에 있는지'에 대해 한 사회가 공유하는 상식이나 믿음도 그 사회를 규정한다. 더 나아가 자기 세계의 지평선이 어디까지인지에 대한 생각이 한 사회를 또 다른 역사로 이끌기도 한다. 십자군전쟁에서 이슬람군에 밀리던 중세 유럽인들은 사제왕 프레스터 존이 세운 기독교 국가가 동방 어디엔가 있다고 믿었다. 잘못된 환상이었지만, 프레스터 존의 왕국이 존재한다는 믿음은 이 왕국을 찾으려는 수많은 시도로 이어졌고, 이는 결국 유럽인들로 하여금 대항해시대를 열게 만들었다.

***

이제 다시 앞에서 소개한 교재 속 세계로 돌아가보자. 이 가상세계는 한국어를 배우는 자유롭고 젊은 독신 코스모폴리탄의 삶이라는 신화가 작동하는 공간들이다. 이 코스모폴리탄들에게는 자기만의 방이 있다. 이들이 거주하는 방은 혼자만 사용하는 개인적 공간이며, 그 공간에 배치된 물건들도 모두 그들의 개인 소유물이다. 이들은 서점이나 영화관 등 대학가와 도심에 있는 다양한 편의시설들을 이용하며 생활한다. 백화점이나 대형 쇼핑몰이 어떤 공간이고, 그 공간에서 어떤 행동을 해야 하는지를 당연한 상식으로 알고 있다. 서울의 여러 대표적인 명소가 어디인지 알고, 그 명소에 언제든지 갈 수 있는 자유로운 세계인들이다. 이 사람들에게 세계의 지평선은 아득히 먼 곳에 있다.

특별할 게 없는 당연한 풍경 아닌가? 하지만 2005년 여성가족부에서 출간한 결혼이주여성을 위한 한국어 교재 속 세계에 살고 있는 사람들을 보면, 앞에서 살펴본 풍경이 당연하지 않다는 것을 알게 될 것이다. 즉 '( )이/가 ( )에 있어요'라는 문형은 전혀 다른 삶의 모습을 구축할 수도 있다. 결혼이주여성 교재 속 가상세계의 풍경은 '집 안'으로 한정되어 있다. 제일 먼저 보이는 광경은 집 안의 방들이다. 안방, 화장실, 건넌방, 부엌, 거실, 현관. 책상은 어디에 있어요? 건넌방에 있어요. 전기밥솥은 어디에 있어요? 부엌에 있어요. 다음 장면에서는 '남편'과 '란'이라는 인물이 안방에서 대화를 나누는 모습이 보인다. 여보, 양말은 어디에 있어요? 서랍 안에 있어요. 어느 서랍에 있어요? 침대 옆 서랍에 있어요. 안경은 어디에 있어요? 그것은 책상 위에 있어요.

  이 교재가 보여주는 풍경에 대해 나는 이렇게 쓴 적이 있다.

> 우리의 주인공이 사는 세계는 대화문과 문법 및 문형 연습, 여러 예시문 속에 건설되어 있다. 앞서 소개한 대화문은 그녀가 어떤 세계에 사는지 보여준다. 그녀는 남편의 질문에 대답하기 위해 존재하는 사람이다. 이 대화에서 그녀는 묻지도 따지지도 않는다. 매일 신는 양말도 못 찾는 남편에게는 질문할 권리가 있지만, 그녀에게는 질문할 권리가 없다.
> 조사 '-에'가 제시된 이 교재의 세계를 다시 둘러보자. 이 세계에서 장소란 '집 안'의 방들만을 가리킨다. 사물들은 가전이나 가구뿐이다. 이를테면 한국어 조사 '-에'가 사용되는 이 세계에서는 결혼이주여성의 신체가 집 안에만 머물도록 설계되어 있다. 새롭게 배운 언어로 이 여성이 말할 수 있는 것은 집 안 물건의 위치뿐이다.

그렇다면 결혼이주여성을 위한 교재가 아닌 다른 일반 한국어 교재 속 세계는 어떤 모습일까? 일반 한국어 교재의 '-에'가 등장하는 단원에는 우체국, 약국, 극장, 백화점, 공항, 남산, 인사동, 대학로가 등장한다. 그러나 이런 장소들은 그녀가 갈 수 없는 곳이다. 그녀가 사는 세계에서 그녀는 집 밖으로 나설 수 있는 존재, 길 위에서 자신이 가고 싶은 곳을 찾을 수 있는 존재, 자신의 물건이 어디에 있는지 물을 수 있는 존재가 아니기 때문이다.
— 〈그녀가 갈 수 없는 곳〉[6]

위 교재 속 세계에서 '( )이/가 ( )에 있어요' 문형은 가부장제라는 감옥의 문법이다. 이 문형은 교재의 인물들에게 집 밖의 공간을 허용하지 않는다. 이 교재의 인물들이 사는 세계의 지평선은 자기 눈앞을 막고 있는 벽과 천장이다. 그렇게 이 문형은 가부장제에 종속되어 가택연금된 여성의 삶을 주조한다. 반대로 제일 처음 살펴본 교재 속 세계의 인물들에게 이 문형은 자유와 탐험의 문법, 여행자들의 문법이다. 여행자들이 묻는다. 박물관이 어디에 있어요? 광화문에 있어요. 롯데월드가 어디에 있어요? 잠실에 있어요. 이 세계 속의 인물들은 이 문형을 통해 자신이 가고 싶은 곳으로 떠날 수 있다.

갤린저는 '( )이/가 ( )에 있어요'에 해당하는 화성어 문형을 알고 있었을 것이다. 그에게 그 문형은 화성이라는 신천지를 탐험하게 하는 모험가의 문법이었다. 단순하고 선명한 의미를 지닌 이 문형으로 그는 자신의 연인 브락사에게 자신이 찾고 싶어 하는 것들이 어디에 있는지 묻고 기대감에 흥분했을 것이다.

그러나 갤린저는 브락사가 어떻게 이 문형으로 자신의 공간을 인식하는지 알지 못했고, 그 문형이 브락사의 삶을 어떻게 주조하는지에 대한 관심도 없었다. 그래서 갑자기 브락사가 사라졌을 때, 그는 브락사가 어디에 있는지 알지 못해 사막을 헤맨다. 갤린저는 브락사와 자신이 같은 말을 쓰고 같은 공간에 있다고 생각했겠지만, 그것은 착각이었다. 그 말의 형태는 같았을지라도 두 사람은 다른 문법을 사용하고, 다른 공간에 있었다.

갤린저는 그렇게 실패했다.

5. -아/어서 vs -(으)니까

-아/어서 ① — 일상의 구조

> -아/어서 ①: 두 행위를 발생한 시간의 순서에 따라 연결하는 것. 이때 앞뒤 문장의 주어는 같아야 한다. 집에 가서 텔레비전을 본다. 아침에 **일어나서** 신문을 읽는다. 친구를 **만나서** 커피를 마신다.

갤린저에게 '-아/어서 ①'의 의미를 아느냐고

묻는다면, 갤린저는 분명 문법서에 나온 설명을 반복할 것이다. 두 행위를 발생한 시간의 순서에 따라 연결할 때 사용하는 문법. 이 설명은 정확하고 군더더기 없지만, 이 문법이 실제로 언제 어떻게 사용되는지에 대해서는 아무것도 알려주지 않는다. 나는 갤린저에게 이 문법을 한국어 화자들이 언제 사용하는지 아느냐고 다시 묻는다. 그러면 갤린저는 답답하다는 듯이 이렇게 대답한다. 누군가 자신이 한 일을 시간순으로 나열할 때 쓰는 것이라고 아까 말씀드렸습니다.

집에 간다. 텔레비전을 본다. 이 두 행위 사이에는 아무런 필연적 관계가 없다. 그러나 이 행위가 연속해서 매일 반복된다면? 그것을 우리는 일상이라고 부른다. **나는 어제 집에 가서 텔레비전을 봤다. 나는 오늘 집에 가서 텔레비전을 볼 것이다. 나는 내일 집에 가서 텔레비전을⋯.**

'-아/어서'를 사용해 만들어진 문장을 볼 때 가끔 나는 감탄한다. 어떻게 두 행위를 용접 자국 없이 이렇듯 매끈하게 연결해 하나의 일상을 만들 수 있을까? I go home and watch TV. 의미는 같지만 'and'로 두 행위를 연결시킨 이 영어 문장과는 그 미감이 다르다. 이 연결어미는 두 행위가 연결된다는 것을 의식조차 못하게 만들어 두 행위를 자연스럽게 하나의 삶의 양식으로 주조해낸다. 이처럼 '-아/어서'라는 연결어미는 필연적이지는 않지만 반복되는 평범한 일상의 삶을 구축한다.

'-아/어서'로 연결되는 일상의 삶이 모두에게

동일한 것은 아니다. 많은 한국어 교재에서 '-아/어서'로 표상되는 일상은 한 개인이 온전히 자신을 위해 영위하는 일상이다. 어제 친구를 **만나서** 같이 영화를 봤어요. 인사동에 **가서** 차를 마셨어요. 저는 7시에 **일어나서** 커피를 마셔요. 반면 결혼이주여성을 위한 교재 속 인물의 일상은 그림자 노동으로 꽉꽉 채워진다. 과일을 **씻어서** 접시에 담아요. 설날 아침에 **일어나서** 떡국만 끓이면 돼요. 친구를 **만나서** 시장에 가요.

이를테면 누군가의 삶을 이해한다는 것은 '-아/어서'로 구성되는 생활의 형태를 이해하는 것이다. 반대로 '-아/어서' 앞뒤로 연결되는 행위가 익숙지 않을 때, 우리는 타인의 삶을 낯설거나 이상하다고 하거나, 타인이 나와 다른 삶을 산다고 말한다.

그렇다면 갤린저의 일상, 갤린저의 삶은 어떤가? '-아/어서'로 나타낸 갤린저의 일상은 이렇다. 갤린저는 우주선 선실이나 화성인의 신전에 배정된 자신의 방에 **가서** 화성어를 공부한다. 자신만의 공간에 홀로 고립되어 화성어의 단어와 문법을 익히는 것이 갤린저의 반복되는 일상이다. 작가는 골방에서 언어를 익히는 모습의 갤린저를 묘사하면서 '천재의 고독함'을 강조한다. 언어 학습을 위한 갤린저의 분투는 영웅이 되기 위해 거쳐야 하는 혹독한 시련이다.

갤린저는 왜 화성어의 문법과 단어를 익히는 데 몰두하는가? 그것은 문법과 단어를 더 정확히, 더 많이 알수록 완벽한 번역이 가능하다고 믿기 때문이다. 그리고 완벽한 번역이 가능하다면 화성인들과 완전한 소통을 할 수 있다고 믿기 때문이다. 갤린저가 스페인 무희에 대해 쓴 릴케의 시를 번역해서 들려주자 브락사는 시에 관심을 보이고, 급기야 사랑을 나누게 된다. 이 장면은 번역만 완벽하다면 진정한 소통이 가능해지고, 그 소통은 다시 사랑으로 이어진다는 갤린저의 믿음을 보여주는 증거다. 골방에 홀로 앉아 문법과 단어를 익히던 갤린저의 고독함은 브락사의 사랑으로 보상받았다.

-(으)니까① — 일상이 깨질 때

> -(으)니까①: 어떤 행위를 하고 나서, 그 결과를 발견할 때 사용하는 연결어미. 학교에 **가니까** 아무도 없었다. 이야기를 **해보니까** 나이가 같다는 걸 알게 되었다. 시계를 **보니까** 저녁 7시였다.

반복되는 일상의 리듬이 깨지고 새로운 사실을 발견했을 때 우리는 '-(으)니까'를 사용한다. 이 연결어미를 생각할 때면 나는 깜빡 잠들었다가 깨어나 집 안을 두리번거리던 어린 시절의 오후를 떠올린다. 어둑어둑해지는 집 안. 문득 깨닫는다. 아무도 없다. 어린 내 마음속에서는 커다란 깜짝 상자가 하나 생겨난다. 그 깜짝 상자를 열자 이유 없는 서러움과 막막함이 튀어나온다. 나는 울음을 터뜨린다.

'-(으)니까'는 깜짝 상자의 문법이다. 아침에 **일어나보니까** 오빠가 거대한 벌레로 변해 있었다. 푸른 수염이 열지 말라고 한 지하실 문을 **열어보니까** 살해된 푸른 수염의 아내들이 있었다. 공포나 스릴러가 아니더라도 이야기의 주요 사건은 '-(으)니까'라는 깜짝 상자에서 시작된다. 그렇다고 이 깜짝 상자 안에 언제나 공포나 서러움, 당혹감만 들어 있는 것은 아니다. 허름한 골목 식당의 요리를 기대하지 않았는데 **먹어보니까** 놀랄 정도로 맛있었다. 막상 그 사람을 만나서 말을 **나눠보니까** 재치 있는 사람이라는 것을 알 수 있었다. '-(으)니까'는 일상에 갑자기 뚫린 구멍을 보여주는 문법이다. 우리는 그 구멍 안을 응시하면서 새로운 진실을 깨닫게 된다.

〈전도서에 바치는 장미〉의 반전도 이 문법에서 시작된다. 갤린저는 브락사와 사랑을 나누고, 브락사는 갤린저의 아이를 임신하게 된다. 연인이 된 두 사람은 함께 새로운 일상의 리듬을 만들어나간다. 갤린저는 브락사를 **만나서** 사구(沙丘)를 산책하거나, 자신이 지은 시를 읽어준다. 브락사는 갤린저를 **만나서** 그를 위해 춤을 춘다.

그러다 화성을 떠나기 며칠 전, 갤린저는 자신 앞에 깜짝 상자가 하나 도착했다는 것을 알게 된다. 브락사가 아무런 설명도 없이 종적을 감춘 것이다. 그날의 상황을 갤린저는 훗날 이렇게 말할 것이다. 내가 화성인들의 신전에 **가보니까** 브락사가 보이지 않더라고. 그래서 미친 듯이 찾아다녔지.

-아/어서② — 세계에 대한 변명

> -아/어서②: 앞선 행위나 상태가 원인이나 이유가 됨을 나타내는 연결어미. 과거를 나타내는 선어말어미 '-었-', 미래나 추측을 나타내는 '-겠-'과는 결합할 수 없다.
> [예] 비가 내렸어서 길이 막혔다(×), 비가 내리겠어서 길이 막혔다(×)
> 후행절에는 청유문이나 명령문이 올 수 없다.
> [예] 바빠서 내일 만납시다(×), 바빠서 내일 만나세요(×)

위 설명 대신 '-아/어서②'를 이렇게 설명할 수도 있다. '이야기 사슬. 그러니까 관계없어 보이는 각각의 사태들을 연결해서 하나의 사건, 하나의 이야기로 만드는 사슬.'

이 세계와 우리의 삶은 온갖 불가해함과 부조리함으로 가득 차 있다. 불가해함과 부조리 앞에 우리는 그저 무기력하게 던져져 있다. 그러나 우리는 이 사실을 끝내 견디지 못한다. 그래서 우리는 형벌을 선고받았다. 기어코 '-아/어서'라는 사슬로 불가해하고 부조리한 세상을 설명하는 이야기실을 자아내야 하는 형벌을. 하지만 그 이야기가 '세계에 대한 진정한 설명'일까?

* * *

'-아/어서②'는 질문을 전제한다. 다시 말해 이 문법은 질문에 대한 응답으로 사용된다. 이는 얼굴을 마주하고 대화하는 상황을 생각해보면 분명해진다. 내 앞에 있는 상대방이 아무런 언질 없이 "나는 이 도시를 견딜 수 없어서 여기를 떠났어요"라는 말로 대화를 시작한다면 나는 분명 당황할 것이다.

	질문은 우리 앞에 공백이 있음을, 숨겨진 비밀이 있음을 알려준다. 어떤 질문이 불러오는 공백은 너무 크고 깊다. 인간은 왜 죽는가? [ ]아/어서 우리는 죽는다. 왜 우리는 고통받아야 하는가? [ ]어/어서 우리는 고통받을 수밖에 없다. 우리 앞에 있는 커다란 빈칸, 풀리지 않는 비밀 앞에 우리는 문득 서 있다. 그 빈칸 앞에서 우리는 언제나 머뭇거린다.

	봄은 왜 오는가? 오래전 제주 사람들은 이 질문이 만드는 빈칸을 채우기 위해 다음과 같이 대답했다. [바람의 신 영등할망이 제주도를 떠나면서 바람을 다 거둬가]서 그렇다. 왜 땅에서 곡식이 자라고 바다에서는 물고기가 잡히는가? [영등할망이 바다와 땅에 씨를 뿌려]서 그렇다. '-아/어서②'를 통해 비밀을 밝히는 대답은 의미 없이 부유하는 세계를 붙잡는 닻의 역할을 하고, 세계의 질서에 합리성을 부여한다.

	***

	그런데 한국어교육 현장에서는 세계를

합리적으로 해석하게 하는 '-아/어서②'에 '변명하기'라는 의사소통 기능을 배당하기도 한다. 일상 대화에서 '왜?'라는 질문은 순수하게 내가 모르는 정보를 얻기 위해서라기보다는 무언가를 따지기 위해서(강한 어조든, 약한 어조든) 사용되는 경우가 대부분이기 때문이다. 어제 왜 학교에 안 왔어요? **아파서** 못 갔어요. 왜 프레젠테이션 자료를 안 만들었어요? 시간이 **없어서** 못 만들었어요. 왜 저하고 영화를 보러 갈 수 없어요? 친구하고 **약속이 있어서** 영화를 볼 수 없어요.

  왜 변명하기인가? 정말 아파서 학교에 못 갔을 수도 있는데. 여기서 중요한 것은 변명하기가 따지는 행위에 대한 반응, 즉 각본을 따른 행위라는 점이다. 사람들 사이의 사회적 상호작용 하나하나가 쌓여서 구조를 만든 것이 사회적 질서라면, '따지는 행위 — 변명하는 행위'의 연쇄는 사회를 구성하는 가장 기본적인 구조 중 하나라고 할 수 있다. '변명'의 내용이 사실인지 아닌지는 그리 중요하지 않다. 중요한 것은 공유된 각본을 따르는 것이다. 변명하는 행위가 수행되고 그 변명이 일단 수용되면, 우리는 문제없이 또 다른 사회적 각본으로 넘어갈 수 있다.

  '따지면 — 변명하고 — 그다음 사회적 행위로 넘어간다'라는 각본이 깨지면 어떻게 될까? 이 경우 의사소통의 양상이 변하면서 다른 성격의 사회적 질서가 만들어진다. 학교에 왜 안 왔냐는 질문에 '그냥요', '저도 잘 모르겠어요', '대답하기 싫어요', '왜요?', '무슨 권리로 내게 물어보는 거죠?'라고 답하는 경우를 상상해보자. 이때부터는

'갈등'의 사회적 각본이 작동된다. 하지만 보통 우리는 이런 각본을 연기하는 것을 힘들어하고, 그래서 따지는 질문에 변명으로 답하는 사회적 각본을 택한다.

***

아프니까 못 갔어요. 시간이 **없으니까** 못 만들었어요. 친구하고 **약속이 있으니까** 영화를 볼 수 없어요. 선생님, 이렇게 대답할 수 있어요? 학생들은 묻는다. 네, 그렇게 쓸 수 있어요. 그다음 학생들은 반드시 이렇게 물을 것이다. 그럼 '아파서 못 갔어요'와 '아프니까 못 갔어요'는 뭐가 달라요?

한국어를 배우는 학생들의 질문이 아니더라도, 이 문제는 국어학자들의 오랜 논란거리였다. 긴 논쟁 끝에 학자들 사이에서 어느 정도 합의된 것은 '-(으)니까'가 주관적인 이유를 표현하는 반면, '-아/어서②'는 자연현상과 같이 보편적인 인과관계를 나타낼 때 사용된다는 것이다.

그러니까 '-아/어서'는 누구나 인정할 수 있는 당연한 인과관계를 상정한다. 따라서 이 경우 청자에게 인과관계를 인정하는지를 확인할 필요가 없다. 반면 '-(으)니까'는 청자가 인과관계를 인정하는지를 확인해야 한다. '바쁘니까 내일 만납시다'라는 발화에서 화자는 현재의 바쁜 상태가 오늘이 아닌 내일 만나야 하는 이유가 될 수 있음을 인정하는지 청자에게 확인하고 있다.[7] '만나니까 반갑습니다'라는 말이 어색한 까닭도 마찬가지다. '만나서 반갑습니다'에는 누군가를 만나는 사태가 반가움을 느끼게 하는 원인이 되는 것을 당연히 여기는 시각이 들어가 있다. 그러나 '만나니까 반갑습니다'는 '만남'과 '반가움을 느끼는 것' 사이의 인과관계를 인정할 수 있는지 청자에게 확인하는 꼴이 되기 때문에 어색하다.

'어제 왜 학교에 안 왔어요?'라는 질문에 대한 답 '아파서 못 갔어요'는 병으로 인해 결석하는 것이 화자나 청자가 모두 인정할 수 있는 인과관계임을 전제한다. 반면 격앙된 어조나 살짝 짜증이 묻어나는 것 같은 '아프니까 못 갔어요'라는 대답에서는 화자가 청자에게 왜 두 사태의 인과관계를 인정하지 못하는지 따지는 뉘앙스가 들어가 있다.

***

요컨대 '-아/어서'는 '-(으)니까'보다 더 단단한 이야기 사슬이다. '-(으)니까'를 말하는 사람은 인과관계를 확신하지 못하지만, '-아/어서'로 빈칸을 채우는 사람은 망설임이 없다. 살인 동기를 묻는 질문에 범인은 피해자가 자신을 '무시해서' 죽였다고 답한다. 마치 무시하면 사람을 당연히 죽일 수 있는 것처럼. 인도의 불가촉천민은 왜 사회의 차별과 학대를 참고 견디며 상위 카스트에게 복종해야 하는가? 불가촉천민의 삶을 충실히 살면 다음 생에는 높은 카스트 계급으로 **태어날 수 있어서** 그렇다. 근대의 유럽인들은 왜 세계를 제패할 수 있었는가? 진화론에 따르면, 서구 유럽인들은 더 많은 진화 과정을 거친 **우월한 인류여서** 그렇다.

세계의 불가해함/부조리함을 마주하면 우리는 세상을 향해 그리고 우리 자신에게 '왜' 그러한지 따져묻는다. 그리고 '-아/어서'로 이루어진 이야기로 답한다. 그렇다면 이 단단한 이야기 사슬로 지어진 이야기는 정말 세계에 대한 제대로 된 설명일까? 아니다. 그것은 신의 이름이나 과학의 이름을 빌린 임시방편의 변명이다. 왜 그런가? 우리는 대답을 거부할 줄 모르기 때문이다. 우리는 모르는 것을 모르는 상태로 두지 못한다.

우리는 세계의 불가해함/부조리함을 견디지 못하고 '-아/어서'라는 이야기실로 끊임없이 대답을 뱉어내는 거미들이다. 우리는 이 이야기실로 거미집을 짓고, 그 거미집 위에서 보이는 세상이 전부인 줄 알고 안온함을 느낀다. 그러나 이것은 형벌이다. 우리는 거미집을 지은 창조자이자, 동시에 자신이 지은 거미집에 걸려 버둥거리는 먹잇감이기 때문이다.

***

그렇다면 갤린저는 어떤 거미집에 걸렸나?

소설 속에서 반복적으로 묘사되는 갤린저의 자신만만한 태도는, 화성인들의 모든 것을 이해할 수 있다는 그의 자기 확신을 암시한다. 나는 화성어로 된 모든 것을 읽었노라. 나는 모든 것을 번역할 수 있노라. 갤린저에게 언어 능력이란 서부영화 주인공 총잡이의 사격 실력과도 같은 것이다. 서부영화의 총잡이가 어떤 상황에서도 누구보다 빠르고 정확하게 표적을 맞힐 수 있듯이, 갤린저도 자신의 언어 실력으로 화성인들과 정확하게 소통할 수 있다고 믿는다. 갤린저에게는 해석되지 못하는 것, 번역할 수 없는 것은 없다. 모든 것이 명확하다.

하지만 브락사가 사라지자 갤린저에게 화성은 다시 불가해하고 부조리한 곳이 된다. 자유롭게 거미줄을 타고 다니던 자신의 거미집에서 갤린저는 갑자기 포획되었다. 그 앞에는 수많은 빈칸이 나타난다. 그 빈칸을 채우는 첫 단계로 어렵게 브락사를 찾아낸 갤린저는 화성인들의 비밀을 알게 된다. 화성인들이 신전에서 집단으로 자살을 하려고 한다는 사실을. 그리고 이 모든 것이 화성인들의 경전에 예언되어 있다는 사실을.

그는 자신이 화성어로 완벽하게 번역한 전도서를 화성인들에게 읽어주면 화성인들이 자신처럼 깨우침을 얻고, 예언에 따르는 일을 그만둘 것이라고 생각한다. 제대로 전하기만 하면 인생은 허무한 게 아니라 모든 순간이 중요하다는 전도서의 복음이 화성인들에게 가닿을 것이다. 화성어를 익힐 때 보여준 혹독한 수련은 바로 그 언어를 통해 화성인들을 구원하기 위한 것이었다. 이게 갤린저가 만든 거미집이다.

갤린저는 의식을 치르는 화성인들의 신전에 난입해 전도서를 낭독한다. 서부영화 식으로 말하자면 최후의 결투를 벌이는 셈이다. 전도서 낭독이 끝나자, 화성인 족장은 갤린저에게 진실을 이야기한다. 갤린저의 역할이 그들의 경전에 이미 예언되어 있었다고. 브락사는 예언에 따라 갤린저의 아이를 갖는 임무를 위해 의도적으로 접근한 것이었다고.

다시 말해, 갤린저는 화성인 남성의 집단 불임으로 인한 멸종을 막기 위한 예언서 속 해결책이었고, 집단 자살 예고는 그 예언이 실현되는지 확인하기 위한 미끼였다. 갤린저에게 가장 큰 충격을 준 것은 브락사가 그를 단 한 번도 사랑하지 않았다는 사실이었다. 갤린저를 사랑하는 것 또한 브락사에게 주어진 임무였지만, 브락사는 그 임무에 실패했다.

결투는 끝났다. 갤린저는 자신이 만든 거미집에 걸려들었다. 자신이 화성인들을 구원한 것이 아니라, 화성인들에게 의도적으로 이용당했다는 사실을 깨달은 갤린저는 실의에 빠진 채 신전을 떠난다. 그는 자신의 우주선 선실에 들어가 알약을 먹고 자살을 시도하지만, 화성에서 지구로 가는 우주선에서 눈을 뜬다.

이로써 이 소설에서 만들어진 빈칸은 거의 채워졌다. 하지만 채워지지 않은 빈칸이 하나 남아 있다. 왜 브락사는 갤린저를 사랑하지 않았는가?

-(으)니까② — 함께 추는 춤

> -(으)니까②: 선행절이 후행절에 대한 이유, 원인, 판단의 근거임을 나타내는 연결어미. 주관적인 행동의 동기, 주장의 전제, 명령의 근거가 되는 이유를 나타낸다.

나는 크리스마스의 유령. 갤린저에게 화성에서 있었던 실패의 과정을 파노라마처럼 보여준다. 그러고는 브락사가 왜 그를 사랑하지 않았는지 묻는다.

"잔인하군요. 그건 제가 더 알고 싶습니다."

나는 질문을 바꿔서 왜 브락사가 그를 사랑했다고 믿었는지 묻는다.

"우리는 진정한 대화를 나눴습니다. 제가 화성어의 모든 문법, 모든 단어를 익혔기 때문에 가능한 일이었죠. 잘 아시겠지만 저만큼 화성어를 완벽하게 구사하는 지구인은 없습니다."

"그렇게 말이 잘 통했는데, 왜 당신은 브락사의 마음을 얻지 못했을까요?"

갤린저의 얼굴은 다시 침울해진다. 그에게 브락사라는 빈칸은 아직 채워지지 않았다.

나는 계속 말을 잇는다.

"제가 보기에 당신은 브락사나 다른 화성인들과의 대화에서 많은 것을 놓치고 있었어요. 당신이 그토록 강조하는 완벽함 뒤편으로 당신이 포착하지 못한 의미들이 허공으로 흩어지고 있었겠죠."

"한국어 화자답게 빙빙 돌려 말씀하시네요. 알기 쉽게 설명해보시죠."

"음… 그러니까 당신과 브락사가 한국어로 이야기를 나눴다고 상상해봅시다. 잘 알겠지만 한국어에는 이유를 나타내는 표현으로 '-아/어서'와 '-(으)니까'라는 연결어미가 있죠. 브락사가 한국어 화자였다면 이 두 표현을 모두 사용했을 겁니다. 하지만 당신은 두 표현의 미묘한 차이를 제대로 감지하지 못했을 거예요."

"'-아/어서'가 보편적인 이유를, '-(으)니까'는 주관적인 이유를 나타낸다는 건 저도 알고 있습니다. 화성어에도 이유를 나타내는 다양한 문법들이 있습니다. 설마 제가 그런 것도 모를 거라고 생각하시는 겁니까?"

"당신이 안다고 생각하는 '차이'는 문법서나 사전에 설명돼 있는 내용을 말하는 것 같군요. 제가 말하는 차이는 상대방과의 대화 속에서 창발적으로 생성되는 것을 말합니다. 당신은 차이를 발견할 줄 몰라요. 당신은 스스로에게 오류를 허용하지 않으니까요."

자신만만한 오만함이 갤린저의 표정에서 읽힌다. 그는 내 말에 전혀 동의하지 않고 있다.

"이해가 안 되나 보군요. 그럼 이거 하나만 물어봅시다. '-(으)니까'가 주관적인 이유를 표현할 때 외에 또 어떤 경우에 사용되는지 압니까?"

갤린저는 대답하지 못한다. 내가 묻는 '-(으)니까'의 기능은 어떤 문법서에도 나와 있지 않기 때문이다. '-아/어서'와 차별되는 '-(으)니까'의 기능은 대화 참여자들 간에 '공동' 행위의 틀을 짜는 것이다. '-아/어서'가 한 음 한 음 정확히 연주하는 클래식 음악이라면, '-(으)니까'는 즉흥적으로 화음과 선율을 주고받으며 연주하는 재즈와도 같다. 나는 갤린저에게 한국인들의 대화 몇 개를 보여준 후 긴 강의를 시작한다. 아래는 그 강의 내용이다.

***

A: 이야, 붕어빵 한 개가 이 가격이라고?
B: 요즘 물가 장난 아니지?
C: 그러게… 시장 가서 물건 몇 개 고르면 10만 원이 훌쩍 **넘어가니까**….
B: 시장 갈 때마다 와~ 소리가 절로 나와.
A: 돈 없는 사람들은 어떻게 살라는 건지, 원.

대화 참여자 A, B, C는 '비싼 물가'를 화제로 이야기를 나누고 있다. 이때 C의 발화 '10만 원이 훌쩍 넘어가니까'라는 말은 '물가가 너무 비싸다'라는 화제에 대한 근거를 제공한다. 그런데 이 근거는 '공동 행위의 틀'이 된다. 즉, 대화 참여자들이 C의 발화를 근거의 틀로 삼아 '물가가 비싸다'라는 주장에 서로 동의하는 행위를 하게 된다. 우리의 대화가 춤이라면, '-(으)니까'는 함께 같은 춤을 추자는 신호다. 다음 대화에서 C가 '그러니까'라고 말하는 것도 같은 이유에서다.

A: 야, 우리 부장~ 사람 참 이상하지 않냐?
B: 하는 행동마다 너무 꼰대야.
C: 그러니까, 내 말이!

한국어 화자들은 이 대화에서 C가 '그러니까' 대신 '그래서'를 말하면 이상하다고 느낄 것이다. 이상함을 느끼는 이유는 한국어 화자들이 '그러니까'가 주관적인 이유를 나타내는 접속부사라고 알고 있기 때문이 아니다. 한국어 화자들이 몸으로 알고 있는 지식은 '공동으로 연대하는' 사회적 상호작용을 해야 할 때 어떤 문법 자원을 동원하는가다. 무엇보다도 이런 절차적 지식은 수많은 사회적 상호작용을 통해 몸으로 체득해야만 알 수 있다.

* * *

"당신은 '-(으)니까'로 이유만 말할 줄 알았지, 이 문법을 통해 브락사와 공동으로 연대하고 교감하는 행위를 하지는 못했을 겁니다. 아까도 말했지만, 시종일관 완벽한 언어 실력을 강조하는 당신에게 오류란 있을 수 없는 일이니까요."

"오류 얘기가 왜 자꾸 나오는지 이해를 못하겠군요."

"당신은 오류를 일종의 위반이나 금지해야 하는 것, 실패의 증거라고 생각하겠지요?"

"오류는 최대한 피할 수 있으면 피하는 게 좋죠. 나의 외국어가 틀렸다는 걸 알았을 때 저는 모멸감을 느낍니다. 그건 그렇고, 이 사실이 제가 '-(으)니까'를 제대로 사용하지 못하는 것과 무슨 상관입니까?"

"오류란 새로운 것을 배우고 있다는 것을 보여주는 증거죠. 아이들이 첫 번째 언어를 배울 때 만들어내는 오류는 일상적인 것입니다. 아이들에게 오류는 기회이자 새로운 발견의 장이죠. 오류는 아이들이 제대로 주변 사람들과 상호작용하면서 언어를 익히고 있다는 증거입니다. 반면 오류가 없다는 것은 오히려 언어를 배우는 데 실패하고 있다는 걸 보여줍니다. 제대로 된 사회적 상호작용을 하지 못하고 있다는 걸 말하죠."

"다시 말씀드리지만, 저는 브락사와 완벽한 의사소통을 했습니다."

"과연 그럴까요? 아무튼 제 논지를 간단히 말하자면, 화성어에 '-(으)니까' 같은 기능을 하는 문법이 있어도 당신은 그 문법이 그런 기능을 하는지 알아차리지 못했을 거라는 겁니다. 브락사는 거기에서 어떤 벽을 느꼈겠죠. 완벽하지만 완벽하지 않은 대화를 하는 어떤 남자에게, 자기 시를 화성어로 번역해서 멋들어지게 낭송할 줄 알지만 정작 자신의 말을 제대로 듣지 못하는 어떤 남자에게 말입니다. 결국 언어를 배운다는 것은 그 언어를 사용하는 사람들의 삶을 함께 공유하고 배운다는 것을 말합니다. 그런데 당신은 브락사의 삶을 몰랐어요. 브락사는 당신과 같은 춤을 추길 원했지만, 당신은 엉뚱한 춤을 혼자 추고 있었던 겁니다. 브락사가 당신에게 사랑을 느끼지 못한 건 당연합니다."

"삶이라…."

'삶'이란 말을 듣자 갤린저의 얼굴에 비웃음이 번진다.

"변화무쌍하고 도무지 종잡을 수 없는 인간의 삶 말씀이십니까? 무질서하다는 규칙만 적용되는 그런 삶? 언제나 불완전한 삶이요? 언어란 그런 불완전한 게 아닙니다. 우리의 삶 이전에 존재하는 완전한 체계죠."

"당신은 마치 전도서의 전도자처럼 말씀하시는군요."

"네?"

"전도자가 이르되, '헛되고 헛되며 헛되고 헛되니 모든 것이 헛되도다'. 여기서 헛되다가 히브리어의 헤벨(הבל)이라는 건 잘 아시겠죠? 헤벨이 '숨결'을 뜻하고, 그와 관련해 '이해할 수 없는', '쓸모없는', '공허한' 등의 뜻을 가지고 있다는 것도…."

"잘 아시네요. 삶이란 한숨과 같이 공허한 것이죠. 붙잡아도 손에 잡히지 않는. 하지만 문법은 다릅니다. 문법은 붙잡을 수 있는 유일한 것이에요. 제가 언어학에 매혹된 이유이기도 하죠."

"하지만 저는 문법이 당신이 말하는 그 허망한 숨결, 우리의 대화 속에서 탄생한다고 봅니다. 당신이 그렇게 완전무결한 실체라고 여기는 문법은 그 숨결의 흔적일 뿐이고요."

"우리가 숨을 내뱉기 이전에 문법이 있어야 하죠. 그래야 대화가 가능한 겁니다."

"아니요. 숨결이 허망하게 사라지는 것처럼 보일지라도, 생명은 숨결 속에 깃들어 있는 겁니다. 당신은 이걸 보지 못했어요. 대화 속에서 문법이 생겨나는 것도 당신이 보지 못한 것이죠. 아까 제가 설명드린 '-(으)니까'를 생각해보세요. 그 문법은 '지금', '바로 여기'에 있는 사람들과 대화를 하는 과정에서 발생하는 겁니다. 다시 말하죠. 문법의 의미는 그 문법을 사용하는 사람들 사이의 수많은 사회적 상호작용, 당신이 숨결이라고 부르는 것 속에 있습니다. 문법은 결국 그런 상호작용으로 생성된 일종의 사회적 구성물이죠. 그래서 우리가 예상하지 못했던 새로운 질서가 발생하기도 하고요. 이것이 진정한 문법의 성질입니다."[8]

한참을 침묵하다 갤린저가 입을 뗀다.
"헛되고 헛되고 헛되도다… 그 헛된 것이 문법이라… 그렇다면 그건 다른 우주의 문법이겠네요."
나는 크리스마스의 유령. 디킨스의 크리스마스의 유령은 스크루지를 설득했지만, 나는 끝내 갤린저를 설득하지 못했다. 나는 갤린저에게 마지막으로 말한다.
"아니요. 그건 우리가 존재하는 이곳, 이 우주의 문법입니다."

9장 그녀. 가면. 풍경.

• 이 글은《자음과모음》2023 가을 58호에 수록된
〈그가 아닌 그녀와 그녀인 그와 그 아무도 아닌 그의 이야기〉를
다시 쓴 것이다.

별과 사각형과 원

지구는, 세 번째 행성이다. 두 번째는 금성, 네 번째는 화성.

태양계를 나타낸 그림 모형을 본다. 미국 항공우주국이 제작했다는 태양계 그림에는 수성부터 해왕성까지 행성들이 일렬로 쭉 늘어서 있다. 지구는 고대 그리스와 로마인들이 여신 아프로디테(비너스)와 남신 아레스(마르스)로 부르던 금성과 화성 사이에 끼어 있다. 금성과 화성을 본 적이 있지만, 그것을 '봤다'라고 할 수 있는지는 모르겠다. 맨눈으로 관찰한 금성과 화성은 그저 밤하늘에 박힌 살짝 밝은 점들에 불과했기 때문이다. 그래서 나는 구글에서 고해상도로 찍힌 금성과 화성의 사진을 찾아, 금성과 화성의 여성성과 남성성을 발견하려고 노력한다. 하지만 아무리 노력해도 노란색, 붉은색 밝은 점에 불과한 이 별들을 어떻게 여성과 남성으로 구분했는지 도통 이해가 가지 않는다.

어쨌거나 눈이 엄청 좋았던 고대 그리스의 점성술사들은 용케 이 신들의 특징을 포착해 기호로 나타냈다. 아프로디테는 손거울을 든 기호(♀)로, 아레스는 방패와 화살 기호(♂)로. 18세기 스웨덴의 식물학자 칼 폰 린네(Carl von Linné)도 밤하늘에서 금성과 화성을 관찰했을 것이다. 그러다가 불경한 생각을 떠올렸을 것이다. 저 신들을 나타내는 상징에서 신들을 떼내버리고 그저 암수 성별을 나타내는 기호로 써야겠다고.[1]

이 사실을 떠올릴 때면 궁금해지는 게 있다. 린네가 현대 스웨덴어 화자들이 'han(그)', 'hon(그녀)' 대신 젠더 중립적인 3인칭 단수 대명사 'hen'을 도입했다는 것을 알았다면 어떻게 반응했을까? 어쩌면 린네는 대수롭지 않게 반응했을지 모르겠다. 암꽃과 수꽃이 한 그루에 있는 자가수분 식물이 있다는 것을 알았을 테니까. 현대 식물학에서는 금성과 화성이 '결합'되었지만 여전히 '따로'인 기호 '⚥'로 만들어 이 자가수분 식물의 성을 나타낸다. 그리고 자신을 트랜스젠더나 젠더퀴어로 규정하는 사람들은 이 기호를 자신을 나타내는 데 사용한다.

이런 기호가 복잡하게 느껴지는 사람을 위한 더 간단한 기호도 있다. 원과 사각형이다. 동물의 혈통서에 그려진 원은 암컷, 사각형은 수컷을 가리킨다. 원과 사각형이 만나 두 개의 원과 두 개의 사각형 자손을 낳는다. 이 자손들은 다시 다른 사각형과 원을 만나 또 다른 원과 사각형을 낳는다.

문득 소설에서 '그녀'나 '그' 대신 금성이나 화성의 상징, 아니면 원이나 사각형을 사용하면 어떨까 하는 상상을 해본다. 작가 한강의 소설 〈몽고반점〉의 일부분을 바꾼 아래의 사례들처럼.

> 관객들은 주섬주섬 짐과 옷을 챙겨 통로를 찾았다. ♂도 꼬고 있던 다리를 풀고 일어섰다. 환호의 오 분여 동안 ♂는 단 한 차례의 박수도 치지 않았다.

흡사 궁지에 몰린 짐승처럼 우의 눈은 불안정하게 희번덕이고 있었다.
마침내 우의 손목에서 피가 솟구쳤을 때, ☉는 홑이불을 찢어 그 자리를 묶은 뒤 허깨비 같은 우의 몸을 들쳐업었다.

결국 과일들을 일단 내려놓고, ■는 휴대폰 폴더를 열어 ●의 전화번호를 눌렀다. 꼭 열 번의 신호음이 울릴 때까지 ●는 전화를 받지 않았다. ■는 과일들을 들고 계단을 오르기 시작했다.

아니면 금성과 화성이 결합되어 특정 성별을 결정할 수 없는 기호 ⚥를 사용해볼 수도 있다.

⚥2는 ⚥1의 말에 긍정도 부정도 하지 않았다.
⚥1은 숨을 멈추고, ⚥2가 지금 침묵으로 대답하고 있는 것이 무엇인지 알아내기 위해 ⚥2의 얼굴을 삼킬 듯이 응시하였다.

숨은 그녀 찾기

1만 2000년 전 시칠리아섬에도 금성과 화성은 빛났을 것이다. 그 별빛 아래 춤추던 사람들의 모습은 시칠리아 몬델로 해변 남서쪽에 위치한 아다우라(Addaura)

동굴의 암각화로 남아 있다. 누군가는《월리를 찾아라》의 인류 최초 버전이라고 할 것이고, 다른 누군가에게는 앙리 마티스의 〈춤〉을 떠올리게 할 이 암각화는 주로 동물들이 등장하는 다른 암각화와는 달리, 10여 명의 사람들이 함께 있는 모습을 보여준다.

        이 암각화의 중앙에는 누워 있는 두 사람이 보인다. 그런데 이 두 사람의 자세가 기묘하다. 목과 손발이 밧줄로 묶여 있는 것 같은데, 이 밧줄이 등 쪽으로 묶여서 두 사람의 몸은 흡사 활처럼 휘어 있다. 움직일수록 목을 졸라오는 밧줄 때문에 이 두 남성은 엄청난 고통을 받고 있었을 것이다. 이 두 사람이 남자라고 판단한 이유는 발기한 것으로 보이는 남성 성기가 보이기 때문이다. (정확히는 아랫도리 쪽에 그려진 세 개의 굵은 획이다. 하지만 암각화 사진을 보면 이 부분을 강조해서 그렸다는 것을 알 수 있다.) 두 사람을 둘러싸고 사람들은 큰 가면을 뒤집어쓴 것처럼 보인다. 왼쪽에 서 있는 이들은 두 남성을 구경하는 것 같기도 하고, 감시하는 것 같기도 하다. 그림 위쪽의 사람들은 두 손을 들고 춤을 추는 것 같은 모습이다.

        돌 위에 새겨진 크로키. 윤곽만으로는 이들이 남성인지 여성인지도 알 수 없다. 희미한 선분들로 이루어진 이 암각화에 대한 해석은 다양하다. 인신공양을 위해 제물로 바쳐지는 모습을 그린 것이라는 설, 다산을 기원하는 행위를 하고 있다는 설, 적을 고문하는 모습을 그린 것이라는 설 등. 고고학자가 아닌 나로서는 무엇이 맞는 말인지 해석할 도리는 없다.

아다우라 동굴 암각화

아다우라 동굴 암각화 탁본

암각화의 선들을 더욱 선명하게 드러낸 탁본 이미지를 들여다보다 나는 새로운 사실을 발견한다. 암각화 사진에서는 잘 드러나지 않았던 남성 성기의 모습이 탁본 이미지에서는 확인된다. 희미하지만 한눈에 알아볼 수 있다. 가면을 쓴 인물들이 취한 포즈와 관계없이 성기를 새겨넣었다는 점에서 암각화 제작자에게 성별은 중요한 정보였음에 틀림없다. 이로써 가면 인간 8명 중 7명의 성별이 확인된다. 7명은 분명 남성이다.

나머지 한 명, 암각화 하단에서 허리를 굽히고 있는 인물은 남성 성기가 없다. 나는 그 인물이 여성일 것이라고 확신한다. 등장하는 모든 인물에게는 남성 성기를 새겨넣고, 이 인물만 실수로 빠뜨렸을 리는 만무하기 때문이다. 이런 내 추측이 맞다면, 이 인물은 이 이상한 제의에 참여한 유일한 여성인 셈이다. 그는 이 제의에서 어떤 역할을 맡고 있었을까? 그는 왜 유일한 여성 참여자일까? 그가 허리를 굽히고 하려던 행위는 어떤 일일까?

나는 '그녀'가 궁금하다.

자동 분류 기계

언어와 젠더 문제에 천착한 책 《워드슬럿(wordslut)》의 작가 어맨다 몬텔(Amanda Montell)은 헝가리어, 핀란드어, 스와힐리어, 튀르키예어와 함께 한국어가 'he', 'she' 같은 젠더화된 대명사가 없는 몇 안

되는 언어라고 소개한다. 어, 뭐라고? 표준국어대사전에서는 분명 '그녀'를 3인칭 대명사라고 하는데? 하지만 국어학 개론서에서는 화자와 청자의 거리 및 관계에 따라 3인칭 대명사를 근칭(이, 이이, 이분), 중칭(그, 그이, 그분), 원칭(저이, 저분)으로 구분한다. 여기서 중칭인 '그'는 성별에 관계없이 화자가 가리키는 인물이 청자 근방에 있을 때 사용하는 인칭대명사다. 다시 말해 한국어에서는 3인칭을 성별로 구분하지 않으며, 따라서 한국어 인칭대명사 체계에는 남성을 가리키는 3인칭 대명사나 여성을 가리키는 3인칭 대명사는 없다. '그녀'가 사전에는 있는데 한국어 인칭대명사 체계에는 없다고? 이건 무슨 귀신이 곡할 노릇인가? '그녀'를 찾는 숨은그림찾기를 또 시작해야 하나?

이에 대한 답은 나중에 천천히 듣기로 하고, 일단 한국어가 젠더화된 대명사가 없는 몇 안 되는 언어라는 어맨다 몬텔의 말을 상기해보자. 이 말을 다시 풀어보자면, 많은 언어가 성별을 분명히 드러내는 대명사를 가지고 있다는 말이다. 아다우라 동굴 암각화 제작자는 힘들게 남성의 성기를 동굴 벽에 조각해 넣어야 했지만, 이런 언어들은 아예 말 자체에 성기가 새겨져 있다. 영어의 he나 불어의 il은 무조건 남성이다. 영어의 she나 불어의 elle는 무조건 여성이다. (다시 한 번 한국어의 '그'가 남성이든 여성이든 관계없이 화자 입장에서 청자 가까이에 있는 사람을 가리킨다는 점을 생각해보자.) 영어에서는 기존 단어에 접미사 '-ess'를 붙여 그 직업을 가진 사람이 여성임을 나타낸다.

어떤 사람의 성별을 언어를 통해 표시하는 것

자체가 뭐가 잘못인가? 그 사람이 여자면 여자라고, 남자면 남자라고 하는 것뿐인데. 연필을 연필이라고 하고, 볼펜을 볼펜이라고 하는 것처럼 명료하지 않은가?

그러나 언어로 성별을 표시하는 것은 연필을 연필이라고 부르는 일과는 다르다. 성별을 드러내는 언어적 장치들이 차별적인 성역할에 대한 편향을 발생시키기 때문이다. 대표적인 사례로 남자 성기가 달린 단어가 양성 전체를 대표하는 경우가 있다. 인류 최초로 달에 착륙한 닐 암스트롱은 분명 이렇게 말했다. "이것은 한 명의 **남자**에게는 작은 발걸음이지만, **남성 전체**에게는 위대한 도약이다(That's one small step for a **man**, one giant leap for **mankind**.) 누군가는 이런 농담에 대해 이렇게 말할지도 모르겠다. 여자가 달에 간 게 아니니 당연한 해석 아닌가? (나사의 흑인 여성 수학자들이 우주 궤도를 제대로 계산하지 않았으면 남성 우주비행사들이 지구로 귀환하기는 불가능했을 거라는 사실은 빨리 잊어버리기로 하자.)

man이라는 남성형으로 인류를 총칭하는 것은 여성을 2등 인간, 부차적이거나 종속적인 존재로 자리매김한다. 여기서 끝이 아니다. 여성형 어휘는 대칭되는 남성형 어휘와 달리 의미 손상을 입는다. 총독이나 주지사를 뜻하는 영어의 governor에 여성임을 표시하는 접미사가 붙으면 governess가 되는데, 이 단어의 첫 번째 뜻은 여성 총독이나 주지사가 아니라 가정교사다. secretary에 해당하는 이탈리아어 어휘는 또 어떤가? 남성형 segretario는 장관이나 서기 등 고위직 관료를 가리킨다. 유엔 사무총장이나 구소련의 최고지도자인 서기장이 모두 secretary였다는 점을 상기해보면 이해가 될 것이다. 그런데 이 단어에서 남성형 접미사 '-o'를 빼고 여성형 접미사 '-a'를 붙이면 어떻게 될까? segretaria는 고위직 관료가 아닌, 비서를 가리키는 말이 된다.

아예 직업의 세계는 남성의 공간이고, 그 공간에 여성이 들어오는 것은 금기를 어긴 것으로 여기는 시각이 언어에 투영되기도 한다. 프랑스어 professionnelle가 그렇다. 남성형인 professionnel은 전문가라는 뜻을 갖지만, 같은 단어의 여성형인 professionnelle의 의미는 매춘부가 된다. 유흥업에 종사하는 여성들을 가리키는 한국어 단어 '직업여성'도 마찬가지다. 우리는 직장을 가진 남자를 '직업남성'이라고 부르지 않는다. professionnelle나 직업여성이라는 단어는 여성이 직업을 갖는 것이 비정상적이라는 시선을 드러낸다.

언어는 자동 분류 기계다. 그리고 어떤 언어는 사람들을 남성과 여성으로 나누는 성별 자동 분류에 특화되어 있다. 이런 기계는 여기서 멈추지 않고 (남성이 아닌) 여성만을 더 세밀히 분류하는 프로그램을 작동시킨다.

영국 옥스퍼드대 교수이자 사회언어학자 수전 로메인(Susan Romaine)이 은행 직원과 실랑이를 벌인 경험은 이를 극명하게 보여준다. 로메인이 은행 직원에게 자신의 수표책에 넣을 이름을 말하면서 자신을 'Dr.(박사) Romaine'이라고 소개하자, 은행 직원은 이렇게 되묻는다. "…됐고, 미스요, 미세스요?(…but is it Miss, or Mrs.)" 이 직원은 자기 앞에 있는 여자의 정체성 중 주요한 부분을 이루는 특성, 즉 언어학 박사이자 대학교수라는 정체성에 대해서는 전혀 관심이 없다. 박사 나부랭이가 됐든 교수 나부랭이가 됐든, 그 직원에게 중요한 것은 로메인이 여자라는 사실 하나다. 내 앞에 있는 사람이 누구든, '그래봤자 여자'인 셈이다. 그리고 자신 앞에 있는 사람이 여자라면, 그 여자를 소유한 남편이 있는 여자인지 아닌지를 분류하는 게 중요하다.

이런 일이 은행에서만 일어나는 것은 아니다. 로메인은 자신이 일하고 있는 대학의 교수 명단에서 남성 교수들에게는 professor라는 직위명이 붙지만, 여성 교수들에게는 Miss나 Mrs.라는 호칭이 붙는 관행에 기막혀한다.

영어권에서 결혼한 여성은 자신의 정체성에 가장 중요한 부분인 자기 이름을 포기하고, 남편의 이름으로 자신을 재규정해야 한다. 이는 결혼한 여성이 남편의 소유임을 암시하는 것이다. 그리스어는 아예 결혼한 여성의 이름이 남편 이름의 소유격 형태를 취한다. 이와 관련해 로메인은 다음과 같이 말한다. "오직 남성만이 자신의 이름을 영구적으로 가질 권리가 있다."

여성임을 드러내는 표지는 여성이 남성에 비해 부차적이고 종속적인 존재임을 보여주는 것에만 그치지 않는다. 영어 화자들은 비행기나 선박, 네스호에 출현한다는 괴물, 허리케인 같은 자연현상을 'she/her'라고 부른다. 남성 언어학자들은 이런 현상을 일컬어 '업그레이딩'이라고 부른다. 물체나 자연현상에 인간의 위상을 부여했다는 논리다. 그러나 어맨다 몬텔은 업그레이딩이라는 말에 분노한다. 몬텔이 분노하는 이유는 이 현상이 업그레이딩이 아니라 여성을 장난감이나 소유물처럼 격하시키는 행위이기 때문이다. 더 나아가 몬텔은 이런 언어 사용이 여성을 매력적이지만 통제되지 않는 존재, 따라서 정복하고 식민화시켜야 하는 대상으로 만들고 있다고 지적한다.

　　　　이처럼 어떤 언어들은 세상의 모든 사물과 현상을 남성과 여성으로 자동 분류해버린다. 그 와중에 성차별적 편향도 그대로 자동 분류된다. 뭐든지 이분법적으로 자동 분류되면 편할 것 같지만, 문제는 성적 정체성이 다양한 스펙트럼을 가지고 있다는 사실이다.

　　　　이 자동 분류 기계를 어떻게 해야 할 것인가?

전시되는 가면

　　　　이 이야기는 한 왕자의 기구한 사연으로 알려져 있다. 한순간의 선택으로 자신과, 자신의 일족과, 자신의 조국을 잿더미로 만들어버린 어리석은 왕자의 이야기. 그 선택의 장면은 '파리스의 심판'이라는 제목으로 서양 회화사에서 수없이 재현되고 변주되었다(마네의 〈풀밭 위의 점심식사〉도 〈파리스의 심판〉의 변주다). 그런데 이 그림들의 주인공을 트로이의 왕자라고 느끼는 이는 없다. 그렇다면 〈파리스의 심판〉의 진짜 주인공은 누구일까? 아프로디테,

아테나, 헤라, 세 여신인가? 그것도 아니다. '심판'들의 주인공은 벌거벗은 세 여성의 육체다.

서양 회화에서는 여성을 누드라는 형식으로 자동 분류해 재현한다. 유럽의 미술관에 걸린 그림 속 여성들의 모습을 보고 얼굴을 붉히거나 항의하는 사람은 없다. 부끄러워하며 눈을 피하지도 않는다. 오히려 그 반대다. 그림 속 여성의 신체를 신중한 표정으로 바라보는 것은 관람객의 우아한 취향을 드러내는 일이다. 여성들은 원래부터 그렇게 존재하는 것인 양 관람객들은 담담한 표정으로 작품을 훑고 지나간다.

하지만 1983년 어느 날, 초등학생이었던 나는 그러지 못했다. 제주 동문시장에 있던 동양극장에 걸린 영화 간판을 목격했을 때의 일이다. 이전에 걸려 있던 슈퍼맨이 그려진 간판을 떠올리면서 간판을 바라본 내 눈에 들어온 이미지는 여성의 벗은 몸이었다. 내 인생 최초로 누드를 마주하는 순간이었다.

초등학교 저학년이었던 내 입장에서 의문은 한두 가지가 아니었다. 왜 저 여자는 옷을 모두 벗고 있나? 옷은 엄마하고 같이 다니는 목욕탕에서만 벗는 게 아니었나? 영화에서든 드라마에서든 목욕탕도 아닌데 다른 사람 앞에서 옷을 벗는 게 가능한 일인가? 많은 질문이 머릿속에 떠올랐지만, 그때 제일 충격적이었던 것은 제주시의 가장 번화한 공공장소에서 벌거벗은 여성의 몸이 전시되고 있다는 사실, 그리고 그 모습 아래로 사람들이 아무렇지도 않게 지나가고 있다는 사실이었다.

어리둥절해하는 어린 초등학생에게 누드가 서양 회화가 만들어낸 '보는 방식' 중 하나라고 설명해줄 수는 있을 것이다. 얘야, 누드화는 그냥 보는 방식이 아니라 인간의 심오한 본질을 찾는 방식이란다. 《불가능한 누드》의 저자 프랑수아 줄리앙(François Julien)은 동양화에 누드가 없는 이유를 설명하면서 누드화가 인간의 이데아, 즉 본질에 닿으려는 예술이라고 주장한다. 그런데 이런 설명에는 보충되어야 하는 부분이 있다. 그래, '누드화'가 인간의 본질을 찾는 심오한 '보는 방식'일 수 있다. 그런데 그 방식은 누구의 방식인가? 즉, 누드화의 프레임 밖에 서서 누드화를 보는 사람은 누구인가?

루카스 크라나흐(Lucas Cranach)가 그린 〈파리스의 심판〉 시리즈(크라나흐는 '심판'을 여러 차례 그렸다)는 누가 보는 사람인지를 노골적으로 보여준다. 먼저 1512~1514년경에 그려진 것으로 보이는 〈파리스의 심판〉을 보자. 이 그림에서 파리스는 트로이의 왕자가 아니라 철갑옷으로 중무장한 중세 기사의 모습을 하고 있다. 원근법으로 그려진 그림의 배경에도 고대 그리스의 풍경이 아닌 중세의 성이 보인다. 왕자는 바닥에 주저앉아 멍한 표정으로 여신들을 올려다보고 있다. '이런 얼간이가 판정을 한다고?'라고 묻고 싶은 표정이다. 그의 옆에는 날개 투구를 쓰고 화려한 옷을 입은 헤르메스가 서 있다. 그리고 이 잘 차려입은 두 남성 앞에는 세 여신이 서 있다. 물론 벌거벗은 채로.

크라나흐의 〈파리스의 심판〉 시리즈는 100년

루카스 크라나흐, 〈파리스의 심판〉, 1512~1514년경

루카스 크라나흐, 〈파리스의 심판〉, 1528년경

루카스 크라나흐, 〈파리스의 심판〉, 1530년경

뒤 루벤스가 그린 〈파리스의 심판〉 시리즈와는 여러모로 대비된다. 그리스 신화 속 세계를 재현한 루벤스의 〈파리스의 심판〉 속 누드는 프랑수아 줄리앙이 말한 누드의 정의에 가까워 보인다. 루벤스의 그림 속 여신들은 인간의 육체를 가졌으되 육체의 한계를 벗어나 날아오를 것 같다. 현실에서 볼 수 없는 신화 속의 육체다. 반면 크라나흐의 〈파리스의 심판〉 속 여신들은 날아오르기는커녕, 현실의 저잣거리에서 마주할 법한 모습을 하고 있다.

하지만 루벤스의 여신이든 크라나흐의 여신이든, 이 여신들의 벗은 몸은 진짜 벌거벗은 몸이 아니다. 존 버거(John Berger)는 그 이유를 설명한다. '벌거벗은 몸은 그대로 스스로를 드러내는 것이지만, 누드는 타인에게 보여지기 위한 특별한 목적으로 전시되는 것'이기 때문이다. 말하자면 누드는 절대로 벌거벗은 몸이 될 수 없다. 그래서 존 버거는 누드가 차라리 '복장'의 한 형식이라고까지 말한다. 여신들의 벗은 몸들은 가면이다.

아다우라 동굴의 암각화 속에도 가면을 쓴 인물들이 있었다. 사실 이들에게 '가면'은 가짜 얼굴이 아닌 진짜 얼굴이다. 그들은 가면을 통해 자신의 자아가 확장되는 것을 경험했을 것이기 때문이다. 새 가면을 쓴 이는 새가 되어 세상을 조망했을 것이고, 사슴의 가면을 쓴 이는 사슴이 되어 초원을 달렸을 것이다. 가면은 아다우라 동굴의 주인들에게 새로운 육체를 제공했다. 그러나 누드라는 가면은 정반대의 방향으로 달려간다. 이 가면은 여성을 '남자가 볼 때 보기 좋은 육체'라는 감옥에 은폐하고 유폐시킨다. 엄청난 권능을 가진 여신들도 남성들 앞에서는 한낱 벌거벗은 육체로 쪼그라들 뿐이다. 루벤스나 크라나흐의 모델이었던 여성들의 진짜 얼굴은 누드라는 복장 속에 숨겨져 있다.

누드화에 대한 존 버거의 통찰을 더 들어보자. "남자는 여자를 본다. 여자는 남자가 보는 그녀 자신을 관찰한다. (……) 그리하여 여자는 그녀 자신을 대상으로 바꿔놓는다. 특히 시선의 대상으로."

크라나흐의 〈파리스의 심판〉 연작에는 버거의 주장을 증명하는 흥미로운 부분이 있다. 크라나흐의 첫 번째 〈파리스의 심판〉 속 여신들의 시선은 화면 안에 머물러 있다. 이 여신들은 그림 밖에서 자신들을 바라보는 존재가 있다는 것을 깨닫지 못한다. 그러다가 1528년경 그려진 두 번째 〈파리스의 심판〉에서는 세 여신 중 하나가 화면 밖을 응시하기 시작한다. 그림 밖에서 자신을 바라보고 있는 사람, 남자가 있다는 것을 깨달았다는 듯이. 1530년경 제작된 세 번째 〈파리스의 심판〉에서 두 여신의 시선은 노골적으로 그림 밖을 향한다. 두 여신은 그림 밖 남자들의 시선을 당당하게 되돌려주고 있다.

두 여신의 눈빛은 이렇게 말하는 것 같다. 잠깐 가면을 벗고 말할게. 너, 거기서 우리를 훔쳐보고 있는 거 알아. 그런데 우리는 전시되는 가면일 뿐이야. 우리의 진짜 얼굴은 여기에 없어.

어떤 실험

　　인간은 있는 그대로의 세계를 대면하지 않는다. 우리는 세계를 있는 그대로 바라보는 것이 아니라, 미리 설계되고 주입된 특정한 시선으로 세상을 본다. 사실 이 말에는 어폐가 있다. 우리의 시선이 있는 그대로의 세상을 우리에게 보여주는 것이 아니기 때문이다. 오히려 시선은 우리가 보는(볼 수 있는) 공간을 발명한다. 이런 공간들이 쌓이면서 우리가 아는 세상이 만들어진다. 문제는 우리가 이런 시선이 존재한다는 사실 자체를 망각한다는 점이다. 그러다 그 시선에 균열이 생기면 보이지 않던 새로운 광경에 놀라워한다.

　　19세기의 화가들 중에는 누드화에 전통적으로 부여되던 신성을 거부하는 이들이 있었다. 그들이 찾으려 했던 것은 새로운 시선이었다. 외젠 들라크루아(Eugéne Delacroix)의 〈민중을 이끄는 자유의 여신〉을 보자. 들라크루아는 젖가슴을 드러내고 깃발을 든 여성의 모습으로 '자유'라는 이상을 의인화한다. 그러나 자유의 여신은 여전한 가면이다. 하지만 들라크루아는 이상적인 육체이자 관음의 대상이었던 누드라는 가면에 일부러 구멍을 뚫는 실험을 한다. 다름 아닌, 여신의 겨드랑이에 털을 그려넣은 것이다.

　　에두아르 마네(Édouard Manet)의 실험은 여기서 한발 더 나간다. 마네는 매춘부를 소재로 한 〈올랭피아〉로 1538년 티치아노가 그린 〈우르비노의 비너스〉의 신성을 벗겨낸다. 그러자 가면 속에 숨겨져 있던 진짜 여자들의 얼굴이 서서히 드러나기 시작했다. 물론 가면이 완전히 벗겨진 것은 아니었다. 〈올랭피아〉 역시 여전히 남자들의 시선을 위해 전시된 대상이었기 때문이다. 하지만 새롭게 보는 방식은 그때까지 보지 못했던 풍경을 불러왔다.

인간이 바라보는 풍경은 언어라는 건축물 위에 거주하기 때문에 생겨난다. 우리는 언어로 된 통창으로 세상을 보고, 언어로 만들어진 복도를 따라 걷고, 언어로 지어진 방과 거실에서 기거한다. 그런데 그 건축물이 잘못 설계되었다면 어떻게 해야 할까? 언어라는 건축물 때문에 볼 수 없는 게 많다면? 그냥 순응해야 할까, 아니면 다른 방식을 찾아야 할까? 다른 방식을 찾을 수 있다면 누드화에 대한 전통을 깬 19세기 화가들처럼 새로운 시선을 만들어낼 수 있을까?

스웨덴에서 유치원을 운영하던 로타 라잘린(Lotta Rajalin)과 진보적인 교사들은 이 문제를 두고 고민했다. 성차별적 편향 없이 아이들을 교육하는 것이 목표였던 라잘린과 교사들은 아이들의 성차별적 행동을 시정하기 위해 동영상을 촬영한다. 그런데 그 동영상에는 예상하지 못했던 진실이 담겨 있었다. 문제는 아이들이 아니었다. 진짜 문제는 교사들 자신이었다. 동영상 속에서 교사들은 남자아이들의 거친 행동을 더 많이 참아주고 남자아이들이 자제력을 발휘하는 것을 기대하지 않았다. 반대로 여자아이들이 충동적인 행동을 하는 것은 참지 않았고, 더 많은 자제력을 여자아이들이 발휘하기를 기대했다.

새로운 진실은 교사들을 행동하게 만들었다. 교사들은 이야기책에 나오는 인물들의 성별을 뒤집고, 시끄럽게 떠드는 여자아이를 남자아이들 대하듯 내버려두고, 울고 싶어 하는 남자아이들은 마음껏 울게 했다. 교사들은 거기서 멈추지 않았다. 성별을 구분하는 언어가 만들어내는 가면을 아예 벗겨버리기로 했다. 아이를 가리킬 때 'han(그)', 'hon(그녀)'라는 말을 쓰지 않고 그 아이의 이름을 부르기로 한 것이다.

언어가 만들어내는 시선이 어떤 공간을 만드는지 깨닫자 교사들은 한발 더 나아갔다. 교사들에게는 자동적으로 사람들의 얼굴에 달라붙는 'han'과 'hon'이라는 가면을 막는 언어, 무엇보다도 새롭게 보는 방식을 만들어낼 언어가 필요했다. 결국 그들은 성별이 알려지지 않은 사람을 가리킬 때 쓰는 젠더 중립적인 3인칭 대명사 'hen'을 쓰기로 한다. (영어권 화자들은 스웨덴어 화자들처럼 새로운 말을 만드는 대신 3인칭 복수 대명사 'they'를 3인칭 단수 대명사로 쓰는 실험을 하고 있다.)

이 실험의 결과는 어땠을까? 많은 사람이 우려하듯이 아이들은 아예 남자와 여자를 구분하지 못하게 되었을까? 'hen'이라는 말을 사용해도 아이들은 여전히 남자는 남자로, 여자는 여자로 인식했다. 다시 말해, 차이는 차이로 인식했다. 하지만 이 아이들이 특정 성별을 고정관념화하는 정도는 낮아졌다. 《편향의 종말》(2022)에서 이 실험을 소개한 제시카 노델(Jessica Nordell)은 이에 대해 '차별을 낳지 않으면서도 차이를 보는 방법'이었다고 평한다.

이처럼 스웨덴어나 영어 화자들은 성차별적인 언어 사용 방식을 개선하기 위해 새로운 말을 만들거나, 아니면 이미 있는 말에 새로운 용법을 적용하는 '실험'을 해야 한다. 언어라는 가면이 자동적으로 사람들의 얼굴에 달라붙기 때문이다.

그러나 한국어의 경우는 다르다. 우리는 대화 상황에서 그 자리에 없는 누군가를 지칭할 때 '그', '그녀'라는 말 대신 그 사람의 이름을 부른다. (당신이 대화하면서 "그녀/그가 뭐래?"라고 말한다면 사람들은 당신을 이상한 눈으로 쳐다볼 것이다.) '걔'라는 말도 특정 성별을 의미하는 것은 아니다. 어맨다 몬텔이 한국어에 he나 she같이 젠더화된 3인칭 대명사가 없다고 한 이유는 이 때문이다. 스웨덴어 화자들이나 영어 화자들은 성별을 드러내지 않고 누군가를 지칭하려면 굳은 마음을 먹고 자신들의 언어를 '실험'해야 하지만 한국어 화자들은 그럴 필요가 없는 것이다.

그렇다면 한국어 '그녀'의 정체는 도대체 무엇이란 말인가? 여성의 진짜 얼굴을 지우는 누드화라는 가면을, 오랜 기간 서구인들의 시선을 가둔 그 감옥을 한국어에 도입한 격이 아닌가?

'그녀'의 혐의

2018년 서울시 여성가족재단에서는 성차별어 및 그 대안어를 선정해 발표했다. 그 목록은 다음과 같다. 유모차 → 유아차, 여직원 → 직원, 여자고등학교 → 고등학교, 그녀 → 그, 저출산 → 저출생, 미혼 → 비혼, 몰래카메라 → 불법 촬영, 리벤지 포르노 → 불법 촬영, 자궁 → 포궁.

여기 제시된 목록의 언어가 성차별적인 언어라는 것에는 많은 사람이 동의할 것이다. 그런데 이 중에는 많은 소설가 및 번역가가 난감해할 어휘가 포함되어 있었다. 바로 '그녀'다. '그녀'가 '여직원', '여자고등학교'와 함께 묶여 여성임을 유표적으로 드러내 차별을 유발하는 단어로 선정된 것이다.

여의사, 여교사, 여기자, 여검사 등 '여(女)'라는 접두사가 붙은 어휘에 여성들이 의사나 교사, 기자, 검사라는 직업을 갖는 것을 예외적인 것으로 인식하게 하는 암시가 함축되어 있다는 비판은 타당하다. 이런 직업 이름에 남의사, 남교사, 남기자, 남검사처럼 남성의 젠더를 드러내는 접두사가 붙지 않는다는 것도 이런 비판의 근거를 제공한다.

'그녀'도 이와 마찬가지로 비판을 받는다. 여성임을 드러내는 '녀(女)'를 삭제해야 한다는 것이다. 그렇다면 '그녀'라는 말은 여성들을 가면에 가두는 말이 아닌가? 사실 '그남'이라는 말도 없지 않은가? '그남'이 없는데 '그녀'라는 말을 쓰는 건 마치 〈파리스의 심판〉에서 남자들은 옷을 입고 있는데 여자들만 나체로 서 있어야 하는 것과 비슷한 일처럼 보인다. 무엇보다도 한국어는 성별을 자동 분류하는 언어가 아닌데, '그녀'라는 말은 쓸데없이 사람을 자동 분류해 성차별적 편향을 불러오는 것 같기도

하다. 편향을 없애기 위해서 스웨덴어와 영어 화자들이 새로운 언어를 사용하는 실험까지 하는 마당에 원래 한국어에는 없던 '그녀'를 계속 사용하는 것은 퇴행 아닌가?

'그녀'가 받는 혐의는 여기서 끝이 아니다. '언어 위생'의 관점에서 '그녀'는 한국어의 오염원 중 하나다. 한 인터뷰에서 국어순화론자 이수열은, '그녀'는 사내의 계집이라는 일본어 '피녀(かのじょ, 彼女)'를 직역한 말이며, 여자는 남자의 종이라는 성차별적 의식이 들어 있다고 주장한다.[2] 이를테면 한국어는 본래 젠더 중립적인 언어, 성평등적인 언어였는데 일본어로 오염되었다는 인식이다(더러워! 더러워!). 민족의 이름으로도 '그녀'는 용서할 수 없는 말이 된 것이다.

'그녀'를 둘러싼 고민은 현재 진행 중이다. 《보그 코리아》 2023년 2월호에 실린 〈'그녀'가 성차별적 표현인가요?〉[3]에서는 '그녀'를 쓰지 않고 '그'로 쓰거나 이름을 사용하는 것을 지향한다는 소설가와 칼럼니스트의 의견, 반대로 '그'를 사용하려고 노력하다가 '그'와 '그녀'를 기계적으로 '그'로 통합하는 것은 어렵다는 결론을 내린 칼럼니스트의 고민들을 소개하고 있다. 지금까지 즐겨 써왔지만, 계속 쓰자니 수많은 '그녀'들을 억압하는 말인 것 같아 좀 그렇고, 안 쓰자니 너무 불편하고. 이런 찜찜함이 이 기사에 녹아 있다.

정말로 '그녀'는 접두사 '여-'가 붙은 다른 어휘들과 같은 부류의 성차별어일까? 그렇다면 한국어 문학작품에서 사용된 무수한 '그녀'를 모두 '그'로

고쳐쓰는 작업을 해야 할까? 〈서울시 성평등 언어사전〉에 수록된 단어들의 성격을 분석한 김소영은 여직원이나 여자고등학교와는 '사뭇' 다르게 보인다고 지적하면서도 이를 본격적으로 다루지는 않는다.[4]

그도 그럴 만한 것이, '그녀'의 사정은 말 그대로 '사뭇' 복잡하기 때문이다. 이 사정을 정확하게 파악하려면 우선 '그녀'라는 3인칭 대명사가 어떻게 발명되었는지 짚어볼 필요가 있다.

'그녀'를 찾아서 ① ─ 1인칭과 2인칭, 직시의 세계

정신을 차려보니 또 다른 사람의 몸이다. 눈앞에 보이는 험상궂게 생긴 남자가 총구를 겨누며 고함지른다.
"야! 너! 이건 니가 어제 했던 말과는 다르잖아? 지금 여기서 이러는 이유가 뭐야?"
남자의 총구는 내 몸, 정확히는 지금 내가 탑승한 몸을 향하고 있다. 내 영혼은 금세 깨닫는다. 아, 여기서 '너'는 지금 내가 올라탄 이 몸을 가리키는구나. '여기'는 어디지? 여기는 지구인들이 은행이라고 부르는 곳이다. 은행 안의 사람들은 모두 바닥에 엎드려 있다. 앞으로 2분. 만약 2분 안에 저 남자, 은행 강도가 총을 쏜다면 나는 끝장이다. 나는 새롭게 탑승한 몸의

뇌에 접속한다. 새로운 뇌는 순식간에 내게
장악당한다. 시간이 없다. 나는 내가 모르는 '어제
했던 말'에 대한 변명을 늘어놓기 시작한다. 1분
58초. 1분 59초. 남자의 얼굴이 일그러지는 게
보인다. 아, 조금만 더. 총구가 불을 뿜는다.
잠시 깜깜해졌다가 다시 밝아진다. 나의 새로운
몸은 총을 들고 있다. 40대 후반으로 보이는
뚱뚱한 남자가 총을 맞고 쓰러져 있는 게 보인다.
아슬아슬했구나. 나의 새로운 몸은 죽은 옛 몸을
향해 이렇게 고함지르고 있다.
"나? 나는 약속을 목숨처럼 생각하는 사람이야!
알겠어? 니가 어제 했던 말을 지켰으면 이런 일이
없었잖아!"
여기서 '나'는 아까의 내가 다른 몸에서 봤던
은행 강도다. '니'는 방금까지 내가 탑승했던
죽은 남자고. 이제 내 영혼은 은행 강도의 몸으로
옮겨왔다.

2분마다 순간 이동하며 다른 사람의 뇌로
옮겨다니는 외계 생명체를 생각해보자. 이 생명체가 깃든
인간이 2분 안에 목숨을 잃으면 외계 생명체도 사라지게
된다. 문제는 이 생명체가 누구의 뇌에 깃들지는 스스로
결정할 수 없다는 점이다. 더 큰 문제는, 이 생명체는 항상
극단적인 갈등 상황에 있는 사람들의 몸에만 깃든다는
것이다. 사정이 그러하니 이 외계 생명체는 살아남기

위해 지구인들의 대화 기술을 익혀야 한다. 이런 기술 중 가장 중요한 것은 대화가 이루어지는 구체적인 맥락을 언어화하는 방식, 그리고 그 언어를 통해 대화를 둘러싼 다양한 맥락을 파악하는 방식이다.

      우리는 매일 누군가와 대화를 한다. 그때마다 대화 장면을 구성하는 구체적인 맥락들(화자, 청자, 시간, 장소)은 달라진다. 이런 상황에서 대화가 이루어지기 위해서는 화자가 대화가 이루어지는 다양한 맥락을 언어화시켜 지시해야 한다. 언어학자들은 이런 현상을 '가리키다', '보여주다'라는 의미의 그리스어 'deiknynai'에서 유래한 '직시(deixis)'라고 부른다. 직시란 계속 변화하는 대화 장면의 맥락을 언어로 고정시키는 방법이라고 할 수 있다.

      이 직시의 세계는 가변적이다. 맥락은 항상 변화하기 때문이다. 외계 생명체가 듣고 말한 위 대화에서 '너'의 지시 대상도 모두 달랐다. 따라서 외계 생명체가 살아남으려면 지구인들이 인칭 대명사를 통해 수시로 변하는 대화 참여자들의 역할을 기호화한다는 것을 깨달아야 한다. 즉 '너'라는 2인칭 대명사는 그 말을 듣는 대화 참여자에게 청자의 역할을 부여하고, '나'라는 1인칭 대명사를 통해서는 자신이 발화의 주체임을 나타낸다는 것을 아는 것이 외계 생명체의 생존에 필수적인 것이다.

      그런데 잠깐, 우리 지금 '그녀'의 복잡한 사정에 대해서 이야기하고 있지 않았나?

'그녀'를 찾아서 ② — 3인칭, 대용의 세계

앞서 말했듯 직시는 구체적인 대화 상황의 다양한 맥락을 언어화하는 방식이다. 그중 인칭 직시는 대화 참여자들의 관계를 기호화한다. 그런데 외계 생명체는 인칭 직시에서 3인칭보다는 1인칭이나 2인칭같이 내 눈앞에 있는 사람들을 가리켜 언어화하는 것이 중요하다는 것을 깨달았을 것이다. 그리고 3인칭 표현이 직시적으로 사용되기보다는(예: 저분이 제가 말씀드린 김철수 씨입니다) 아래의 대화 예처럼 다른 방식으로 더 많이 사용된다는 것을 눈치챘을 것이다.

"쯧쯧, 철수 녀석, 어제 TV 뉴스에 나오더라. 근데 걔는 왜 은행 강도짓을 한 거야?"

위 예에서 '걔'는 대화에서 앞서 등장한 '철수'를 가리킨다. 이때 '걔'는 대화가 이루어지는 상황 맥락이 아닌 언어적 맥락에서 이미 언급된 대상 '철수'를 지시한다. 이런 현상을 앞에 나온 표현을 대신한다는 의미로 '대용(anaphora)'이라고 하는데, 직시가 대화 외부의 맥락을 언어화하는 장치라면, 대용은 대화 내부의 맥락을 언어화하는 장치라고 할 수 있다.

대용은 중요하다. 앞선 발화의 맥락들을 계속 연결시켜 쪼개진 발화들을 하나의 담화로 묶어주기 때문이다. 말하자면 대용은 '이야기'를 가능하게 하는 장치인 셈이다. 직시가 화자와 청자가 살아 숨 쉬는 실제 세계와 연동되어 있다면, 대용은 언어로 만들어지는 이야기의 세계와 연동되어 있다. 여기서 '그'나 '그녀' 같은 3인칭 대명사가 대용의 세계에서 힘을 발휘하지 않을까 하는 추론을 할 수 있을 것이다. 소설은 대표적인 이야기 장르고, 소설에서는 '그'나 '그녀'가 빈번하게 등장하기 때문이다.

      눈앞에 앉아 있는 사람과 대화를 나누는 상황에서 한국어 화자들은 '그'나 '그녀'와 같은 3인칭 대명사 대신, 그 사람의 이름이나 직함(선생님), 친족관계어(어머니)를 이용해 그 사람을 가리킨다. 예를 들어, 어떤 사람이 "어제 영희를 만났는데"라고 하면서 '영희'에 대해 말한다면, 그 사람은 '그녀'라는 말 대신 '영희는~', '영희가~'라고 지칭하며 이야기를 이어갈 것이다. 이런 특징은 구어의 영향이 강하게 드러나는 고전소설에서도 그대로 나타난다.

      3인칭 대명사가 잘 사용되지 않는 것이 한국어의 특징이고, 고전소설에서도 그 특징이 그대로 드러난다면, 도대체 '그'나 '그녀'는 어디에서 어떻게 나타났다는 말인가? 뜬금없지만 이 질문에 답하기 위해서는 잠시 두 개의 그림 속으로 들어갈 필요가 있다.

두 그림 이야기

그림 속으로 사라지다

죽음을 앞두고 그는 임금에게 붓과 먹, 종이를 청해 산수화를 그린다. 탈출의 귀재인 위험천만한 죄인이지만 임금은 아무런 의심도, 염려도 없다. 그림은 그저 그림일 뿐이니까. 그는 긴 화폭을 먼저 능선들이 용처럼 꿈틀거리는 봉우리들로 채운다. 용들은 금세 날아올라 그 발톱으로 하늘을 할퀼 것 같다. 봉우리들의 기세는 명나라 초기 주원장에게 반역자로 몰려 죽임을 당한 왕몽의 그림 〈청변은거도(푸른 변산에 은거하다)〉를 닮았다. 그의 붓끝에서 살아 움직이는 용맥(龍脈)을 보며 왕은 반역자들이 그리는 그림은 다 비슷하다고 생각한다. 내 이번 일이 끝나면, 저런 그림을 그리는 자들을 모조리 잡아들이리라.

그의 붓은 이제 산 중턱 깊은 골짜기에 숨겨진 작은 마을을 그리고 있다. 임금은 생각한다. 자네는 죽어서라도 첩첩산중 저런 마을에 숨어 살고 싶은가? 자네가 그린 저 촌로들과 아낙들, 저 어린아이들과 함께 어울려 살고 싶은가? 그러나 그러지 못할 것일세. 짐의 군대가 끝내 자네를 찾아내 저 마을을 불태우고, 저 마을 사람들도 모조리 도륙할 것이니.

임금의 마음을 읽었는지 그는 마을 위로 다시 높은 산이 솟아나게 해 마을을 숨기려 한다. 높은 산 꼭대기에는 폭포가 그려지고 거센 물줄기가 깊은 산 아래로 떨어진다. 물줄기는 흘러흘러 넓은 평야의 시냇가에 다다른다. 그 시냇가에는 버드나무가 흐늘거린다. 그리고 그 버드나무 아래에는 안장을 얹은 당나귀 한 마리가 묶여 있다.

왕몽, 〈청변은거도〉

임금은 중얼거린다. 저 그림 속에 자네가 하고 싶은 이야기가 들어 있는가? 하지만 그것은 그저 바라만 봐야 하는 꿈, 끝내 들려주지 못하는 이야기일 뿐이네. 저 이야기는 자네를 구하지 못할 것이네. 나는 자네의 숨을 끊어놓고, 저 그림도 다 태워버릴 것이네. 나는 자네에 대한 그 어떤 이야기도 남기지 않을 것이네.
산수화를 다 완성시킨 그에게 남은 것은 임금의 복수밖에 없다. 그가 붓을 놓자 임금은 군사들에게 신호를 보내 그를 끌어내라 한다. 그러나 군사들이 그를 붙잡을 틈도 없이, 그는 벌떡 일어나 자신이 그린 그림 속으로 들어가 당나귀를 타고 사라진다.

자신이 그린 그림 속으로 사라지는 남자의 이야기. 도사 전우치의 이야기를 읽을 때마다 나는 아득해진다. 익히 알고 있는 이야기인데도 말이다. 왜 그런지는 모르겠지만 〈전우치전〉의 마지막 장면은 앨리스가 토끼굴로 빠지는 것보다, 해리포터가 런던 킹스크로스역 9와 3/4 승강장 벽을 뚫고 마법학교로 가는 것보다 더 내 마음을 끌어당긴다.

따지고 보면 〈전우치전〉은 이상한 나라의 앨리스나 해리포터와는 정반대의 이야기다. 토끼굴 속 왕국, 해리포터의 마법학교는 그 이야기 속에서 객관적으로 존재하는 장소들이다. 주인공들은 기이한 사건을 계기로 왕국이나 마법학교를 발견한다. 그러나 주인공들이 왕국과 마법학교를 발견하지 않았더라도, 그 이야기들 속에서 이들 장소는 계속 그곳에 존재할 것이다. 주인공들이 그 세계를 떠나오더라도, 그 이야기 속에서 왕국과 마법학교의 시간은 계속 흐를 것이다.

그러나 〈전우치전〉은 다르다. 〈전우치전〉의 주인공은 자신이 창조한 세계, 자신이 만들어낸 풍경 속으로 숨어들어 그 풍경 자체가 되는 인물에 대한 이야기이기 때문이다. 전우치가 자신이 그린 그림 속으로 사라지기 전, 그의 그림은 대용의 세계였다. 전우치의 붓끝에서 탄생하기는 했으나, 그 붓이 만들어낸 풍경은 전우치가 관여할 수 없는 독립된 장소였기 때문이다. 그림 속 사람들과 당나귀의 이야기는 전우치가 창조했지만 전우치는 절대 닿을 수 없는 '그들' 세계의 이야기였다. 그러나 전우치가 그림 속으로 들어가자 그림은 전우치에게 직시의 세계가 되었다. 이야기하는 '나'와 풍경이 분리될 수 없는 하나의 세계가 된 것이다.

〈전우치전〉은 기이한 꿈이다. 그렇지 않은가? 내가 쓴 이야기 속으로 내가 사라지는 꿈이라니. 〈전우치전〉이 이야기 속으로 사라지는 한 인물에 대한 일화라면, 조선왕조 《정조실록》 31권, 정조 14년 8월 10일의 기록은 이야기 속 인물이 이야기 밖 현실로 걸어나오는 광경을 보여준다. 《실록》은 장흥 사람 신여척이 이웃집 형제들의 싸움을 말리다가 형제들을 죽여버린 사건을 논하며 항간에 떠돌고 있다는 소문을 전한다. 그 소문의 배경은 종로의 한 담뱃가게. 가게 앞에서 전기수는 사람들을 모아놓고 영웅의 이야기가 담긴 패설을 읽기 시작한다. 절정을 향해 치닫던 영웅의 삶이 패배하는 장면에 이르렀을 때, 한 사내가 입에 거품을 물고 풀을 베던 낫을 빼들어 책 읽던 전기수를 가차없이 찔러 죽인다.

영웅이 패배하는 그 순간 사내의 눈에는 전기수가 죽어 마땅한 악인이었을 것이다. 그렇다면 무엇이 전기수를 악인으로 만들어버린 것일까? 전우치의 신비한 붓처럼 이야기와 현실을 하나로 섞어버린 것은 과연 무엇일까? 여러 원인을 제시할 수 있지만, 전우치의 붓 역할을 한 것은 전기수가 소설을 읽을 때 사용했던 종결어미 '-더라'였다.

종결어미 '-더라'가 이야기와 현실을 뒤섞어버렸다니. 이 말을 이해하기 위해서는 잠깐 전우치의 그림으로 돌아갈 필요가 있다. 전우치의 그림을 직접 눈으로 본 이는 없다. 그러나 그가 그린 그림이 산수화의 전통을 따랐으리라는 것은 분명하다.

동양 산수화의 전통을 한마디로 표현하면 다음과 같다. 산수화에는 풍경이 없다. 그렇다면 왜 풍경이 없는가? 풍경이란 감상자가 자신이 바라보는 자연의 광경과 분리되어 거리를 둘 때 비로소 생겨나는 것이기 때문이다. 추운 겨울 알프스산맥의 어느 전망대 안. 따뜻한 커피를 마시며 유리창 너머의 설경을 바라보는 여행객에게 알프스산맥은 아름다운 '풍경'이다. 그러나 알프스를 오르다가 갑자기 만난 폭설에 조난당한 등반가에게 알프스산맥은 결코 '풍경'이 될 수 없다. 복잡한 시장통에서 아등바등 장사를 하며 살아가는 상인들에게 시장은 '풍경'이 될 수 없지만, 외국인 관광객들에게 한국의 시장은 색다른

'풍경'이다. 외국인 관광객들은 시장통에서의 삶과 분리된 존재들, 시장통의 삶과 거리를 둔 사람들이기 때문이다.

산수화는 감상자에게 거리를 허용하지 않는다. 예를 들어, 내가 저 멀리 떨어져 있는 산을 그린다고 생각해보자. 원근법이 적용된 서양의 풍경화에서 멀리 있는 장소는 희미해 잘 보이지 않을 것이다. 하지만 산수화에서는 제일 멀리 있는 장소를 바로 눈앞에서 보는 것처럼 더 크고 명확하게 그리기도 한다. 그 산 뒤에 있는 골짜기는? 서양 풍경화에서 산 뒤의 골짜기는 아예 보이지도 않는 미지의 세계다. 그러나 산수화에서는 산의 뒤를 굽어보는 심원법이라는 기법을 써서 산 뒤편의 골짜기를 묘사한다.

여기서 끝이 아니다. 산은 나에게서 멀리 떨어져 있지만, 산수화의 고원법 기법은 산 바로 아래에서 높은 산을 올려다보는 것처럼 산을 묘사한다. 반대로 먼 곳에 떨어져 있는 시점을 이용한 평원법으로 산 아래로 넓게 펼쳐진 평야를 보여주기도 한다. 산수화에서는 이 모든 시점이 하나의 그림에서 나타날 수 있다. 즉, 감상자는 산 바로 앞으로 가서 산을 올려다볼 수도 있고, 산 너머에 뭐가 있는지도 확인할 수 있다. 그러고는 다시 뒤로 빠져나와 먼 거리에 있는 산과 평야를 조망할 수도 있다. 산수화를 볼 때 감상자의 눈은 한 사람의 눈이 아니라 다양한 지점에 존재하는 여러 사람의 눈이 된다.

서양의 풍경화는 다르다. 서양의 원근법에서는 단 하나의 관찰자, 단 하나의 순간, 단 하나의 장소를 중심으로 외부 세계를 구성한다. 그 관찰자는 누구인가?

'외눈'을 가진 보편자, 신이다. 즉, 원근법에서 외부의 세계는 신이라는 관찰자를 중심으로 정리되는데, 존 버거는 이런 원근법에서는 시각적 상호작용이란 존재하지 않는다고 주장한다. 신은 그 자신이 상황 전체이기 때문이다. 자신이 상황 그 자체라면 신은 타인과의 관계를 생각할 필요가 없다.

하지만 산수화에서는 단 하나의 장소에 고정되어 있는 외눈의 보편자가 없고, 때문에 다양한 시각적 상호작용이 가능하다. 덕분에 전우치처럼 분신술을 쓰지 않아도, 산수화 감상자는 공간의 제약 없이 모든 장소를 다양한 시각으로 바라볼 수 있게 된다. 그 대신 산수화에는 풍경이 없다. 산수화에서 감상자는 그림의 일부가 되기 때문이다.

산수화의 구성 방식은 고전소설이나 신소설에서 '-더라'라는 종결어미를 통해 실현되는 세계의 모습과 닮았다. 권보드래는 '-더라'라는 종결어미가 서술자를 시공간의 제약을 받는 구체적인 존재가 아닌, 모든 시공간에 편재하는 집합적인 화자/주체로 만든다고 설명한다. 즉 '-더라'의 서술자는 초점 인물의 시공간을 따라가며 사건을 서술하면서도 동시에 다른 시공간에 거주할 수 있다. 이 서술자는 서사 속 인물의 경험을 뛰어넘어 상황을 통찰할 수 있고, 서사 속 모순이나 비합리적인 내용을 단번에 정리할 수 있다. 한마디로 '-더라'는 서술자를 산수화의 감상자처럼 모든 것을 이미 알고 있는 초월적 존재로 만든다.

그런데 권보드래는 '-더라'체의 특징 중 하나로

1인칭 화자와의 불화를 들고 있다.[5] 예컨대 이런 식이다.
'내가 어젯밤에 종로를 걸어가더라.' 이처럼 일반적으로
1인칭 서술자의 경우에는 '-더라'를 이끌지 못한다.
권보드래는 예외적인 상황을 제외하고는 '-더라'가 1인칭
화자와 어울리지 않기 때문에, '나'라는 서술자가 등장하면서
'-다'체가 부상했다고 주장한다.

        이 주장의 문제점을 짚어보기 전에 먼저
권보드래가 제안한 '집합적 화자'라는 용어를 살펴보자.
권보드래에 따르면 '집합적 화자'는 구체적인 존재가 아니다.
다시 말해 누군가 '집단'으로서 말하고 있지만 그게 누군지는
정확히 알 수 없다. 그렇다면 '-더라'라는 종결어미는 집단
전체를 대표하지만 개인인 '나'는 지워진 정체불명의
초월적인 목소리를 만들어내는 것인가? 이 질문에 답하기
위해서는 '-더라'가 실제로 어떤 기능을 하는지 대화를 통해
살펴볼 필요가 있다.

    명숙: 야, 네가 깜짝 놀랄 소식 하나 알려줄까?
    은주: 뭔데?
    명숙: 내가 어제 백화점 앞을 지나가다 봤는데,
글쎄 영희가 철수하고 손잡고 가더라!
    은주: 정말? 사람들 앞에서는 그렇게 앙숙처럼
굴더니, 둘이 사귄다고?

    권보드래는 1인칭 서술자가 '-더라'를 이끌지
못한다고 했지만, 이는 오해다. '나'가 '-더라'로 끝나는

문장의 주어가 될 수 없는 것은 분명하다(내가 철수하고 손을 잡고 가더라). 그러나 위 대화에서 영희와 철수가 손을 잡고 가는 것을 목격하고 보고하는 주체는 분명히 '나'다. 즉, '-더라'를 사용할 때 목격자는 언제나 화자 자신, 1인칭 서술자인 바로 '나'인 것이다. 심지어 예외적인 상황에서도 그렇다. 꿈속에서 자신이 하늘을 나는 장면을 기억하고 전달할 때도 목격자가 '나'인 것은 변하지 않는다(내가 어제 꿈을 꿨는데, 꿈속에서 내가 막 하늘을 날더라고).

그렇다면 위 대화에서 '영희와 철수가 손을 잡은 사건'을 보고한 화자 명숙은 어떤 사람인가? 명숙은 자신이 보고한 사건이 일어난 그 장소에 있었던 사람이다. 또한 자신이 보고한 사건 속 주인공들과 동시에 존재했던 사람이다. 한편, 명숙은 자신이 본 뜻밖의 광경을 자신의 들뜬 목소리로 전하지 않고는 못 배길 것 같은 사람이다. 전우치가 그림 속으로 걸어들어가듯이, 명숙은 '-더라'를 이용해 은주를 사건이 일어난 과거의 그 시점으로 데리고 들어간다. 그 시점으로 돌아가 '은주야, 너도 봐라. 쟤들 뭐 하는지'라고 떠들며 손가락으로 가리키고 생생한 자신의 목소리로 전하는 것이다. 이처럼 '-더라'를 사용한다는 것은 '나(명숙)'의 목소리로 '너(은주)'에게 말을 거는 직시적 관계, 즉 '너'를 '내'가 경험한 과거의 한 시점으로 데려가 그 사태를 지시하는 직시적 관계를 전제로 한다.

전기수는 왜 죽었는가? 살아 있는 사람의 육성으로 눈앞의 상대방에게 말을 전하는 직시적 관계, 이

관계에서 만들어지는 생생함, 그것이 전기수를 죽음으로 몰고 간 원인이다. 여기서 전기수 살인범이 영웅의 이야기를 '눈'으로 '읽지' 않았다는 점에 주목해야 한다. 살인범은 전기수의 육성을 통해 영웅의 이야기를 들었다. 이 경우 화자인 전기수는 자신이 전하는 이야기와 이중적인 관계에 놓이게 된다. 단순하게 보면 전기수는 사건을 전달하는 사람이다. 그러나 동시에 그 사건의 직접적인 목격자, 그 사건이 일어난 맥락의 일부, 또는 사건 그 자체가 되기도 한다.

종결어미 '-더라'를 이용해 전기수가 영웅의 이야기를 전할 때 영웅의 고난은 멀리 어딘가에서 일어나는 일이 아니라, 내 눈앞에서 떠드는 파렴치한 자의 입을 통해 생겨나는 일이 된다. 이런 의미에서 살인범은 이야기를 읽어주는 전기수를 죽인 것이 아니라, 이야기 속 영웅을 해하는 악인을 죽인 셈이다.

이처럼 '-더라'의 화자는 모든 것을 알고 있는 초월적 존재지만 그 사실을 무심한 듯 전하는 존재가 아니다. '-더라'의 화자는 자신이 알고 있는 뜻밖의 사실을 자신의 육성으로 고자질하지 못해 안달이 난 존재다. '-더라'의 집합적 화자는 흐릿하게 지워진 존재가 아니라 수많은 개인, 수많은 '나'가 중첩된 존재다. 이렇게 중첩된 수많은 '나'는 전기수를 통해 진짜 육성과 육신을 가진 구체적인 '나'로 현현한다.

산수화에는 풍경이 없다. 감상자가 그림의 일부가

되기 때문이다. '-더라'가 사용되는 고전소설에도 풍경이 없다. 이야기를 전하는 화자, 즉 1인칭 화자가 이야기와 섞이기 때문이다. 산수화와 고전소설은 '내'가 눈앞에 있는 산을 올려다보고, 바로 눈앞의 '너'에게 이야기를 들려주는 직시의 세계다. 이런 직시의 세계에 3인칭 대명사가 들어설 공간은 없다.

풍경의 발견 — 3인칭 대명사의 발견

'아름다운 제주, 환상의 섬 제주.'

88올림픽이 한참이나 지났지만, 제주 시내에는 이런 표어가 여기저기 붙어 있었다. 지쳐서 무표정한 얼굴의 사람들을 가득 채운 시내버스에도, 온갖 오물이 썩어가는 하천을 가리기 위해 다리 난간을 덮고 있던 가림막에도 이 표어가 꼬리표처럼 달렸다. 어느 여름, 악취가 코를 찌르는 그 다리를 건널 때마다 중학생이었던 나는 계속 투덜거렸던 것 같다. 도대체 뭐가 아름답고, 뭐가 환상적이라는 거야? 이 시궁창 냄새가?

그로부터 몇 년 후, 제주시 근처에 있는 오름에 올랐을 때 나는 예전의 투덜거림을 다시 떠올리며 반성해야 했다. 눈 아래로 펼쳐진 제주시와 그 배경을 이루는 바다의 풍광, 오름과 오름으로 이어지는 초원의 곡선에 나는 말 그대로 압도되었던 것이다.

그때 나는 처음으로 '자연'을, 그리고 '풍경'을

발견했다.

　　　　자연이나 풍경은 언제 어디에나 있다. 과거에도 그랬고, 앞으로도 그럴 것이다. 그런데 이런 말들은 과연 사실일까? 이 말들은 반만 사실이다. 자연이나 풍경은 발견되었을 때만 존재하기 때문이다. 자연과 풍경이라는 말이 너무나 익숙해 이상하게 들리겠지만 자연과 풍경은 발견된 것이다. 다시 말해 발견되기 전에는 자연과 풍경은 존재하지 않았다. 19세기 독일 낭만주의 화가 카스파르 다비트 프리드리히(Caspar David Friedrich)는 자신의 그림 속에서 바로 그 '풍경'을 발견한 사람들의 모습을 포착해낸다.

　　　　그의 작품 중 가장 유명한 〈안개 바다 위의 방랑자〉에는 지팡이를 든 한 남자의 뒷모습이 묘사되어 있다. 검은 옷을 입은 남자는 제국의 왕관이라는 뜻을 가진 카이저크로네 사암 지역의 한 봉우리 정상에 서 있다. 바람이 심하게 부는 듯, 남자의 머리카락은 헝클어져 흩날린다. 암초같이 솟아 있는 봉우리를 안개는 말 그대로 파도처럼 때리는 것 같다. 수직으로 솟아 있는 기암괴석들 저 너머로 엘베 사암 산맥이 뻗어가는 모습이 희미하게 보인다.

　　　　서양 풍경화 속의 인물들은 언제나 화면의 정면을 보고 있거나, 옆모습을 보여준다. 그래서 이 남자가 등을 보이고 있다는 사실, 다시 말해 그림의 감상자들에게 얼굴이 보이지 않는다는 점은 중요하다. 〈안개 바다 위의 방랑자〉뿐만 아니라 프리드리히가 그린 인물들은 대부분 등을 보이고 뒤돌아 서 있다. 이들이 그림의 관람객들에게

카스파르 다비트 프리드리히, 〈안개 바다 위의 방랑자〉

등을 돌리고 서서 대면하는 것은 바로 '자연'이다.

19세기 이전 서양 풍경화에서도 자연은 묘사되었다. 그것도 그냥 묘사된 것이 아니다. 르네상스 이후 자연은 원근법을 통해 균질한 공간으로 측정되어 재현되었다. 그러나 19세기 이전 서양화의 자연은 그림 속 등장인물의 이야기를 돋보이게 하는 일종의 장식에 불과했다. 그렇던 자연이 프리드리히의 그림에서는 장식품이나 배경이 아닌, 그 자체로 바라봐야 하는 관찰의 대상, 그림의 주인공이 된다. 19세기가 되자 서양 풍경화 속 인물들은 문득 자신의 등 뒤에 자연이 있다는 것을 깨달은 것이다.

자연과 풍경을 발견할 수 있도록 한 토양은 원근법이다. 가라타니 고진(柄谷行人)은 서양 풍경화의 전통을 다음과 같이 정리한다. "중세 시기에는 생각하는 대로 풍경을 그렸다면, 르네상스 이후에는 보이는 대로 풍경을 그리게 되었다. 이렇게 보이는 대로 풍경을 그릴 수 있게 된 것은 공간을 물리적으로 균질화시키는 원근법 덕분이었다."

공간의 균질화. 이는 풍경을 '발견'하기 위한 선행 조건이다. 내가 사는 지역에 있는 무등산을 예로 들어보자. 내 기분에 따라 무등산은 때로는 가까워 보이고 때로는 멀어 보인다. 가끔 나는 아예 무등산이 있다는 것조차 잊어버린다. 이런 경우 풍경은 발견되기 어렵다. 하지만 원근법을 통해 공간을 균질하게 인식하면서, 내가 주관적으로 느끼는 공간은 객관화된다. '나'가 공간에서 분리되면, '나'의 앞에 그동안 미처 인식하지 못했던 낯선 '풍경'이 나타나는 것이다.

가라타니 고진은 근대문학의 리얼리즘이 바로 이 '풍경' 속에서 확립됐다고 말한다. 풍경은 인간으로부터 분리되어야 발견될 수 있고, 같은 방식으로 '인간의 삶'도 풍경으로 인식되기 시작한 것이다. 인간의 삶이 풍경으로 인식된다는 것은 무슨 뜻인가? 풍경이 만들어지기 위한 핵심은 '낯설게 하기'다. 고진은 쉬클로프스키의 말을 빌려 리얼리즘의 본질이 낯설게 하기, 즉 눈에 익숙해져 있어서 실제로 보고 있지 않은 것을 보게 만드는 것이라고 설명한다.

그렇다면 근대소설에서 인간의 삶을 '낯설게' 만들어 보고 있지 않은 것을 보게 만드는 장치, 다시 말해 원근법의 역할을 하는 것은 무엇일까? 그것은 과거 시제와 3인칭 대명사다.

과거 시제와 3인칭 대명사가 어떻게 원근법의 역할을 하는지 살펴보기 전에 먼저 대하소설을 쓸 수 있을 정도로 파란만장한 우리의 삶을 떠올려보자. 모두가 소설 같은 삶을 살았다고 자부할 터이지만, 막상 그 삶을 소설로 옮기는 것은 쉽지 않은 일이다. 그 이유는 간단하다. 우리 삶에서 일어나는 그 많은 복잡다단한 일들이 모두 깔끔하게 인과적으로 설명되지 않기 때문이다. 솔직해지자. 우리의 삶은 원인과 결과라는 필연의 사슬이 아니라 우연과 무의미함과 이유 없음과 알 수 없음으로 마구 엉켜 있는 실타래가 아니던가.

실타래 같은 당신의 삶을 풀어낼 때 당신이라는 이야기꾼은 당신의 과거, 현재, 그리고 앞으로 닥쳐올 미래를 마음대로 왔다갔다 하기도 하고, 과거 당신의 마음속, 당신 곁에 있었던 인물들의 마음속을 들여다보기도 한다. 다양한 종결어미와 현재와 과거 시제를 섞어가며 당신은 당신에게 일어난 일들을 생각나는 대로 툭툭 던져놓는다.

"음… 그래… 그런데 거기에 첫사랑이었던 옛날 초등학교 동창이 있더라고… 그래서… 말을 걸었는데… 얘가 날 모르는 척하는 거라… 너도 잘 알지? 나 완전 수줍음 많은 거. 그런데도 말을 걸었는데 걔 반응이 영 아니더라… 그래서 나도 그런가 하고 다시 가던 길을 가는데, 갑자기 걔가 날 뚫어지게 쳐다보지 뭐야? 그래서… 둘이 사귀게 되었지… 나중에 알게 된 건데, 그때 걔도 이상하게 나한테 말을 걸고 싶더래…."

당신이 과거의 일들을 재단하지 않고 아무렇게나 늘어놓는다. 이야기를 듣는 사람들에게, 당신의 이야기는 인과의 질서로 포착되지 않을 가능성이 크다. 그러나 이야기꾼인 당신은 전혀 개의치 않을 것이다. 왜냐하면 당신은 그 일들 이전에 어떤 일이 있었고, 미래에 어떤 일이 일어날지를 이미 알고 있기 때문이다. 청자 입장에서는 두서없는 이야기들이지만 모든 것을 알고 있는 당신의 머릿속에서는 문제없이 연결된다. 게다가 당신이라는 이야기꾼은 전지전능한 존재로서 이야기 속에 여전히 머물면서, 이야기 세계의 여기저기에 끼어든다. 그러다 당신의 이야기를 듣던 사람은 결국 이런 질문을 하게 된다.

"그래서, 앞에서 했던 이야기하고 지금 이야기하고 어떻게 연결되는 건데?"

뒤죽박죽 질서 없이 나열되는 당신의 인생사들. 당신이라는 이야기꾼과 당신의 이야기는 서로 딱 붙어 있어서 분리되지 않는다. 당신의 이야기는 말하는 '나'와 듣는 '너'의 세계, 즉 직시의 세계에서 만들어지기 때문이다. 그런데 이야기꾼인 당신과 한 몸처럼 묶여 있는 이야기를 떨어뜨려놓을 수 있는 장치가 있다. 바로 과거 시제다.

과거 시제는 모든 일이 끝난 후, 그 일들과 거리를 두고 이야기할 때 사용하는 시제다. 과거 시제를 사용할 때 이야기의 화자는 그림 밖에서 그림을 그리는 화가처럼 이야기를 거리를 두고 바라볼 수 있게 된다. 원근법이 공간을 균질하게 재단하듯, 과거 시제는 시간을 균질하게 재단한다. 그런데 이때 시간을 재단하는 기준이 있다. 바로 인과관계다. 즉, 과거 시제는 그런 우리의 인생사 중에 인과관계로 엮을 수 있는 사건들만 선별해 잘라내는 재단 가위다.

"아침에 일어났다. 아무도 없었다. 아침식사를 안 했다. 집을 나섰다. 버스가 안 왔다. 바람이 불었다."

누군가 하루에 있었던 일들을 순서대로 나열한 일기를 상상해보자. 이 일기를 쓴 화자가 '-더라' 등을 이용해서 과거와 현재를 왔다갔다 하며 눈앞에 있는 청자에게 하루일과를 말해주는 식이었다면 이 일기의 내용은 들을 만할 것이다. 그러나 인과관계라는 기준 없이 과거 시제를 이용한 문장만 이어지는 일기를 읽어야 한다면, 독자는 견뎌낼 수 없을 것이다. 이처럼 근대소설을 존재하게 한 '과거 시제'라는 재단 가위는 인과관계라는 기준으로 시간을 재단한다. 이 과거 시제는 우리 삶의 수많은 순간들 중 개연성과 필연성으로 연결될 수 있는 것들을 선택한 후 이를 레고 블록처럼 균질한 단위로 만든다. 이 블록이 쌓이면 인과의 연쇄로 이루어진 스토리가 만들어진다. 이제 당신의 인생은 그럴 만했던 사건들과 그렇게 될 수밖에 없었던 사건들로 채워져 인과율이라는 원리를 따르는 그럴싸한 스토리로 재구성된다. 이렇게 당신의 인생은 객관적인 대상, 즉 관찰할 수 있는 풍경이 된다.

그런데 여기서 또 다른 문제가 제기된다. 인간의 삶을 풍경으로 바라보게 만드는 과거 시제. 그 과거 시제로 이루어진 문장의 주어는 무엇이어야 하는가? '나'가 주어가 되면 자꾸만 이야기꾼으로서 '나'가 이야기에 개입하게 되는 문제가 있다. 풍경이 만들어지려면 거리가 생겨야 하는데 '나'를 주어로 사용하면서 거리를 만들어내기가 어렵다. '너'라는 2인칭 대명사도 마찬가지다. '너'는 '나'의 존재를 전제로 하기 때문에 객관적인 풍경으로서 이야기를 만들어내기는 부적합하다.

그렇다면 남은 가능성은 하나다. 3인칭 대명사. 3인칭 대명사는 이야기와의 거리를 만들어내고, 그 거리는 인간의 삶을 풍경으로 인식할 수 있게 한다. 박현수는 3인칭 대명사가 원근법의 소실점이고, 그림의 밖에서 소실점에 대응하는 투시점에 이야기의 화자가 있다고 설명한다.[6] 투시점은 보이지 않지만, 소실점에 존재하는 대상을 지배한다. 원근법이 기존에 보이지 않던 자연과 풍경을

발견하게 했다면, 3인칭 대명사는 전에는 보이지 않던 인간의 삶을 발견하게 만들었다.[7]

저자 되기 — 말하고 싶다면 가면 뒤에 숨을 것

3인칭 대명사가 근대소설에서 인간의 삶을 풍경으로 만드는 장치라는 것을 염두에 두고 한국어 '그'의 기원에 대해 생각해보자. '그'는 어디서 왔는가? 중세 국어에서는 3인칭 대명사로 정확히 분류될 수 있는 말은 없었고, 대신 현대 한국어 '저'에 해당하는 '뎌'라는 지시대명사가 3인칭 대명사의 역할을 했다.[8] 그러다가 19세기 말, 20세기 초에 들어서 '뎌' 대신 '그'가 본격적으로 쓰이기 시작했다. 처음에 '그'는 주로 기독교 관련 문헌에서 출현했다. 그러나 '그'가 본격적으로 사용되기 시작한 장르는 근대소설이었다.

'그'가 본격적으로 출현한 시기에 3인칭 여성 대명사를 어떻게 할 것인가에 대한 고민도 같이 싹트고 있었다. 그런 고민의 첫 번째 해결책은 3인칭 여성 대명사도 '그'로 처리하는 방식이었다. 시인 김기진은 외국 시에서 He나 She를 번역할 때 둘을 모두 '그'로 번역했고, 3인칭 대명사 '그'를 본격적으로 도입했다고 알려진 김동인도 다음과 같은 결론에 도달한 바 있다.

또한 우리말에는 없는 바의 He며 She가 큰

난관이었다 (……) 무슨 적당한 어휘가 있으면 쓰고 싶지만 불행히 우리말에는 He며 She에 맞을 만한 적당한 어휘가 없었다. He와 She를 몰몰아(성적 구별은 없애고) '그'라는 어휘로 대용한 것―'그'가 보편화하고 상식화한 오늘에 앉아서 따지자면 아무 신통하고 신기한 것이 없지만 이를 처음 쓸 때는 막대한 주저와 용단과 고심이 있었던 것이다.[9]

그러나 1910년대 이후 많은 작가는 3인칭 여성 대명사를 '그'로 해결하는 방식 대신 주로 일본어 표현 피녀(彼女)나 궐녀(厥女)를 썼다. 고길섶에 따르면, '그녀'라는 말이 나타나기는 했지만 그 수는 적었다. 여러 3인칭 여성 대명사가 경쟁하다가 '그녀'가 본격적으로 쓰이기 시작한 때는 한국전쟁 이후였다.

그렇다면 20세기 한국 근대소설 장르에서는 왜 기존에 없던 '그'와 '그녀'라는 3인칭 대명사를 발명해 사용했을까? '그', '그녀'의 등장은 서구나 일본 소설의 표현을 아무 반성 없이 받아들인 결과물인가? 결론부터 말하자면 '그', '그녀'라는 3인칭 대명사의 등장은 '근대적 글쓰기'를 확립하기 위한 치열한 고민의 결과물이었다.

그렇다면 근대적 글쓰기란 무엇인가? 근대적인 글쓰기란 발화자의 특징이나 발화의 상황에 따라 글의 내용과 이해가 달라지는 것이 아니라(같은 이야기라도 철수가 했느냐, 수철이가 했느냐에 따라 그 이야기는 다르게 이해될 것이다), 언제 어디서든 균질하게 해석될 수 있는 글을 생산하는 것이다. 근대는 '언제 어디서든 균질한 것', 다시 말해 표준적이고 획일화된 것을 요구한다. 그렇다면 근대는 왜 표준적이고 획일화된 것을 요구하는가? 윌리엄 터너(William Turner)의 그림 〈비, 증기, 그리고 속도 — 대서부 철도〉에 그 해답이 있다.

   훗날 인상주의 작가들에게 큰 영향을 줬다는 이 그림은 매우 흐릿하다. 수증기로 가득찬 대기는 하늘과 땅, 템스강의 경계, 증기기관차와 철도교의 경계를 희미하게 만든다. 기관차의 형태를 겨우 알아볼 수 있을 정도인 이 그림의 주인공은 비 내리는 날씨, 그리고 그런 날씨를 아무렇지 않게 뚫고 달려가는 증기기관차의 속도다. 이 그림에서도 확인할 수 있듯이, 비가 오든 바람이 불든 놀라운 속도로 일정하게 달려가는 기차는 경이의 대상이었다. 그리고 이 경이의 대상인 기차는 표준화된 시간을 발명한다.

   근대 이전 시기, 사람들은 모두 각자의 시간을 살았다. 지역마다 고유한 시간이 있었고, 그런 시간마저도 정밀하게 분할되지 않았다. 그러나 엄청난 속도를 가진 기차가 공간의 벽을 뛰어넘으면서, 표준화된 시간의 필요성이 대두되었다. 지역의 고유한 시간 감각으로 기차를 운행한다는 것은 곧 크나큰 사고로 이어진다는 뜻이었기 때문이다. 그렇게 기차가 운행되는 지역에는 객관적인 시간을 나타내는 시간표가 만들어졌다. 그 시간에 따라 사람들의 시간도 균질해졌다. 시간만 균질해진 것이 아니다. 기차를 통해 전달되는 정보도 균질해져야 했다. 기차

윌리엄 터너, 〈비, 증기, 그리고 속도 — 대서부 철도〉

시간표에 '오후 13:25 출발'이라고 쓰여 있다면, 그 정보는 대전에 있는 사람이든 서울에 있는 사람이든 동일하게 받아들인다.

근대적 글쓰기가 추구하는 것은 이런 기차 시간표 같은 글쓰기다. 다시 말해 근대적 글쓰기를 통해 쓰인 글은 누가 썼는가, 어디에서 썼는가, 누가 어디에서 읽었는가에 따라 다르게 해석되는 것이 아니라 언제 어디서든 동일한 메시지로 읽혀야 한다.

근대적 글쓰기에 대해 더 이야기해보자. 언제 어디서든 균질하게 해석될 수 있는 글은 '언문일치'를 통해서만 가능하다. 그렇다면 과제는 이미 완수된 것이 아닌가? 한글 고전소설은 문어지만 구어의 성격을 잘 반영하고 있지 않은가? 그러나 김병문은 에밀 뱅베니스트의 논의에 기대 언문일치의 목표가 '글'을 '말'에 맞추는 것을 의미하는 것이 아니라고 지적한다. 김병문에 따르면, 언문일치의 진짜 목적은 발화자의 흔적을 지우는 '발화 기원의 소거'에 있다.[10]

발화 기원의 소거란 결국 발화자의 흔적을 최대한 지우는 작업이다. 김병문은 이 작업이 시상이나 법, 상대높임법, 서법 등의 발화 기원을 알 수 있는 정보의 제거를 통해 이루어질 수 있다고 말하는데, 1910년대 소설에서 '-더라'에서 '-(었)다'로의 종결 표현 변화는 그런 작업의 결과물이라고 할 수 있다. 다른 식으로 말하면, 발화 기원의 소거란 발화 기원에 들어 있는 여러 시간 정보를 제거한 후 과거 시제만 남기고, 발화자가 누군지를 알려주는 정보를 확인할 수 없는 인공적인 어투 '-다'체를 사용함으로써 완성되었다. ('-다'체는 실제 구어에서는 하대할 때를 빼고는 거의 사용되지 않는 어투다. 이는 다른 말로 발화자에 대한 정보가 거의 들어 있지 않은 어투라는 말이 된다.)

발화 기원 소거의 결과를 지금 이 글을 읽는 시점에서도 확인할 수 있다. 이 글을 읽을 때 당신은 머릿속에서 누구의 목소리가 들리는지 자각할 수 있는가? 저자의 목소리도 아니지만(여러분은 내 목소리를 모른다), 당신의 목소리도 아닌, 그래서 그 누구의 목소리라고도 특정할 수 없는, 하지만 분명히 존재하는 목소리(나는 이 목소리를 '가면의 목소리'라고 부르고 싶다)가 당신에게 글을 읽어주고 있을 것이다. 이는 '-더라', '-이라', '-로다'와 같이 화자의 목소리를 강력하게 드러내는 종결 표현을 제거하고 '-이다', '-ㄴ다/는다', '-었다' 같은 표현으로 교체해야만 가능한 것이었다.

화자의 목소리가 지워지면 이야기는 화자를 거치지 않고(실제로는 화자는 가면 뒤에 숨어 있지만) 독자에게 그대로 전달된다. 이는 이야기의 자립성을 보장한다. 그렇게 전기수가 읽어주던 고전소설과는 다른 새로운 이야기의 공간이 만들어진다. 그리고 이 새로운 이야기의 공간에는 앞서 설명한 '풍경'이 채워진다.

그런데 한국 근대소설을 확립해 나가던 시기, '-더라'에서 '-었다'로의 변화 과정, 즉 화자의 목소리를 지우는 과정이 쉽지는 않았다. 그 어려움은 이광수가 근대소설의 문체를 실험하던 시기를 회고하며 "그째에는 글로 썻스면 반드시 목으로 읍게 되엿섯"다고 말하는 것에서도 드러난다.[11] 이 시기의 이광수는 여전히 저자와 화자가 분리되지 않는 세계, 직시가 작동하는 세계에 속해 있었던 것이다.

이야기를 화자와 청자가 살아 있는 대화의 세계에서 분리시키기 위해서는 화자가 직시의 세계를 떠나 대용의 세계로 들어올 필요가 있다. 다시 말해 화자의 목소리를 확실히 지우기 위해서 3인칭 대명사가 동원된다. 이로써 3인칭 대명사는 화자에게 가면을 제공하고, 화자는 그 가면 뒤에 몸을 숨긴다. 그렇게 화자는 저자가 된다.

이것이 롤랑 바르트가 《글쓰기의 영도》(1953, 2007)에서 3인칭 대명사의 사용을 근대소설의 전형적인 유형이자, 소설을 완성하는 장치로 인식한 이유다. 3인칭 대명사를 통해 독자는 화자의 도움 없이 자신의 목소리(처럼 느껴지는 가면의 목소리)로 직접 이야기를 전달받는 것처럼 느끼게 된다. 롤랑 바르트가 3인칭 대명사가 그럴싸한 허구를 제공한다고 주장한 이유다.

'그녀'와 '그'는 단순한 번역어가 아니다. 이야기를 가능하게 하는 강력한 마술 가면이다.

가면 가리키기

한강의 소설 〈몽고반점〉에는 다음과 같은 인물들이 등장한다. 그, J, 아내, 그녀(처제, 영혜), 장인, 동서, 여자, M, P. 이 가운데 여성은 아내, 그녀, 여자, P인데, 이 네 여성 중 아내, 여자, P는 소설 속에서 한 번도 '그녀'로 지칭되지 않는다(이는 '그'를 제외한 다른 남성 등장인물의 경우도 마찬가지다). 아내, 여자, P의 대용은 그 이름을 반복하는 전형적인 한국어 화자들의 대용 방식을 따른다. 그러니까 이 소설에서 '그녀'는 '영혜'라는 이름을 가진 주인공의 처제를 가리키는 3인칭 대명사지만 아내, 여자, P에게는 3인칭 대명사로 기능하지 않는 것이다.

이것이 가리키는 바는 분명하다. '그녀'는 3인칭 대명사지만 소설에서 고유명사처럼 사용된다. 가면 뒤에 숨어서 손으로는 가면을 가리키는 것이다. 이런 방식을 통해 소설에서 '그녀'와 '그'는 그 소설의 주요 인물이 누군지 가리키는 표지로 기능한다. 현대 국어의 '그'와 '그녀'의 기능을 연구한 안소진은 여기서 더 나아가 '그', '그녀'라는 말에는 3인칭 대명사라는 이름을 붙이기가 어렵다고 주장한다. 그 근거는 이렇다. 첫째, '그', '그녀'는 소설이라는 매우 제한된 텍스트에서 주로 나타난다. 둘째, 소설에서 '그'와 '그녀'가 수행하는 일차적인 기능은 3인칭 대명사의 기능이 아니라 텍스트 내부의 사건, 행위의 초점 표지의 역할이다.[12]

우리는 영화를 볼 때 누가 주인공인지를 금방

파악한다. 이는 주인공들이 멋지고 아름다운 외모를 가지고 있기 때문이 아니다. 설혹 평범하고, 더 나아가 보잘것없는 외모의 등장인물이라도 우리는 그가 주인공이라는 것을 안다. 이는 영화라는 장르가 구축해온 영화의 문법 때문에 가능한 일이다. 우리가 실제로 세상을 보는 시선과 영화의 시선은 다르다. 일상의 삶에서 우리가 사물과 사람을 보는 방식으로 영화를 찍는다면 관객들은 누가 주인공이고 아닌지 구분하기 힘들 것이다. 그러나 영화의 문법은 피사체와 카메라의 거리, 카메라의 각도, 카메라가 움직이는 방식, 화면 속에서 인물과 사물의 배치 등 다양한 방법을 고안해 주인공의 삶을 따라간다. 적어도 우리는 영화를 볼 때 누가 이야기의 중심이 되는지 고민할 필요가 없다. '그녀'와 '그'라는 한국어의 3인칭 대명사는 그런 영화 카메라의 역할을 수행한다. '그녀'와 '그'는 때로는 클로즈업으로, 때로는 앙각 샷으로 독자들에게 지금 이야기의 중심이 누군지를 알려준다.

    '그녀'와 '그'는 독자가 수용하고 있는 텍스트가 어떤 장르인지를 알려주는 표지가 되기도 한다. 이 표지를 확인하면 독자는 일상 대화의 문법이 아니라, 지난 100여 년간 한국 소설이 확립한 소설의 문법에 따라 텍스트를 읽기 시작한다. 예를 들어, 소설 〈몽고반점〉에서 남성 주인공 '그'는 소설의 도입부부터 그가 누구인지에 대한 설명 없이 그대로 등장한다. 이는 한국어의 대용 방식을 어기는 것이다. 한국어에서 '그'는 고유명사 등 구체적인 이름이 먼저 선행된 이후에야 등장할 수 있다. 다시 말해 "영철은 극장 안으로 들어갔다. 그는 자리에 앉아 주위를 둘러보았다" 같은 방식으로 '그'를 사용해야 하지만 이 소설은 이를 정면으로 위반한다.

  이런 위반은 '그'가 소설에서 고유명사이자 동시에 3인칭 대명사처럼 기능한다고 설명해야 이해 가능한 것이다. 하지만 독자들은 이를 아무도 이상하게 생각하지 않고 당연하게 받아들인다. 그 이유는 독자들이 이런 방식이 한국 소설 안에서 작동하는 문법이라는 것을 체득하고 있기 때문이다. (영화의 관객이 영화의 문법을 자연스럽다고 느끼는 것과 마찬가지다. 그러나 영화가 탄생하기 전에 살았던 사람들이 현대의 영화를 본다면 영화의 내용을 하나도 이해하지 못할 것이다. 그들은 영화의 문법을 모르기 때문이다.)

  한강은 〈몽고반점〉에서 한국 소설이 확립한 이런 문법을 십분 활용한다. 여자 주인공 영혜는 남자 주인공 '그'의 처제이자 금지된 욕망의 대상 '그녀'다. '그'의 욕망이 선명해질 때 '영혜'는 계속 '그녀'로 지칭되고, 자신의 욕망 앞에서 머뭇거릴 때는 반복해서 '처제'로 지칭된다. 여기에 대비되는 존재가 있다. 아내다. 소설 속에서 아내는 끝까지 '아내'로만 불린다. 이렇게 한강은 '그녀'와 '처제', '아내'를 가지고 '그'의 욕망의 상태를 나타내는 저글링을 한다. 고유명사이자 3인칭 대명사인 '그녀'를 가지고 만들어낸 한국 소설의 문법이 아니었다면 불가능했을 저글링이다. 데버라 스미스의 영어 번역본을 보면 'his wife'는 처음 언급된 다음 'she'로 지칭되고, 'sister-in-law'도 'she'로 지칭된다. '그'와 '그녀'가 한국 소설 원작에서 만들어내는 효과를 영어 번역본에서는 누리지 못하는 것이다.

    이렇게 '그'와 '그녀'는 영어의 he나 she와는 다르다. '호아킨 피닉스, 그가 돌아왔다'와 '호아킨 피닉스가 돌아왔다'의 진리치는 같다. 그러나 첫 번째 문장의 3인칭 대명사 '그'는 호아킨 피닉스라는 인물을 카메라로 클로즈업하는 것처럼 부각시킨다. 〈몽고반점〉의 '그'와 '그녀'는 가면이다. 가면이되 진짜 얼굴보다 주인공의 성격과 행동을 더 잘 드러내주는 가면이다. 이 가면은 가면이지만 독자의 상상으로 더 채워넣을 수 있는 얼굴이 된다. 그래서 흐릿하지만 동시에 선명하다. '그'와 '그녀'는 독자의 머릿속에 새로운 공간을 만들어내고, 그 공간을 독자가 직접 채우도록 만든다.

'그녀'로 '그녀'를 발견하다

  멀리 돌아왔다. '그녀'는 성차별적 언어인가? 근대소설 형성기 '피녀', '궐녀', '그녀' 등 다양한 3인칭 여성 대명사가 본격적으로 유통되던 시기를 보면 선뜻 그렇다고 답할 수 없다. 천페이전은 대만과 조선 두 식민 지역에서 3인칭 여성 대명사가 유통되면서 문학 창작과 담론의 영역에서 새로운 주체의 공간이 열렸다고 지적한다.[13] 3인칭 대명사 '그녀'의 사용은 근대 이전 사회에서는 보이지 않았던 여성 집단을 타자화했고 그 과정이 여성 집단을 가시화했다. '그녀'라는 말은 여성을 새롭게 인식시키는 장치가 되었던 것이다.

생각해보자. 집요하게 성별을 구분하는 서구의 언어가 아니라고 해서 중국이나 일본, 당시 조선의 언어가 더 젠더 중립적이고, 언어로 여성들을 억압하지 않았다고 말할 수 있을까? 만약 그와 그녀를 구별하지 않고, 남성과 여성을 모두 '그'로 나타내는 근대소설의 장르 규범이 확립되었다면 여성이라는 주체가 발견될 수 있었을까?

성차별이 보이지 않게 구조화된 사회에서 그 구조를 깨는 방식 중 하나는 언어에서 '여성'이 유표적으로 드러나는 것을 제거함으로써, 여성이 남성에 비해 열등하거나 특별한 성이 아님을 강조하는 전략이다. 그러나 정반대의 전략도 있다. 언어로 여성임을 유표적으로 드러냄으로써 여성성을 강조하는 것이다. 의도치 않았지만 '그녀'라는 말의 탄생은 그런 역할을 수행했다. 3인칭 여성 대명사는 그때까지 보이지 않던 여성들을, 사적인 영역에 머물러 있던 여성들을 호출해 낯설게 만들었다. 그렇게 여성들의 삶은 '풍경'이 되었고, 그 풍경의 탄생은 다시 여성들을 발견하게 하는 계기를 만들었다.

그렇다면 '그녀'는 성차별적 언어가 아닌가? 이 질문에도 나는 '그렇다'라고 대답할 수 없다. '그녀'를 이용한 새로운 문법. 그 문법으로 만들어진 새로운 빈 공간. 조명을 받는 그 빈 공간도 남성들이 욕망하고 숭배하는 이상적인 여성의 모습으로 채워지는 경우가 많았기 때문이다. 실제로 근대소설이나 잡지에서는 3인칭 여성 대명사가 성적인 욕망의 기호로 그려지기도 한다. 대중가요 가사 몇 개를 떠올려보면 쉽게 알 수 있다. 가수 박진영은 노래한다. "그녀는 너무 예뻤어, 하늘에서 온 천사였어~" 이런 숭배의 반대편에는 여성에 대한 혐오와 편견을 쏟아내는 '김치녀', '개념녀' 같은 'ㅇㅇ녀' 유의 말들이 있다. 숭배의 대상인 '그녀'와 혐오의 대상인 'ㅇㅇ녀' 사이에서 진짜 여성의 모습은 증발한다.

    그렇다면 과감하게 '그녀'를 버려야 할까? 나는 안 그랬으면 좋겠다. 적어도 기계적으로 '그녀'는 성차별적 언어이니 피해야 한다고 주장하기 전에 잠시 고민해보면 좋겠다. '그녀'라는 말의 용법이 만들어내는 공간이 남성들만의 것은 아니기 때문이다. 가수 이효리는 〈댄스가수 유랑단〉이라는 프로그램에서 후배 가수 화사를 소개하며 이렇게 말한다. "다음 무대는 제가 정말 아끼는 후배다. 너무 마음속으로 응원하고 존경하는 후배다. 폭풍 속에서도 춤추는 그녀다. 그녀의 앞길이 늘 사랑으로 가득하고 행복하길 바라면서 다음 무대 여러분께 소개하겠다." 이효리는 '그녀'라는 말을 통해 여성을 더 당당하게 강조하는 전략을 취한다.

    '그녀'는 she나 피녀의 단순 번역어가 아니다. 한국어 '그녀'는 다른 길을 걸어왔다. 한국 소설은 '가면을 쓰고 가면을 가리키기'라는 '그녀'의 용법을 새롭게 개발했고, 한국어 공동체의 구성원들은 그 용법을 공유해왔다. 그 과정에서 여성이라는 주체를 발견하기도 했다. 그렇다면 '그녀'를 남성들의 전유물로만 생각하고 그 용법을 폐기하는 게 맞는 것일까? '그녀'의 용법이 만들어내는 공간을 남성들이 아닌 여성들이 채울 수는 없는 것일까? '그녀'로 '그녀'를 다시 발견할 수는 없는 것일까?

앞서 나는 '그녀'를 버리는 것을 재고해보자고 제안했다. 그렇지만 나는 글을 쓸 때 여성을 언급할 일이 있으면 '그녀' 대신 '그'를 쓴다. 글자를 하나 더 쓰는 게 귀찮기도 하고, '그녀'라고 썼을 때 생기는 초점효과를 방지하기 위해서기도 하고, 주제와 관계없이 불필요하게 여성임이 강조되는 것을 막기 위해서기도 하다. 그리고 무엇보다도 뒤늦게나마 세상이 여성과 남성만이 아닌 다양한 성으로 이루어졌음을 알게 되었기 때문이기도 하다.

100년 전 김동인의 결론도 성별을 구분하지 않는 '그'의 사용이었다. 그러나 한국어 공동체는 그의 결론을 따르지 않았고 대신 '그녀'라는 새 어휘와, 이 어휘의 용법을 발명해냈다. 그리고 이 과정에서 여성은 '풍경'으로서 발견되고, 새로운 주체로 호명되었다.

김동인의 결론으로부터 100여 년이 지난 지금, 우리는 또다시 3인칭 대명사에 대해 질문하고 있다. 이 질문에 대한 간결하고도 합리적인 답은 김동인의 결론을 확대해 다양한 젠더를 3인칭 대명사 '그'로 대신하는 것이다. 특히 보도기사같이 객관적 사실을 다루는 텍스트 장르에서는 '그'를 사용하는 것이 적절하다. 그러나 이런 선택이 모든 문어 텍스트 영역에서 '그녀'를 추방하는 것으로 귀결될 필요는 없다. '그녀'라는 말에 문제가 전혀 없다는 뜻은 아니다. 그러나 '그녀'는 자동 분류 기계나 여성을 은폐하는 가면으로 작동하는 서구 언어의 3인칭 여성 대명사와는 다른 길을 걸어왔다. 한국어 '그녀'는 다시 발견되고 발명될 가능성, 억압의 이름이 아니라 해방의 이름이 될 가능성이 있다. 나는 한국어 공동체가 '그녀'라는 발견의 도구가 가진 가능성을 포기하지 않았으면 한다.

  태양계의 두 번째 행성은 금성이다. 금성은 '그녀'라고 불렸다. 네 번째 행성은 화성이다. 화성은 '그'라고 불렸다. 그렇다면 세 번째 행성인 지구는 뭐라고 불려야 할까? 나는 잘 모르겠다. 하지만 나는 지구에 누가 사는지는 알고 있다.
  세 번째 행성 지구에는 그가 아닌 그녀와, 그녀인 그와, 그 아무도 아닌 그와, 그냥 그가 산다.

감사의 말

이 책의 출간을 제안받은 지도 벌써 5년이다. 그동안 인내해준 김영사, 그리고 박보람 편집자님께 감사드린다. 첫 만남에서 편집자님이 '많이 팔리는 책보다는 오래 읽히는 책을 만들고 싶다'라고 말씀하셨는데, 이게 내게 은근히 힘이 되었다. 아무래도 나는 오래 읽히는 책을 쓰라는 편집자님의 말을, 책을 오래 쓰라는 말로 착각한 것 같다. 책의 내용과 관련해서 나의 벗, 좌성한 선생에게 감사의 말을 전한다. 좌성한 선생 덕분에 〈당신의 삼각형〉에 묘사된 4.3과 관련 사건들을 좀 더 입체적으로 이해할 수 있었다. 벗이자 학문적 동지인 김병문 선생께도 감사 인사를 드린다. 〈꿈의 형태〉는 김병문 선생의 논의를 바탕으로 하고 있고, 〈그녀. 가면. 풍경.〉에서 다룬 근대적 글쓰기에 대한 내용도 김병문 선생의 통찰에 빚지고 있다. 마지막으로 이 책의 처음부터 끝까지 나와 함께한 서유경 선생에게 고마움을 표하고 싶다. 서유경 선생이 식탁에서 앉아 이야기하다 멍한 표정으로 다른 생각으로 빠져드는 나를 배려해주고, 어디로 튈지 모르는 원고들을 읽고 함께 고민해주지 않았다면 이 책은 완성되기 힘들었을 것이다.

프롤로그
1. 김현균 역(파블로 네루다, 《언어와 술꾼들의 우화》, 솔, 1995)

1장 아껴 부르는 이름
1. 시라카와 시즈카(2017), 심경호 역, 《한자, 기원과 그 배경》, AK, 2017.

2장 수심 12미터
1. 조지 밀러, 강범모·김성도 역, 《언어의 과학》, 민음사, 2002, 94쪽.

3장 당신의 삼각형: 조각들
1. 이 글은 민주인권기념관에서 진행한 '민주인권 가치 에세이' 프로젝트에 '당신의 삼각형'이라는 제목으로 기고한 원고의 다른 버전이다.
2. 이 글에서 인용한 '코로나19 유행 기간의 경험에 대한 외국인 유학생 인터뷰'는 모두 다음 논문에서 가져왔다. 김정숙, 〈초국적 주체와 COVID-19: 유학생의 인종 언어 이데올로기 차별 경험, 정체성, 그리고 행위주체성〉, 《현대사회와 다문화》 제11권 2호, 대구대학교 다문화사회정책연구소, 2021.
3. 패트릭 스티븐슨, 신명선 외 역, 《언어와 독일의 분열—1945~2000년 동독과 서독의 사회언어학적 역사에 대하여》, 사회평론아카데미, 2023, p.57에서 재인용.
4. 최경은, 〈나치의 문자 정책〉, 《독일어문학》 62, 한국독일언어문학회, 2013, p.195에서 재인용.
5. 가스통 도렌, 김승경 역, 《바벨》, 미래의창, 2021. 238쪽.
6. 대니얼 헬러-로즌, 조효원 역, 《에코랄리아스—언어의 망각에 대하여》, 문학과지성사, 2015, 12쪽.
7. 김응교, 〈15엔 50전, 광기와 기억: 쓰보이 시게지의 장시(長詩) '15엔 50전'(1948)에 부쳐〉, 민족문학사연구 27, 민족문학사학회·민족문학사연구소, 2005, p.255 재인용.
8. '6·25전쟁 산증인, 귀신 잡는 해병 4기 제주 여성들', 〈제주의 소리〉 2023년 11월 9일. https://www.jejusori.net/news/articleView.html?idxno=416329.
9. '"빨갱이 아녜요"… 4·3 상처 안고 나라 지킨 제주 청년들', KBS제주

2020년 6월 25일 뉴스. https://tv.naver.com/v/14479480.
10. 허호준, 〈냉전 체제 형성기의 국가 건설과 민간인 학살—제주 4·3사건과 그리스 내전의 비교를 중심으로〉, 제주대학교 박사학위 논문, 2010.

5장 꿈의 형태

1. '인형풍경'의 '인형'은 장난감이 아니라 말 그대로 인간(anthropo-)의 형상(morph)이라는 뜻이다.
2. 'inikw-'는 불을, 접미사 '-ihl'은 집 안을, '-minih'는 복수를 나타내고, '-is'는 지소접미사, '-it'는 시제를 나타낸다. 조지 밀러, 강범모·김성도 역, 《언어의 과학》, 민음사, 2002, 43쪽.
3. 니컬러스 에번스, 김기혁·호정은 역, 《아무도 모르는 사이에 죽다》, 글항아리, 2018, 135쪽 참조.
4. 이 글의 주시경에 대한 이야기는 김병문이 쓴 《〈한글 마춤법 통일안〉 성립사를 통해 본 근대의 언어사상사》에서 논의된 내용을 바탕으로 했다.
5. 김철, 《우리를 지키는 더러운 것들》, 뿌리와이파리, 2018에서 번역한 내용을 재인용.
6. 이 원칙은 오늘날 〈한글 맞춤법〉 총칙에 거의 그대로 실려 있다. 그런데 '소리대로 적는다'와 '어법에 맞도록 한다'는 앞뒤가 안 맞는 모순된 말처럼 보인다. [꼬츨]이라는 말소리를 소리대로 적으면 '꼬츨'이 되지만, 어법에 맞게 적으면 '꽃을'이 되기 때문이다. 이에 대해 김병문은 현행 〈한글 맞춤법〉이 1933년 조선어학회가 발표한 〈한글 마춤법 통일안〉에서 출발했음을 먼저 밝히고, '소리대로 적는다'라는 원칙이 어떤 역사적 배경을 가지고 있는지를 설명한다. 김병문은 소리대로 적는다는 것의 의미가 역사적 표기를 답습할 것인지 아니면 시대에 따라 달라진 당시의 발음을 반영할 것인지에 대한 규정이었다고 설명한다. 즉, 역사적 관습에 따라 '턴디'라고 표기하고 있지만 지금은 [천지]라고 발음하고 있으니 '천지'라고 표기하라는 규정이라는 것이다. 김병문은 모순처럼 보이는 맞춤법 규정을 역사적인 표기는 당대의 소리로 적되, 형태소의 원형을 적는 방식으로 하라는 뜻으로 이해해야 그 긴장이 해소된다고 설명한다.
7. 이타가키 류타, 고영진·임경화 역, 《북으로 간 언어학자 김수경》, 푸른역사, 2024, 169쪽.

6장 실험의 재구성

1. 헤르도토스가 실험 방법과 그 결과에 대해 기록한 내용은 아래의 것이

전부다.

파라오 프삼티크 1세는 다음과 같은 실험을 한 적이 있다. 먼저 몇몇 갓난아이를 부모와 격리한 후, 양치기에게 산양들 틈에서 아이를 키우라고 명령했다. 양치기는 먹을 것 등 필요한 것을 충분히 제공하되, 아이와는 절대 말 한 마디 해서는 안 되었다. 프사메티코스 왕이 이런 지시를 내린 것은 아이가 의미 없는 소리, 즉 옹알이를 끝내면 과연 어떤 언어를 말할지 궁금했기 때문이다. 2년 후, 드디어 아이들 입에서 '베코스'라는 단어가 반복해서 튀어나온다는 것을 확인했다. '베코스'는 프리기아 언어로 빵이라는 뜻이었다. (강은영 역 《페르시아 전쟁사》 번역본에서는 프삼티크 1세를 프사메티코스로 번역하고 있으나 이 글에서는 프삼티크 1세로 수정함.)

2. 여담이지만, 가상의 이야기 속 두 등장인물 '디오니시우스'와 '트락스'는 기원전 2세기 그리스어 문법을 확립한 인물 '디오니시우스 트락스'의 이름을 빌린 것이다.

3. 수나우라 테일러, 이마즈 유리·장한길 역, 《짐을 끄는 짐승들》, 오월의봄, 2020, 180쪽에서 인용.

4. 처음 아이의 발화에 나타나는 '가가'는 옹알이와 첫 단어 시기 사이에 나타나는 원시단어(protoword)에 해당하는 것으로, 원시단어는 특정 언어에서 사용되는 진짜 단어와 다르지만 일정한 음절 구조를 갖추고 있으며, 언제나 비슷한 의미를 나타내는 것이 특징이다.

5. '사회를 만든다'는 말이 잘 와닿지 않을 수도 있다. 그러나 영장류학자 마이클 토마셀로는 인간이 의사소통을 위해 사용하는 언어 기호가 '사회적으로 공유된', 또는 '사회적으로 구성된' 것인 반면, 인간 이외 영장류의 의사소통 기호는 사회적이지 않다고 말한다. 인간 이외의 영장류들은 발성과 제스처를 지시적으로 사용하지도 않고, 타자와 주의를 공유하기 위해 사용하지도 않으며, 모방을 통해 타자로부터 배우지도 않기 때문이다. (마이클 토마셀로, 김창구 역, 《언어의 구축》, 한국문화사, 2011, 22쪽 인용 및 참조.)

6. 수나우라 테일러, 이마즈 유리·장한길 역, 《짐을 끄는 짐승들》, 오월의봄, 2020, 182쪽에서 인용.

7장 테라 인코그니타

1. 자넷 리틀모어, 김주식·김동환 역, 《인지언어학과 외국어 교수법》, 소통, 2012, 99쪽.
2. 움베르토 에코, 박여성 역, 《칸트와 오리너구리》, 열린책들, 2005, 190쪽.
3. 〈自轉車를 第一 먼저 탄 사람〉

아모리 문화가 남의 나라에 뒤떠러진 우리 朝鮮이라도 하루 동안에 來往하는 자동차가 1,103대에 이르고(10월 15일에 京城府에서 조사한 南大門 부근 교통차 수) 공중을 평지보다 더 쉽게 도라다니는 女飛行家까지 생긴 오늘에 잇서서 자전차 타는 이약이를 한다면 3척의 동자라도 그다지 신통하게 넉이지 안을 것이다. 그러나 4人轎, 平轎子를 타거나 그럿치 안으면 생쥐 가튼 말이나 방울 당나귀를 타고 다니던 멋십 년 전에 자전차를 타고 다니는 사람이 잇다면 그야말로 무슨 귀신의 조화를 부리는 사람으로 알기 쉬울 것이다. 그런데 지금으로부터 32년 전 丙申年에 徐載弼 박사는 남 먼저 자전차를 타고 다니엿다. 그는 甲申年 金玉均 정변 때 멀니 米國에 망명하야 그 나라에 입적까지 하얏다가 그후 13년 만에(丙申年) 정부의 초빙에 의하야 귀국함에 米國에서 타던 자전차를 가지고 와서 타고 다니엿는데 그때에 尹致昊씨는 그에게 자전차 타는 법을 배워가지고 또 米國에 주문을 하야다가 타고 다니엿다. 우에 말한 것과 가티 그때만 하야도 아즉 일반의 지식이 몽매한 까닭에 그들의 자전차 타고 다니는 것을 보고 퍽 신기하게 생각하야 별별 말을 다 하되 徐씨는 서양에 가서 양인의 축지법을 배워가지고 하루에 멋백 리 멋천 리를 마음대로 다니더니 尹씨는 代代家傳의 借力藥이 잇서서 南大門을 마음대로 훌훌 뛰여 넘어 다니너니 하고 또 자전차를 안경차니 쌍륜차니 하는 별명까지 지여섯다. 그리하야 獨立協會時代에도 여러 사람들이 徐씨나 尹씨를 보면 조화꾼이라고 負商패들이 함부로 덤비지를 못하며 또 한참 접전할 때에 그가 포위 중에 저 자전차 鍾을 한 번 울니연 여러 사람이 무슨 대포나 터지는 듯이 헤을 내이고 도망하며 속담에 '眼鏡갑오'라는 말이 꼭꼭 맛는다고 떠드럿섯다. 지금에 그 일을 생각하면 또한 격세의 感이 업지 안타. —《별건곤(別乾坤)》 제16·17호, 81쪽.

4. 와카바야시 미키오, 정선태 역, 《지도의 상상력》, 도서출판 산처럼, 2002, 60-61쪽.

5. 와카바야시 미키오, 앞의 책, 100쪽.

6. 브루스 채트윈, 김희진 역, 《송라인》, 현암사, 2012, 455쪽.

7. 제임스 체셔·올리버 우버티, 송예슬 역, 《눈에 보이지 않는 지도책》, 월북, 2022, 102쪽.

8. 브루스 채트윈, 앞의 책, 30쪽.

9. 리사 펠드먼 배럿, 최호영 역, 《감정은 어떻게 만들어지는가?》, 생각연구소, 2017, 247쪽.

10. 야나부 아키라, 김옥희 역, 《Freedom, 어떻게 自由로 번역되었는가》, AK, 2020, 10-33쪽.

11. 진 쿠퍼, 이윤기 역,《그림으로 보는 세계 문화 상징 사전》, 까치, 1994, 306쪽.
12. 리사 펠드먼 배럿은 단어가 없어도 개념을 획득할 수 있다고 설명한다. 기존의 개념을 조합해서 새로운 개념을 만들 수 있다는 것이다. 예를 들어, '샤덴프로이데'라는 단어가 영어에 유입되기 전에도 미국인들은 다른 사람의 불행에서 쾌감을 느낄 수 있었다. 이 개념에 단어가 붙으면 개념은 비교할 수 없을 만큼 효율적으로 사람들 사이에 유통된다.
13. 나무위키, '인서울 대학교', 2024년 8월 25일 수정본. https://namu.wiki/w/EC9DB8EC849CEC9AB820EB8C80ED9599EAB590

8장 다른 우주의 문법

1. 로저 젤라즈니, 김상훈 역,《전도서에 바치는 장미》, 열린책들, 2002, 135쪽.
2. 로저 젤라즈니, 앞의 책, 133쪽.
3. 마이클 토마셀로, 이정원 역,《생각의 기원》, 이데아, 2017, 96쪽.
4. 마이클 토마셀로, 앞의 책, 125쪽.
5. 아서 C. 클라크, 김승욱 역,《2001 스페이스 오디세이》, 황금가지, 2017, 305쪽.
6. 백승주,《미끄러지는 말들》, 타인의사유, 2022.
7. "대개 청자의 내적인 상태를 화자는 알 수 없으므로 이 경우 청자의 인과관계 전제 여부는 미확정 상태다. 따라서 인과관계를 전제하지 않는, 인과관계 정립 전 단계의 '-니까'를 사용하는 것이다. '명령'과 '청유'도 마찬가지다. 이들은 기본적으로 청자의 행위와 관련되기 때문에 인과관계의 정립이 청자에게 요청되는 상황이다. 청자가 그런 인과관계를 인정하는지의 여부에 따라 후행절의 행위에 대한 긍·부정이 달라질 수 있다. 이렇게 명령과 청유는 인과관계의 인정 여부가 미확정 상태에 있는 것이기 때문에 인과관계 정립의 전 단계인 '-니까'를 쓰게 되는 것이다." — 임채훈,《연결어미, 무엇을 어떻게 새롭게 볼 것인가!》, 하우, 2020, 70쪽.
8. 주류 언어학에서는 문법을 선험적인 것으로 본다. 이런 시각에서는 문법이란 이미 결정돼 있는 완벽한 체계이며, 담화는 이런 체계를 바탕으로 생성된다. 그러나 구어를 주된 연구 대상으로 하는 기능주의 언어학이나 대화분석론 연구자들은 문법이 실제로 사용되는 담화상에서 발생한다는 시각을 갖고 있다. 이런 시각에서 보면 문법은 창발적인 것, 불완전하고 임시적인 것이다.

9장 그녀. 가면. 풍경.

1. D. R. 매켈로이, 최다인 역, 《세계의 기호와 상징 사전》, 한스미디어, 2021.
2. 류순열, '[나의 삶 나의 길] 25년째 빨간 펜 들고 '쫙쫙' … 매일 '언어 수술'하는 구순의 국어학자', 〈세계일보〉, 2018년 1월 6일.
3. 조소현, 〈'그녀'가 성차별적 표현인가요?〉, 《보그 코리아》, 2023년 2월.
4. 김소영, 〈성차별 언어와 대안어의 성격: '서울시 성평등 언어 사전'(2018~2020)의 '성평등 단어'를 대상으로〉, 《한국어연구》 제64집, 인하대학교 한국학연구소, 2022.
5. 권보드래, 《한국 근대소설의 기원》, 소명출판, 2012, 275쪽.
6. 박현수, 〈과거 시제와 3인칭 대명사의 등장과 그 의미〉, 《민족문학사연구》 20권 20호, 민족문학사연구소, 2002, 131쪽.
7. 이쯤에서 '나'와 '과거 시제'가 동시에 사용된 수많은 근대소설은 도대체 어떻게 된 것인지 묻고 싶은 사람들이 있을 것이다. 근대소설의 '나'는 고전소설의 '나'와는 다르다. 결론부터 말하자면, 근대소설의 '나'는 3인칭 대명사를 통해 인간의 삶이 풍경으로 확립된 이후에야 제대로 사용될 수 있다. 즉, 3인칭 대명사를 통해 인간의 삶이 풍경이 되자, '나의 삶, 나의 생각, 나의 감정, 나의 내면'이라는 익숙한 대상도 풍경으로서 낯설게 바라볼 수 있게 된 것이다. 앞서 리얼리즘의 본질은 '낯설게 하기'라는 쉬클로프스키의 말을 다시 떠올려보자. 고진은 실제로 보고 있지 않은 것을 보게 만드는 것이 리얼리즘이며, 따라서 리얼리즘에는 일정한 방법이 없다고 주장한다. 더 나아가 익숙한 것을 낯설게 보게 만들면 그것이 리얼리즘이며, 따라서 카프카의 소설도 리얼리즘에 속한다고 말한다. 원근법을 바탕으로 풍경을 발견한 서양 풍경화가 '나'가 느끼는 주관적인 시각 경험을 중시하는 인상주의로 나아간 것도 이런 관점에서 설명할 수 있다. 사진이 발명되어 회화의 자리를 위협하던 시절 인상주의가 출현한 것을 보고 미술사가 엉뚱하게 전개되었다고 생각할 수도 있다. 그러나 보이지 않던 것을 보게 만드는 것이 '풍경'이라는 관점에서 보면, 이런 전개는 전혀 이상한 게 아니다. 마찬가지로 '나'가 풍경이 되기 위해서는 인간의 삶을 풍경으로 만들어주는 3인칭 대명사의 용법이 먼저 확립되어야 했다.
8. 이와 달리 중세 국어에서 '이', '그', '뎌'가 3인칭 대명사의 역할을 수행했다는 시각도 있다.
9. 김동인, 〈문단(文壇) 30년의 자취〉, 《신천지(新天地)》 24호, 1948, 18~26쪽. 천페이전의 《'그녀'라는 역어: 식민지 시기 대만과 조선에서의 여성 3인칭

대명사 발명〉에서 재인용.
10. 김병문, 〈발화 기원 소거로서의 언문일치체의 의미에 관하여〉, 《사회언어학》 16권 2호, 한국사회언어학회, 2008.
11. 이광수, 〈작가(作家)로서 본 문단(文壇)의 십년(十年)〉, 《별건곤》 25호, 1930. 김효진, 〈근대소설의 형성 과정과 언문일치의 문제1: 이광수 초기 단편소설을 중심으로〉(《동방학지》 165권, 연세대학교 국학연구원, 2014)에서 재인용.
12. 안소진, 〈소위 3인칭 대명사 '그', '그녀'의 기능에 대하여〉, 《한국어학》 38권, 한국어학회, 2008.
13. 천페이전, 이성주 역, 〈'그녀'라는 역어: 식민지 시기 대만과 조선에서의 여성 3인칭 대명사 발명〉, 《한국문학연구》 69호, 동국대학교 한국문학연구소, 2022.

참고 자료

프롤로그
- 파블로 네루다, 김현균 역, 《인어와 술꾼들의 우화》, 솔, 1995

1장 아껴 부르는 이름
- 시라카와 시즈카, 심경호 역, 《한자, 기원과 그 배경》, AK, 2017.

2장 수심 12미터
- 조지 밀러, 강범모·김성도 역, 《언어의 과학》, 2002.

3장 당신의 삼각형: 조각들
- 가스통 도렌, 김승경 역, 《바벨》, 미래의창, 2021
- 니컬러스 에번스, 김기혁·호정은 역, 《아무도 모르는 사이에 죽다》, 글항아리, 2018.
- 다나카 가스히코, 김수희 역, 《말과 국가》, AK, 2020.
- 대니얼 헬러-로젠, 조효원 역, 《에코랄리아스 — 언어의 망각에 대하여》 문학과지성사, 2015.
- 조지은·송지은, 《언어의 아이들 — 아이들은 도대체 어떻게 언어를 배울까?》, 사이언스북스, 2021.
- 패트릭 스티븐슨, 신명선 외 역, 《언어와 독일의 분열 — 1945~2000년 동독과 서독의 사회언어학적 역사에 대하여》, 사회평론아카데미, 2023.
- 해병대 3·4기 전우회, 《참전실록 — 6·25의 회고》, 2002, 비매품.
- 허호준, 《4·3, 19470301-19540921》, 혜화1117, 2023.
- 현기영, 《지상에 숟가락 하나》, 창비, 2018.

— 논문
- 김응교, 〈15엔 50전, 광기와 기억: 쓰보이 시게지의 장시(長詩) '15엔 50전'(1948)에 부쳐〉, 《민족문학사연구 27》, 민족문학사학회·민족문학사연구소, 2005.
- 김정숙, 〈초국적 주체와 COVID-19: 유학생의 인종 언어 이데올로기 차별 경험, 정체성, 그리고 행위주체성〉, 《현대사회와 다문화》 제11권 2호, 대구대학교 다문화사회정책연구소, 2021.
- 조정희, 〈한국전쟁 발발 직후 제주 지역 예비검속과 집단학살의 성격〉, 제주대학교 석사학위 논문, 2013.

- 최경은, 〈나치의 문자 정책〉, 《독일어문학》 62, 한국독일언어문학회, 2013.
- 허호준, 〈냉전 체제 형성기의 국가 건설과 민간인 학살 — 제주 4·3사건과 그리스 내전의 비교를 중심으로〉, 제주대학교 박사학위 논문, 2010.

― 기사
- '6·25전쟁 산증인, 귀신 잡는 해병 4기 제주 여성들', 〈제주의소리〉 2023년 11월 9일. https://www.jejusori.net/news/articleView.html?idxno=416329.

― 동영상
- '"빨갱이 아녜요"… 4·3 상처 안고 나라 지킨 제주 청년들', KBS제주 2020년 6월 25일 뉴스. https://tv.naver.com/v/14479480.

4장 바람의 음운론
- 니컬러스 에번스, 김기혁·호정은 역, 《아무도 모르는 사이에 죽다》, 글항아리, 2018.
- 톰 머스틸, 박래선 역, 《고래와 대화하는 방법》, 에이도스, 2023.

5장 꿈의 형태
- 가스통 도렌, 김승경 옮김, 《바벨》, 미래의창, 2018.
- 김병문, 《〈한글 마춤법 통일안〉 성립사를 통해 본 근대의 언어사상사》, 뿌리와이파리, 2022.
- 김철, 《우리를 지키는 더러운 것들》, 뿌리와이파리, 2018.
- 니컬러스 에번스, 김기혁·호정은 역, 《아무도 모르는 사이에 죽다》, 글항아리, 2018.
- 박효정, 〈〈한글 맞춤법〉(1988)의 '사이시옷'에 대해〉, 《인문과학연구》 제65집, 강원대학교 인문과학연구소, 2020.
- 오비디우스, 이윤기 역, 《변신 이야기 1, 2》, 민음사, 1998.
- 이타가키 류타, 고영진·임경화 역, 《북으로 간 언어학자 김수경》, 푸른역사, 2024.
- 조지 밀러, 강범모·김성도 역, 《언어의 과학》, 민음사, 2002.
- 필립 볼, 김명남 역, 《가지 — 형태들을 연결하는 관계》, 사이언스북스, 2017.

― 기사 및 칼럼
- 김진해, '[제248호 인문학술: 맞춤법에 대하여] 맞춤법을 없애자', 〈경희대학교 대학원보〉 2021년 4월 1일. https://khugnews.co.kr/?p=3601

- 천정환, '바람난 교수 아내 '자유부인'이 4·19혁명을 불렀다?', 〈한겨레신문〉 2015년 6월 11일. https://www.hani.co.kr/arti/culture/culture_general/695504.html
- 'Tiruchy Martyr Whose Death Gave Birth to Student Protests', 〈New Indian Express〉 Jan 19, 2015. https://www.newindianexpress.com/states/tamil-nadu/2015/Jan/19/tiruchy-martyr-whose-death-gave-birth-to-student-protests-706763.html

6장 실험의 재구성

- 마이클 토마셀로, 김창구 역, 《언어의 구축: 언어 습득의 용법기반 이론》, 한국문화사, 2011.
- 배소영, 〈의사소통장애 아동의 초기 낱말 발달〉, 《언어치료연구》 6(1), 1997, 197-207쪽.
- 배희숙, 《언어발달》, 학지사, 2016.
- 수나우라 테일러, 이마즈 유리·장한길 역, 《짐을 끄는 짐승들》, 오월의봄, 2020.
- 크리스틴 케닐리, 전소영 역, 《언어의 진화》, 알마, 2009.
- 헤로도토스, 강은영 역, 《페르시아 전쟁사》, 시그마북스, 2008.
- Deb Roy, 〈The birth of a word〉, https://www.ted.com/talks/deb_roy_the_birth_of_a_word

7장 테라 인코그니타

- 리사 펠드먼 배럿, 최호영 역, 《감정은 어떻게 만들어지는가?》, 생각연구소, 2017.
- 《별건곤》 제16·17호, 개벽사, 1928.
- 브루스 채트윈, 김희진 역, 《송라인》, 현암사, 2012.
- 앤 루니, 박홍경 역, 《세상의 모든 지도 the MAP》, 생각의집, 2016.
- 야나부 아키라, 김옥희 역, 《Freedom, 어떻게 自由로 번역되었는가》, AK, 2020.
- 와카바야시 미키오, 정선태 역, 《지도의 상상력》, 도서출판 산처럼, 2002.
- 움베르토 에코, 박여성 역, 《칸트와 오리너구리》, 열린책들, 2005.
- 임지룡, 《의미탐구의 인지언어학적 새 지평》, 한국문화사, 2021.
- 자넷 리틀모어, 김주식·김동환 역, 《인지언어학과 외국어 교수법》, 소통, 2012.
- 제임스 체셔·올리버 우버티, 송예슬 역, 《눈에 보이지 않는 지도책》, 윌북,

2022.
- 진 쿠퍼, 이윤기 역, 《그림으로 보는 세계 문화 상징 사전》, 까치, 1994.
- Vyvyan Evans, 임지룡·김동환 역, 《인지언어학적 어휘의미론》, 경북대학교 출판부, 2012.

— 인터넷 자료
- 〈광주매일신문〉 2019년 3월 19일 기사, "용봉동 '로고거리' 세금 낭비—실효성 논란" http://www.kjdaily.com/read.php3?aid=1552991745465003005
- 나무위키 https://namu.wiki/w/EC9DB8EC849CEC9AB820EB8C80ED9599EAB590
- 〈무등일보〉 2018년 7월 24일 기사, "광주 新상권을 가다 〈4〉 북구 용봉동 먹자골목" https://www.mdilbo.com/detail/etc/547224
- 물결21 코퍼스 분석 도구 http://corpus.korea.ac.kr/

8장 다른 우주의 문법

- 강현화·이현정·남신혜·장채린·홍연정·김강희, 《한국어 유사 문법 항목 연구》, 한글파크, 2017.
- 국립국어원, 《외국인을 위한 한국어문법2》, 커뮤니케이션북스, 2005.
김규현, 〈담화와 문법: 대화분석적 시각을 중심으로〉, 《담화와 인지》 제7권 1호, 담화인지언어학회, 2000.
- 김규현, 〈한국어 대화 구조와 문법: 대화 분석의 시각〉, 《응용언어학》 제24권 3호, 한국응용언어학회, 2008.
- 로저 젤라즈니, 김상훈 역, 《전도서에 바치는 장미》, 열린책들, 2002.
- 마이클 토마셀로, 이현진 역, 《인간의 의사소통 기원》, 영남대학교 출판부, 2008.
- 마이클 토마셀로, 김창구 역, 《언어의 구축: 언어 습득의 용법기반 이론》, 한국문화사, 2011.
- 마이클 토마셀로, 이정원 역, 《생각의 기원》, 이데아, 2017.
- 백승주, 《미끄러지는 말들》, 타인의사유, 2022.
- 아서 C. 클라크, 김승욱 역, 《2001 스페이스 오디세이》, 황금가지, 2017.
- 양명희·이선웅·안경화·김재욱·정선화·유해준, 《외국인을 위한 한국어 문법과 표현, 초급》, 집문당, 2018.
- 윤승주, 《다문화언어 강사의 인정투쟁: 다중적인 차별에 맞선 수행적 시민권 실천 경험》, 연세대학교 박사학위 논문, 2024.
- 임채훈, 《연결어미, 무엇을 어떻게 새롭게 볼 것인가!》, 하우, 2020.

- 최정순·김성희·김지은·김현정·김정아·김보경, 《서강한국어 1A》, 도서출판 하우, 2008.
- KBS 〈문명의 기억, 지도〉 제작팀, 《문명의 기억, 지도》, 중앙books, 2012.
- Kim, K.-H. and K.-H. Suh., The discourse connective nikka in Korean conversation, Japanese/Korean Linguistics Vol. 4, ed. by N. Akatsuka, 113-129. Stanford, CA: CSLI, 1994.

9장 그녀, 가면, 풍경
- D. R. 매켈로이, 최다인 역, 《세계의 기호와 상징 사전》, 한스미디어, 2021.
가라타니 고진, 박유하 옮김, 《일본 근대문학의 기원》, 민음사, 1997.
- 고길섶, 〈괴짜 '그녀'의 탄생설화〉, 《우리 시대의 언어게임》, 토담, 1995.
- 권보드래, 《한국 근대소설의 기원》, 소명출판, 2012.
- 김동인, 〈문단(文壇) 30년의 자취〉, 《신천지(新天地)》 24호, 1948.
- 김병문, 〈발화 기원 소거로서의 언문일치체의 의미에 관하여〉, 《사회언어학》 16권 2호, 한국사회언어학회, 2008.
- 김소영, 〈성차별 언어와 대안어의 성격: '서울시 성평등 언어 사전'(2018~2020)의 '성평등 단어'를 대상으로〉, 《한국어연구》 제64집, 인하대학교 한국학연구소, 2022.
- 김효진, 〈근대소설의 형성 과정과 언문일치의 문제 1: 이광수 초기 단편소설을 중심으로」, 《동방학지》 165권, 연세대학교 국학연구원, 2014.
- 롤랑 바르트, 김웅권 옮김, 《글쓰기의 영도》, 동문선, 2007.
- 류순열, '[나의 삶 나의 길] 25년째 빨간 펜 들고 '쫙쫙' … 매일 '언어 수술'하는 구순의 국어학자', 〈세계일보〉, 2018년 1월 6일.
- 박현수, 〈과거 시제와 3인칭 대명사의 등장과 그 의미〉, 《민족문학사연구》 20권 20호, 민족문학사연구소, 2002.
- 안소진, 〈대명사 '그녀'의 텍스트 유형별 쓰임에 대하여〉, 《한국어의 미학》 50, 2015.
- 백승주, 〈그가 아닌 그녀와 그녀인 그와 그 아무도 아닌 그의 이야기〉, 《자음과모음》 2023 가을 58호, 자음과모음, 2023.
- 안소진, 〈대명사 '그녀'의 텍스트 유형별 쓰임에 대하여〉, 《한국어 의미학》 50, 2015.
- 어맨다 몬텔, 이민경 옮김, 《워드슬럿》, arte, 2022.
- 윌 곰퍼츠, 《발칙한 현대미술사》, 알에이치코리아, 2015.
- 윤영민·송재영, 〈현대 한일어 3인칭 여성 대명사 '그녀'와 '피녀' 연구〉, 《일본어교육연구》 46, 한국일본어교육학회, 2019.

- 이광수, 〈작가(作家)로서 본 문단(文壇)의 십년(十年)〉, 《별건곤(別乾坤)》 25호, 1930.
- 이진숙, 《위대한 미술책》, 민음사, 2021.
- 《정조실록》 31권, 정조 14년 8월 10일 무오 3번째 기사, 1790년 청 건륭(乾隆) 55년.
- 조소현, 〈'그녀'가 성차별적 표현인가요?〉, 《보그 코리아》, 2023년 2월.
- 존 버거, 최민 옮김, 《다른 방식으로 보기》, 열화당, 2012.
- 천페이전, 이성주 옮김, 〈'그녀'라는 역어: 식민지 시기 대만과 조선에서의 여성 3인칭 대명사 발명〉, 《한국문학연구》 69호, 동국대학교 한국문학연구소, 2022.
- 프랑수아 줄리앙, 박석 옮김, 《불가능한 누드》, 들녘, 2019.

— 참고 인터넷 사이트
- https://www.lasiciliainrete.it/ko/directory-tangibili/listing/grotte-di-addaura/